SMARTER DATA SCIENCE

Succeeding with Enterprise-Grade Data and AI Projects

企业级数据与AI项目成功之道

[美] 尼尔·菲什曼 (Neal Fishman) 科尔·斯特莱克 (Cole Stryker) ◎著

张虹宇 陈小林 ◎译

机械工业出版社
China Machine Press

图书在版编目（CIP）数据

企业级数据与 AI 项目成功之道 /（美）尼尔·菲什曼（Neal Fishman），（美）科尔·斯特莱克（Cole Stryker）著；张虹宇，陈小林译 .-- 北京：机械工业出版社，2021.6
书名原文：Smarter Data Science：Succeeding with Enterprise-Grade Data and AI Projects
ISBN 978-7-111-68476-3

I. ①企… II. ①尼… ②科… ③张… ④陈… III. ①企业管理－数据处理－研究 IV. ① F272.7

中国版本图书馆 CIP 数据核字（2021）第 203014 号

本书版权登记号：图字 01-2020-6457

企业级数据与 AI 项目成功之道

出版发行：机械工业出版社（北京市西城区百万庄大街 22 号 邮政编码：100037）
责任编辑：王春华 刘 锋 责任校对：殷 虹
印 刷：三河市宏达印刷有限公司 版 次：2021 年 10 月第 1 版第 1 次印刷
开 本：186mm×240mm 1/16 印 张：14
书 号：ISBN 978-7-111-68476-3 定 价：89.00 元

客服电话：（010）88361066 88379833 68326294 投稿热线：（010）88379604
华章网站：www.hzbook.com 读者信箱：hzit@hzbook.com

Epigraph 题　记

“没有信息架构就没有人工智能。”

Seth Earley

IT Professional, vol. 18, no. 03, 2016.

(info.earley.com/hubfs/EIS Assets/ ITPro-Reprint-No-AI-without-IA.pdf)

2016 年，信息技术顾问兼首席执行官 Seth Earley 在 IEEE 杂志 *IT Professional* 上发表了一篇题为“There is no AI without IA”的文章。Earley 提出了一个论点，即企业要想充分利用人工智能技术，首先必须建立一个支持性的信息架构。本书对此进行了响应：提供了一个人工智能的信息架构。

本书赞誉 *Praises*

作者显然已经探索了通向高效信息架构的途径，从他们的经验中学习是有价值的。如果你对组织如何使用人工智能技术负责，你会发现本书是一本非常宝贵的读物。值得注意的是，本书的写作维度广，使得本书具有相当高的可信度。如今，关于人工智能技术的大量论述似乎都存在一个技术真空——我们并不是都在创业公司工作，我们有需要考虑的遗留技术。作者提供了优秀的资源，承认企业环境是一个微妙而重要的问题。这些想法以合乎逻辑且清晰的形式呈现，既适合技术人员阅读，也适合业务人员阅读。

Christopher Smith

沙利文和克伦威尔有限责任公司首席知识管理和创新官

向 Neal 学习一直是一件令人愉快的事。那些敦促每家企业保持“相关性”的故事和例子成为我的动力来源，本书中提出的概念有助于解决我一直在试图解决的问题。本书几乎涵盖了数据行业的所有方面，对经验、模式和反模式都进行了全面的解释。这本著作对架构师、开发者、产品所有者以及业务主管等各类人员都十分有用。对于探索人工智能的组织来说，本书是迈向成功的基石。

Harry Xuegang Huang 博士

A. P. 穆勒 – 马士基集团（丹麦）外聘顾问

到目前为止，本书是我读过的关于人工智能和数据科学的令人耳目一新的绝佳书籍之一。作者通过深入到大多数组织从数据中寻找价值时所面临的核心挑战来发现真相，即将注意力从“神奇的”技术和过于简化的方法上移开。本书以深思熟虑的方式展开，遵循作者的建议，你将获得真实的长期价值，并避免诸多陷阱。

Jan Gravesen

IBM 杰出工程师，IBM 董事及首席技术官大多数关于数据分析和数据科学的书都侧重于该学科的工具和技术，并没有为读者提供一个完整的框架来规划和实施旨在解决业务问题和提升竞争优势的项目。仅仅因为机器学习和新的方法从数据中学习，而不需要预设分析模型，并不能消除对强大的信息管理计划和所需流程的需求。在本书中，作者提出了一个整体模型，强调了数据和数据管理在实现成功的价值驱动的数据分析和人工智能解决方案中的重要性。本书介绍了一种优雅而新颖的数据管理方法，并从数据创建 / 所有权和治理到质量和信任的多个层次与维度，进行了深入探讨。本书涵盖了数据管理和信息架构敏捷方法的组成部分，可以促进业务创新，并且能够适应不断变化的需求和优先级。书中提供了众多不同业务面临的数据挑战示例，并且这些示例都与实际应用相关，从而使得本书非常具有可读性。对于数据管理人员和数据科学家来说，这本极为优秀的书可以帮助他们深入了解数据管理、分析、机器学习和人工智能之间的基本关系。

Ali Farahani 博士

洛杉矶郡前首席数据官，南加州大学兼职副教授

鉴于当今技术的新发展，有许多不同的方法可以从数据中获得洞见。这本书不仅包含了使人工智能和机器学习成为可能的技术，而且真实地描述了能使人工智能易使用和可操作的数据所需的过程和基础。我非常喜欢关于数据治理的介绍，以及关于可访问的、准确的、经过策管的和有组织的数据在任何类型的分析中的重要性的章节。区域和数据准备的重要性与差异性也有一些奇妙之处，在任何类型的分析项目中都应该高度重视。作者很好地描述了组织内部与业务需求和信息结果相关的真实数据的最佳实践。向任何在数据与人工智能的奇妙空间中学习、娱乐或工作的人强烈推荐本书。

Phil Black

TechD 数据与人工智能客户服务副总裁

作者将数据治理、数据架构、数据拓扑和数据科学完美地组合在一起。他们的观察和方法为实现灵活和可持续的高级分析环境铺平了道路。我正在采用这些技术为我所在的公司构建分析平台。

Svetlana Grigoryeva

Shearman and Sterling 数据服务和人工智能经理

本书读起来很有趣，并提供了许多发人深省的想法。本书是数据科学家以及所有参与大规模企业级人工智能计划的人的宝贵资源。

Simon Seow

Info Spec Sdn Bhd（马来西亚）董事总经理

作为一直从事信息技术方面工作的万事达信用卡公司副总裁以及通用汽车公司全球总监，我很早以前就意识到了寻找最优秀人才并向其学习的重要性。在这里，作者带来了一个独特而新颖的声音，引起了人们关于企业级数据科学如何取得成功的强烈共鸣。随着大数据、计算能力、便宜的传感器的爆炸性增长，以及人工智能技术令人敬畏的突破，本书让我们认识到：如果没有坚实的信息架构，我们在人工智能方面的工作可能会落后。

Glen Birrell

执行信息技术顾问

在21世纪，使用元数据增强跨行业生态系统以及利用人工智能算法的层次结构的能力，对于最大化利益相关者的利益至关重要。当今的数据科学进程和系统根本无法提供足够的速度、灵活性、质量或上下文来实现这一点。本书是一本非常有用的书，因为它为智能企业提供了将想法付诸实践的具体步骤。

Richard Hopkins

IBM（英国）技术学院院长

对于策管、管理数据，或根据数据做出决策的每个人来说，这都是一本必读的书。本书揭开了数据科学中很多神秘和神奇的思维，以解释为什么我们在兑现人工智能的承诺上做得不够好。对于使用人工智能或机器学习的现代分析环境，本书提供了许多改进其信息架构实践的实用想法。我强烈推荐你阅读本书。

Linda Nadeau

Metaphor咨询有限公司信息架构师

本书解释了数据作为现代企业的自然资源的意义。继上一本探讨数据在企业转型中的作用的书之后，作者又通过本书引导读者通过一种整体方法来利用数据科学实现业务价值。本书研究了跨多个行业的数据、分析和AI价值链，描述了在相关行业的具体用途和业务案例。这本书是首席数据官以及任何行业中的数据科学家的必读之作。

Boris Vishnevsky

Slalom复杂解决方案和网络安全负责人，托马斯·杰斐逊大学兼职教授

作为一名与客户一起处理高度复杂项目的架构师，我所有的新项目都涉及大量的数据、分布式数据源、基于云的技术和数据科学。对于在现实世界中的企业级实践而言，这本书是无价的。它将使用人工智能技术的预期风险、复杂性和回报以一种组织良好的方式展示出来，这种方式易于理解，可以使读者从基于事实的学术中走出来，进入数据科学的真实世界。我将这本书强烈推荐给任何想要从事数据科学工作的人。

John Aviles

IBM联邦CTO技术主管

我拥有超过150项专利，并以一名数据科学家的身份创建了一些复杂的人工智能商业项目，这本书对我来说是一本极具价值的实用指南。两位作者确定了为什么信息架构必须成为人工智能系统成熟方法的一部分。我将本书视为“下一代人工智能指南”。

Gandhi Sivakumar

IBM（澳大利亚），首席架构师兼首席发明家

本书阐述了企业利用人工智能技术的开创性方法。作者提供了一条可以跨越云计算、雾计算和霭计算来使用人工智能技术的清晰易懂的路径。这是所有数据科学家和数据管理者的必读书目。

Raul Shneir

以色列国家网络局主任

作为沃顿商学院讲授数据科学的教授，我经常向我的学生提到新兴的分析工具，比如人工智能，这些工具可以为商业决策者提供有价值的信息，我也鼓励他们掌握这些工具。本书必定在我的推荐阅读清单之列，它清晰地阐明了组织如何利用人工智能技术的优势，建立一个成功的信息架构。两位作者抓住了许多错综复杂的主题，这些主题与我的学生进入商业世界息息相关。本书中提出的许多想法对那些在数据科学领域工作或将受到数据科学影响的人非常有利。本书还包括许多批判性思维工具，以便让未来的数据科学工作者做好准备……坦率地讲，当下的数据科学工作者也需要这些工具。

Josh Eliashberg 博士

沃顿商学院市场营销学 Sebastian S. Kresge 教授和运筹、信息与决策学教授

对于数据驱动型组织来说，这是一个极好的指南——这样的组织必须建立一个强大的信息架构，以便通过数据科学不断提供更大的价值，否则就会被时代抛弃。这本书将使组织完成其变革之旅，并可持续地利用基于云的人工智能工具和对抗性神经网络的人工智能技术。书中提出的指导原则将推进数据的民主化、劳动力数据素养的具备，以及人工智能透明化革命。

Taarini Gupta

Mind Genomics Advisors 的行为科学家 / 数据科学家

序　言 *Foreword*

在过去的十年里，人工智能领域取得了显著的进步，这要归功于三股重要力量的共同作用：大数据的崛起、计算能力的指数级增长，以及深度学习关键算法的发现。IBM的Deep Blue击败了世界上最好的国际象棋选手，Watson在*Jeopardy*中击败了所有人，DeepMind的AlphaGo和AlphaZero已经统治了围棋和电子游戏领域。一方面，这些进步在商业和科学领域被证明是有用的：人工智能在制造业、银行业和医药等领域发挥了重要作用。另一方面，这些进步也带来了一些难题，特别是在隐私和战争行为方面。

虽然人工智能科学领域的探索仍在继续，但其科学成果现在正以非常切实有效的方式在企业中发挥作用，这些方式不仅在经济上引起人们的关注，而且也有助于改善人类的生存状况。因此，想要利用人工智能技术的企业必须将重点转移到构筑包含认知成分的价值语用系统之上。

这就是本书的用武之地。

正如作者解释的那样，在构建这样的系统时，数据并不是事后才考虑的，而是一种先见之明。为了利用人工智能技术来预测、自动化和优化企业成果，数据科学必须成为开发过程中有意识的、可测量的、可重复的和敏捷的组成部分。在这里，你将了解收集、组织、分析和注入数据的最佳实践，这些最佳实践将使人工智能技术对于企业来说真正成为现实。关于本书，我最赞赏的是，作者不仅能够基于深刻的经验解释最佳实践，并且他们这样做的方式是可行的。他们对于结果驱动方法的强调不仅是敏捷的，还能够形成一个强大的框架，这令人耳目一新。

我不是数据科学家，而是一名系统工程师，但我越发觉得自己与数据科学家的协同工作日益紧密。这本书教给我很多东西，我想你也会发现它十分有用。

Grady Booch

ACM、IEEE会士和IBM院士

Preface 前　言

"我想做的是交付结果。"

Lou Gerstner
Business Week

为何你需要此书

"19世纪末，谁也不会相信地球正受到智慧生命的密切注视……"

1898年，H. G. Wells出版的《世界大战》（*The War of the Worlds*，Harper & Brothers）以此开场。在20世纪末，这样的怀疑也同样盛行。但与19世纪以来的虚构的注视者不同，20世纪晚期的注视者是真实存在的，而这些注视者就是具有开拓性的数字化公司。在《世界大战》中，单细胞细菌被证明是兼具进攻性和防御性的决定性武器。如今，这一武器便是数据。当数据被错误使用时，企业将会面临突然崩溃的局面；当数据被正确使用时，企业则会茁壮成长。

自象形文字和字母出现以来，数据已然开始发挥其作用。商业智能（Business Intelligence，BI）一词的出现，可以追溯至Richard Millar Devens 1865年出版的*Cyclopaedia of Commercial and Business Anecdotes*一书。尽管如此，直至制表机器公司（Tabulating Machine Company，IBM前身）创始人Herman Hollerith发明了打孔卡片，数据的大规模采集才得以实现。Hollerith最初是为1890年美国政府人口普查而发明的打孔制表技术。1937年，美国政府与IBM签署协议，运用其打孔卡读卡机，为涉及2600万个社会保障号码的大规模簿记项目提供服务和支持。

1965年，美国政府建立了第一个数据中心，以存储其7.42亿张纳税申报单和1.75亿套录有指纹信息的计算机磁带。随着互联网以及后来的移动设备和物联网的出现，私有企业能够基于日益增加的与消费者共享的触点数，建立大量的消费者数据存储，从而使大规模数据使用真正得以实现。平均而言，每个人每秒创建的数据量超过1.7MB，这样的信息量大致相当于154万亿张打孔卡片。通过将数据量与数据有效处理能力相结合，数据并不仅仅是被简单记录和保存，而是得以大规模使用。

显然，我们正处于大数据时代。企业正在争先恐后地整合各种能完成高级分析的能力，如人工智能和机器学习，从而最大限度地利用其自身的数据。如何通过具有前瞻性的预判来改善市场的商业表现，已然成为强制性需求。诸如数据湖（Data Lake）之类的数据管理概念也被提出，以指导企业进行数据存储和数据管理。在许多方面，数据湖与更早的企业数据仓库（Enterprise Data Warehouse，EDW）形成了鲜明对比。通常而言，企业数据仓库仅接受已被视为有用的数据，且其内容的组织方式高度系统化。

在被误用的情况下，一个数据湖只不过是非结构化和未处理的海量数据的存储地，许多这样的数据永远都不会被使用。然而，通过高级分析和机器学习模型，数据湖可以有效地得到利用。

但是，数据仓库和数据湖能否真正实现企业改善商业表现的目的？更简洁地说，企业是否已经意识到存储数据之地在商业方面的价值？

全球信息技术研究和咨询公司——高德纳咨询公司（Gartner Group）对此进行了引人深思的分析。据估计，超过一半的企业数据仓库尝试都是失败的，而新的数据湖的情况甚至更糟。高德纳的分析师曾预测，数据湖的失败率可能高达60%。然而，现在高德纳认为这个数字过于保守，实际失败率可能接近85%。

为什么诸如企业数据仓库和数据湖这样的方案的失败率如此惊人？简单来说，开发适当的信息架构并非易事。

与企业数据仓库的失败原因相同，数据科学家采用的许多方法也未能意识到如下几点：

- 企业性质。
- 企业的业务运营。
- 变化的随机性和潜在的巨大性。
- 数据质量的重要性。
- 在模式设计和信息架构中应用不同技术的方式，这可能会影响组织应对变化的准备。

分析表明，数据湖和大数据计划失败率较高的原因并不在于技术本身，而是在于技术人员应用技术的方式。

在我们与企业客户的对话中，这些方面很快就变得不言而喻。在讨论数据仓库和数据湖时，我们经常面临诸多问题，例如："对于每一种方式而言，我们都有很多选择，选择哪一个？"经常会出现组织中的一个部门需要数据库进行数据存储，但是其需求无法通过以前的数据存储方式得到满足。因此，该部门不再尝试重塑或更新已有的数据仓库或者数据湖，而是创建一个全新的数据存储区域。这样做的结果往往是一个多种数据存储解决方案的大杂烩，彼此之间不能有效结合，从而丧失数据分析的机会。

显然，新技术可以提供许多实实在在的好处，但是除非对这些技术进行严谨的部署和管理，否则，这些好处无法实现。与传统建筑架构的设计不同，信息架构的设计无法做到一劳永逸。

虽然组织可以控制如何获取数据，但是不能控制所需要的数据如何随时间变化。组织往往是脆弱的，因为当环境发生变化时，信息架构可能会崩溃。只有灵活的、自适应的信息架构才能适应新的环境。针对动态目标，设计和部署解决方案是困难的，但这个挑战并非不可克服。

很多信息技术专业人士都认为“垃圾输入等于垃圾输出”这个草率断言已经过时了。实际上，数十年来，垃圾数据一直给分析和决策过程带来困扰。管理不善的数据和缺乏一致性的表示对每一个人工智能项目来说依然是危险信号。

机器学习和深度学习对数据质量的要求尤其高。就像硬币的两面，低质量数据可能带来两种具有破坏性的影响。一方面，与历史数据相关的低质量数据会使预测模型的训练失真；另一方面，新数据会使模型失真，对决策制定产生负面影响。

作为一种可共享资源，当数据质量不佳时，数据通过服务层像病毒一样暴露在整个组织中，从而影响每一个接触此数据的人。因此，人工智能的信息架构必须能减少与数据质量相关的传统问题，促进数据流动，并在必要的时候实现数据隔离。

本书的目的是让你了解企业如何构建信息架构，从而为成功的、可持续的、可扩展的人工智能部署铺平道路。本书包括一个结构化框架和建议，既兼顾实用性又具有可操作性，可以帮助企业完成信息架构，进而从人工智能技术中获益。

本书主要内容

我们将从第 1 章开始，对人工智能阶梯进行讨论。人工智能阶梯是 IBM 开发的一个说明性工具，用来演示一个组织要持续从人工智能技术中获益所必须攀登的“步骤”或“梯级”。由此出发，第 2 章和第 3 章涵盖了数据科学家和信息技术领导者在攀登人工智能阶梯的过程中必须注意的一系列因素。

在第 4 章和第 5 章中，我们将探索关于数据仓库及其如何让位于数据湖的历史，并讨论如何根据地形学和拓扑学来设计数据湖。这些讨论将深入数据的接收、治理、存储、处理、访问、管理和监测等方面。

在第 6 章中，我们将讨论开发运营（DevOps）、数据运营（DataOps）、机器学习运营（MLOps）如何使组织得以更好地实时使用数据。在第 7 章中，我们将深入探讨数据治理和集成数据管理的基本要素。为了便于数据科学家确定数据的价值，我们将讨论数据价值链和数据可访问性、可发现性的需求。

由于组织内部的不同角色需要以不同的方式与数据进行交互，第 8 章将介绍不同的数据访问方式，还将进一步讨论数据价值评估，并解释如何使用统计学协助实现数据价值排序。

在第 9 章中，我们将讨论信息架构中可能出现的问题，以及整个组织的数据素养对于规避此类问题的重要性。

最后，在第 10 章中，我们将对开发人工智能信息架构的相关情况进行概述。第 10 章还提供了将上述理论背景应用于现实世界的信息架构开发的可行步骤。

Acknowledgements 致　谢

我要向 John Wiley & Sons 的 Jim Minatel 表示由衷的感谢，感谢他给我这个机会完成这本著作。我还衷心感谢我的编辑 Tom Dinse，感谢他对细节的关注，以及在帮助改进这本书方面提供的出色建议。我非常感谢 Tarik El-Masri、Alex Baryudin 和 Elis Gitin 提供的意见。在此，我还要感谢 Matt Holt、Devon Lewis、Pete Gaughan、Kenyon Brown、Kathleen Wisor、Barath Kumar Rajasekaran、Steven Stansel、Josephine Schweiloch 和 Betsy Schaefer。

在我的职业生涯中，我曾与几位著名的“巨人”共事过，并且很显然，我站在他们的肩膀之上。John Zachman、Warren Selkow、Ronald Ross、David Hay 和已故的 John Hall，没有他们，我的职业生涯就不会有正确的转折。我想感谢著名的 Grady Booch，感谢他为本书撰写序言。最后，我要感谢 Cole Stryker 为使这本书更上一层楼所做的努力。

Neal Fishman

感谢 Jim Minatel、Tom Dinse 和 John Wiley & Sons 的其他成员，他们认识到了这本书的必要性，并且通过他们的编辑指导提升了这本书的价值。我还要感谢 Elizabeth Schaefer 把我介绍给 Neal，给了我与他合作的机会。还要感谢 Jason Oberholtzer 和 Gather 的同事为我在 IBM 的工作提供支持。最后，我要感谢 Neal Fishman 分享他的远见，并邀请我为这本重要著作做出贡献。

Cole Stryker

关于作者 About the Authors

尼尔·菲什曼（Neal Fishman）

尼尔·菲什曼是 IBM 的杰出工程师，并且是 IBM 全球业务服务组织内基于数据的病理学的首席技术官。尼尔也是 Open Group 认证的杰出 IT 架构师。尼尔在与六大洲的 IBM 客户合作处理复杂数据和人工智能计划方面拥有丰富的经验。

此前，尼尔曾担任过多个不同行业团体的董事会成员，并曾担任 *BRCommunity* 网络杂志的技术编辑。尼尔是华盛顿大学的远程教学讲师，并且在 *Viral Data in SOA: An Enterprise Pandemic and Enterprise Architecture Using the Zachman Framework* 一书中记录了他的一些其他洞见。尼尔还拥有数项与数据相关的专利。

你可以通过领英与他联系：linkedin.com/in/neal-fishman-。

科尔·斯特莱克（Cole Stryker）

科尔·斯特莱克是一名常驻洛杉矶的作家和记者。他是 *Epic Win for Anonymous* 和 *Hacking the Future* 两本书的作者。他的作品曾发表于 *Newsweek*、*The Nation*、*NBC News*、*Salon*、*Vice*、*Boing Boing*、*The NY Observer*、*The Huffington Post* 及其他杂志或网站。

你可以通过领英与他联系：linkedin.com/in/colestryker。

Contents 目 录

第 1 章 Chapter 1

攀登人工智能阶梯

“感兴趣的第一个特征是计算负载的部分，这与数据管理内务处理相关。”

——Gene Amdahl

“Approach to Achieving Large Scale Computing Capabilities”

为了保持竞争力，每个行业中的企业都需要使用高级分析来从其数据中得到洞见。这一需求的紧迫性日益加剧。即使是传统上面临竞争较少的公共部门和非营利组织，也认为使用人工智能获取的回报具有不容忽视的吸引力。诊断分析、预测分析、规范分析、机器学习、深度学习和人工智能对传统描述性分析和商业智能的使用进行了补充，从而识别机会或提高效率。

传统上，组织使用分析来解释过去。如今，分析被用来帮助解释当下面临的或未来即将到来的机遇和威胁。这使得组织变得更富有经验、更加高效并更具有弹性。

然而，成功地集成高级分析既不是投入使用，也不是企业的人工智能是否准备就绪的二元状态。更确切地说，这是一个过程。作为其最近转型的一部分，IBM 开发了一个视觉隐喻，来解释适用于任何公司的人工智能准备过程：人工智能阶梯（AI Ladder）。

作为一个阶梯，人工智能的准备过程可以看作一系列阶梯的攀登过程。任何试图一跳就跨越阶梯的尝试都将导致攀登失败。只有将每一个梯级都牢牢掌握，组织才能继续前进到下一个梯级。攀登并非偶然或随机的，攀登者只有通过有目的地接近每一个梯级，并清楚地了解每个梯级所代表的业务，方可攀上顶峰。

你不需要水晶球预测也能知道你的组织需要数据科学，但你确实需要一些洞察方法来了解组织的付出是有效的，并正朝着以人工智能为中心的目标迈进。本章将探讨人工智能阶梯的每个梯级背后的主要概念，例如，为什么数据必须作为人工智能对等学科来对待，为什么你需要成为富有创造力的和具有多专业融合能力的博学者。这些都将在本书中进行探讨。

1.1 人工智能的数据准备

限制可能来自技术，但人工智能的准备过程大部分是组织变革。人工智能的运用可能需要创造一个新的劳动力类别：新领工人（New-collar Worker）。新领工作可以涵盖网络安全、云计算、数字设计和认知商业（Cognitive Business）等工作。认知商业的新领工作被用来描述以不同方式利用人工智能履行其职能的工作。新领工人必须先观察以往行动的结果，从中提出新的行动方针，再提出建议并制定最终的行动方案。

当组织以其未来状态为目标时，未来状态一旦达到，就变成了当前状态。不断设定未来状态的持续需求，是推动组织前进的循环。理想情况下，随着时间的推移，组织可以降低从一个状态到下一个状态所需的时间和支出。这些支出不应被视为费用，而应被视为派生价值，而金钱不再抑制周期的发展。

在世界范围内，大多数组织都认同人工智能可以帮助其保持竞争力，但是许多组织通常仍使用不算先进的分析形式。对于那些使用人工智能经历失败或者未能达到最佳效果的组织而言，自然的方法似乎是消除而非增加严谨性。从人工智能阶梯的角度来看，梯级会匆忙掠过，甚至完全跳过。当组织开始意识到并认可这种范式的时候，他们必须重新审视分析的基础，以便为其达到理想的未来状态和获得从人工智能获益的能力做好准备。他们不一定要从零开始，但他们需要评估自己的能力，以确定可以从哪个梯级开始。他们需要的许多技术部件可能已经到位。

如果没有首先在整个组织中实现数据的简洁、可访问和可使用的情况下，组织将很难从人工智能中实现价值。但是，必须通过确保数据安全性和隐私性的方法来限制这种数据民主化，因为在组织内部，数据并非完全平等。

1.2 重点技术领域

如图 1-1 所示，组织可访问的分析复杂程度随着梯级而增加。这种复杂性可以带来蓬勃发展的数据管理实践，这得益于机器学习和人工智能的发展。

在某些时候，拥有海量数据的组织将需要探索多云部署（Multicloud Deployment）。在攀登人工智能阶梯的时候，他们需要考虑以下三个基于技术的领域：

- ❑ 以机器学习为核心的**混合数据管理**。
- ❑ 在安全的用户配置文件中提供安全性和无缝用户访问的**治理和集成**。
- ❑ 同时为高级分析和传统分析提供自助服务和全服务用户环境的**数据科学和人工智能**。

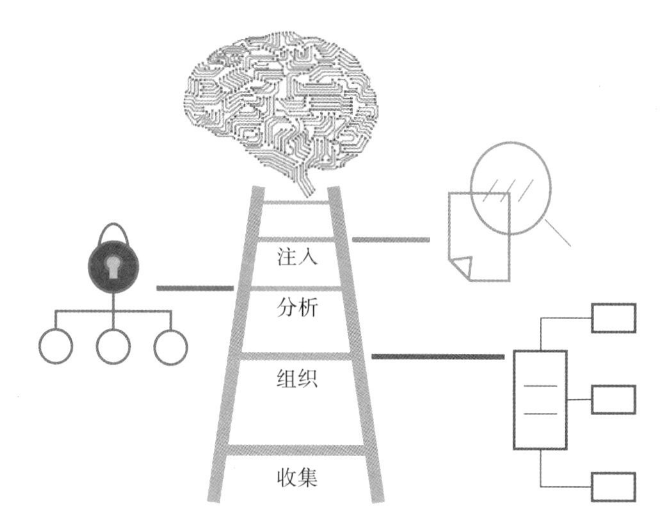

图 1-1　实现完整数据和分析的人工智能阶梯

这些基础技术必须包含现代云计算和微服务基础设施，以便为组织创造敏捷而快速地前进和向上发展的途径。这些技术必须在各梯级上实现，从而使数据移动成为可能，并从单一环境到多云环境的各类部署的机器学习模型中获得预测能力。

1.3　一步一个脚印地攀登阶梯

如图 1-1 所示，人工智能阶梯的梯级分别标记为“收集”“组织”“分析”和“注入”。每个梯级都提供了信息架构所需的要素。

第一梯级收集，代表了用于建立基础数据技能的一系列规程。理想情况下，无论数据的形式和驻留位置如何，都应简化数据的访问，并使其具有可用性。由于用于高级分析和人工智能的数据是动态的且具有流动性，因此并非所有数据都可以在物理数据中心进行管理。随着数据源数量的不断增加，虚拟化数据的收集方式是信息架构中需要考虑的关键活动之一。

以下是收集梯级中包含的关键主题：

- 使用通用 SQL 引擎收集数据，使用 API 进行 NoSQL 访问，以及支持广泛的数据生态系统（数据产业）中的数据虚拟化。
- 部署始终保持弹性和可扩展性的数据仓库、数据湖和其他基于分析的存储库。
- 同时兼顾实时数据摄入和高级分析。
- 存储或提取结构化、半结构化、非结构化等所有类型的业务数据。
- 使用可能包含图形数据库、Python、机器学习 SQL 和基于置信度查询的人工智能优化集合。
- 挖掘可能包含 MongoDB、Cloudera、PostgreSQL、Cloudant 或者 Parquet 等技术的开源数据存储。

组织梯级意味着需要创建一个可信数据基础。可信数据基础必须至少对组织可知内容进行归类。所有形式的分析都高度依赖数字化资产。数字化资产构成了组织可以合理了解的基础：业务语料库是组织论域的基础，即通过数字化资产可获知的信息总量。

拥有可用于分析的业务就绪的数据是用于人工智能的业务就绪的数据的基础，但是仅仅具有访问数据的权限并不意味着该数据已为人工智能用例做好了准备。不良数据可能导致人工智能瘫痪，并误导使用人工智能模型输出结果的任何进程。为了进行组织，组织必须制定规程来集成、清洗、策管、保护、编目和管理其数据的整个生命周期。

以下是组织梯级的关键主题：

- 清洗、集成、编目不同来源的所有类型数据。
- 支持并提供自助服务分析的自动化虚拟数据管道。
- 即使在跨越多云的情况下，也能确保数据治理和数据沿袭。
- 部署可提供个性化服务的基于角色体验的自助服务数据湖。
- 通过从多个云数据存储库中梳理业务就绪视角，获得 360 度全方位视角。
- 简化数据隐私、数据策略和合规性控制。

分析梯级包含了基本的业务和计划分析能力，这些能力是人工智能持续取得成功的关键。分析梯级进一步将构建、部署和管理人工智能模型所需能力封装在一个集成组织技术的产品组合之中。

以下是分析梯级的关键主题：

- 准备用于人工智能模型的数据，在统一体验中构建、运行和管理人工智能模型。
- 通过自动生成人工智能来构建人工智能模型，从而降低所需技能水平。
- 应用预测性、规范性和统计性分析。
- 允许用户选择自己的开源框架来开发人工智能模型。
- 基于准确性分析和质量控制不断地演进模型。
- 检查偏差，确保线性决策解释并坚持合规性。

注入是一门涉及将人工智能集成到有意义的业务功能之中的规程。尽管许多组织能够创建有用的人工智能模型，但它们很快会被迫应对实现持续的、可行的业务价值的运营挑战。人工智能阶梯中的“注入”梯级突出了在模型推荐的决策中获得信任和透明度、解释决策、避免偏见或确保公平的检测，以及提供审计所需的足量数据线索所须掌握的规程。注入梯级旨在通过解决时间 – 价值连续统来实现人工智能用例的可操作性。

以下是注入梯级的关键主题：

- 通过预构建适用于诸如客户服务和财务规划等常见用例的人工智能应用程序，或定制适用于物流运输等专门用例的人工智能应用程序，缩短实现价值的时间。
- 优化知识工作和业务流程。
- 利用人工智能辅助的商业智能和数据可视化。
- 自动化规划、预算和预测分析。

❑ 使用符合行业需求的人工智能驱动框架进行定制。

❑ 通过使用人工智能支持新业务模型的创新。

一旦对每个梯级的掌握达到一定程度，即新的尝试是重复以往的模式，而且这些新尝试不被视为是定制或需要巨大努力的，组织就可以认真地朝着未来状态采取行动。人工智能阶梯的顶端是不断实现现代化：从本质上根据其意愿重塑自己。现代化梯级只不过是已达到的未来状态。但是一旦达到，此状态便成为组织的当前状态。达到阶梯的顶端后，充满活力的组织将开始新的阶梯攀登。这个循环如图 1-2 和图 1-3 所示。

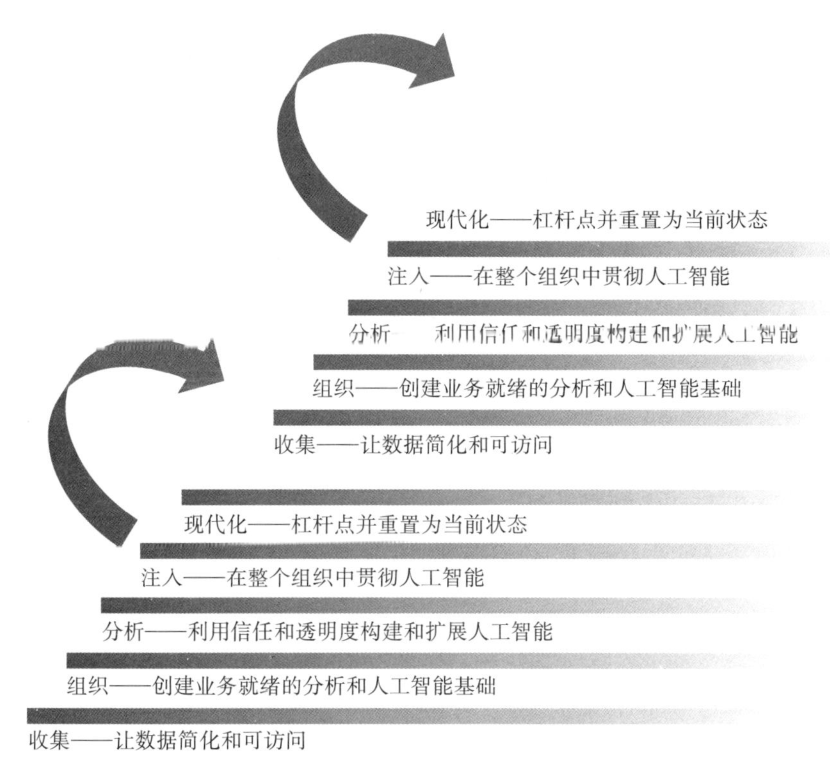

图 1-2　人工智能阶梯是不断改进和适应的重复攀登的一部分

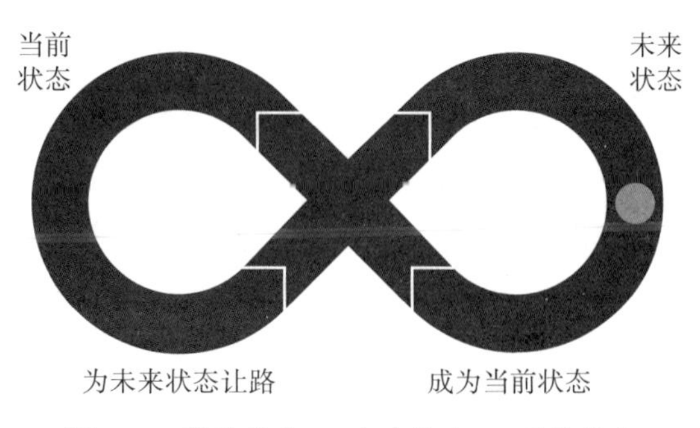

图 1-3　当前状态 ⇦ 未来状态 ⇦ 当前状态

以下是现代化梯级的关键主题：

- 为人工智能部署多云信息架构。
- 在任何私有或公有云中利用统一的选择平台。
- 将数据虚拟化作为收集任意来源数据的手段。
- 使用 DataOps 和 MLOps 为自助服务建立可信任的虚拟数据管道。
- 使用开放且易于扩展的统一数据和人工智能云服务。
- 动态和实时扩展以适应不断变化的需求。

现代化是指升级或更新的能力，或者更具体地说，包括利用重新构想的业务模式的变革性想法或创新所产生的新业务能力或产品。正在实现现代化的组织的基础设施可能包括采用多云拓扑的弹性环境。鉴于人工智能的动态本质，组织的现代化意味着构建灵活的信息架构，以不断展示相关性。

大蓝图

在敏捷开发中，史诗（Epic）用于描述一个被认为因过于庞大而无法在单个迭代或单个冲刺（Sprint）中解决的用户故事。因此，史诗被用来提供大蓝图。这个蓝图为需要完成的工作提供了一个端到端的视角。然后，史诗可以被分解为被处理的可行故事。史诗的作用是确保故事被适当地编排。

在人工智能阶梯中，阶梯就代表“大蓝图”，分解由梯级表示。这个阶梯用于确保每个梯级的概念（收集、组织、分析、注入）都被正确地线程化，以确保获取成功和实现价值的最佳机会。

1.4 不断适应以保持组织的相关性

正如那句名言所说：“如果你不喜欢改变，那么你会更不喜欢其他无关紧要的事。”在这个瞬息万变的世界中，终点是保持相关性。相关性是最终目的。因此，可以将变革和破坏视为一种手段。对手段的了解提供了如何行动的过程和指令。如图 1-4 所示，对目的的了解提供了期望实现的目标结果。

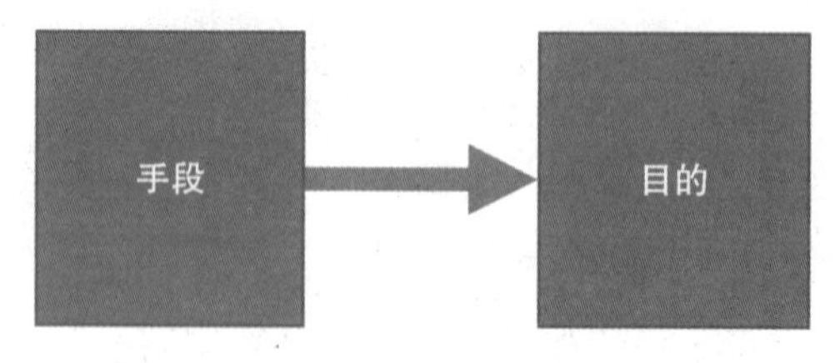

图 1-4　目的 – 手段模型

目的 – 手段模型可以迭代，以适应持续变化和连续过程的校正，从而推动持续和改进的相关性。

如果组织可以将相关性和唯一性相结合，那么前进的道路可能会提供更多的机会，因为在既定空间中该组织不太可能同时被视为另一个商品交易者。

制定目的可能比提出手段更为困难。转换（包括数字化转换）和破坏都是手段的代名词之一。有转型意向的组织可以简单地通过专注于选择诸如云计算、敏捷开发、大数据、面向消费者的平台、区块链、分析甚至人工智能等新的技术或者能力来实现转型。不管选择哪种技术和能力作为手段，问题仍然存在：但是，为了什么目的呢?

就目的而言，相关性可能更难以阐明，特别是考虑到新的技术和能力。表达问题的纠结，可能是由于主题专家和终端用户对如何实际定位和利用新解决方案的了解或经验较少。

破坏可以通过其两个形容词来看：颠覆性的和被扰乱的。一个具有颠覆性的组织更有可能在应对变更方面占据领导地位，而一个被扰乱的组织则可能处于落后地位。例如，在数字出版时代，传统出版公司和新闻记者都会手足无措。十多年来，由于社交媒体、博客和网络内容的激增，传统出版行业的利润和生存能力都在不断下降。

另一个被扰乱的业务类型的例子便是医院。在美国，人口数量在过去 35 年中增加了大约 1 亿，在过去 70 年中增加了近 2 亿。可以合理地给出这样的判断，随着人口的增长，尤其是老龄化人口的增长，对床位的需求稳步上升。然而现实却是，目前对于床位的需求与 20 世纪 40 年代大致相同。美国的医院床位需求巅峰出现在 20 世纪 80 年代。

就在不久之前，医院还不是最安全的康复场所。在 19 世纪的一个记载中，有人指出，“医院是人类生命的洼地”。通过麻醉技术和绝育技术的使用，以及 1895 年 X 射线的出现，医院不再是高风险治疗场所。但是现在，回溯到 18 世纪和 19 世纪，正如美国疾病预防控制中心（Centers for Disease Control and Prevention，CDC）一份关于医院内部感染的报告中所述，医院再一次不被视为接受治疗的理想之地。

当前挑战传统医院的设施包括步入式紧急护理中心、影像设施、手术中心、医师办公室等。医院被迫考虑兼并以及裁员。医院正受到干扰，需要寻求非传统的方式来保持相关性。那么，使用高级分析是否可以成为这些方法之一呢?

归根结底，如果人工智能将要增强人类智能，人工智能将成为变革或破坏的手段之一。虽然人工智能可能会假设哪些内容是相关的，但人工智能可能会面临表达事实上的方向的挑战，即需要如何保持相关性。对于人工智能和人类而言，合作是解决相关性这一当今时代关键性问题的重要机会。

因此，可以假定人工智能信息架构的唯一目的是，帮助处于人工智能阶梯上的组织在变革和破坏中保持或重获相关性。这样，每个杠杆点都基于数据，并且组织愿意且能够利用这些从数据中得到的洞见。

经济上可行

没有数据就没有人工智能。人工智能之所以能够行之有效，是因为组织有能力经济地收集和存储海量的数字信息。利用机器和人工智能来优化我们的工作是常态。

例如，你上一次一整天不使用网络进行搜索是什么时候？当你与人工智能注入功能进行交互时，你很可能根本没有考虑机器学习。我们正在利用人工智能拓展我们的工作，而且在很大程度上，我们自己完全感受不到。

要充分认识到组织可以如何利用人工智能优化所有进程，还有很长的路要走。对于那些成功的公司而言，其结果应该是水到渠成的。

1.5 基于数据的推理在现代业务中至关重要

包括人工智能在内的高级分析，可以为使用归纳和演绎技术进行推理提供基础。能够将用户互动解释为一系列信号，可以使系统实时提供适合用户上下文的内容。

为了最大限度地提高内容的效用，数据应该具有适宜的质量水平、适当的结构化或标记，并且酌情与来自不同系统和进程的信息相关联。确定用户上下文也是一项分析任务，这涉及系统试图理解用户与用户的特定工作任务之间的关系。

对于基于工业的业务应用程序，用户可能需要发现完成液压系统维护所需的零部件和工具。通过使用自适应模式识别软件来帮助挖掘有关液压系统及其维修的参考手册，系统可以得到一个必要工具和相关零部件的清单。对液压维修的高级分析搜索可以显示动态生成的、基于产品关系的并与任何相关公司产品相关的内容。

获取内容和理解上下文并不是随意或随机的。从各种前端、中端和后端系统跨企业或生态系统调整和协调数据需要进行规划，信息架构便是这些规划的结果之一。

计算机处理能力的提高以及组织扩展其环境的意愿极大地促进了像人工智能这样被视为必不可少和可行的能力。利用经过提高的马力（例如更快的计算机芯片）的能力，使得自动驾驶汽车在技术上可行，即使需要大量的实时数据。语音识别已经变得可靠，并且能够区分说话者，所有这些都无须进行大量的依赖说话者的训练会话。

毫无疑问，人工智能是一个复杂的主题。但是，与人工智能相关的许多复杂性可以对用户隐藏。虽然人工智能本身并不是魔法，但是如果保留并掌握了诸如数据质量和数据治理之类的传统信息技术活动，则人工智能将从中受益。实际上，无论数据是结构化、半结构化或是非结构化的，干净、组织良好和受管理的数据都是能够使用数据输入机器学习算法的基本必要条件。

在许多情况下，人工智能系统需要处理或分析的数据集的结构，要比金融或交易系统中的经过组织的数据类型少得多。幸运的是，学习算法可用于从模糊查询中提取信息，并寻求理解非结构化数据输入。

学习和推理是相辅相成的，学习技术的数量可能变得相当庞大。以下是使用机器学习和数据科学时可以利用的学习技术的清单：

- 主动学习
- 演绎推理
- 集成学习
- 归纳学习
- 多示例学习
- 多任务学习
- 在线学习
- 强化学习
- 自监督学习
- 半监督学习
- 监督学习
- 转导
- 迁移学习
- 无监督学习

某些学习类型比其他学习类型更复杂。例如，监督学习由许多不同类型的算法组成，而迁移学习可以用来加快解决其他问题的速度。数据科学的所有模型学习都需要你的信息架构能够满足训练模型的需求。此外，信息架构必须为你提供一种通过一系列假设进行推理的手段，以确定适当的模型或集成，独立使用或注入应用程序之中。

模型通常按照监督（被动学习）和无监督（主动学习）的方式进行划分。随着包含诸如半监督学习、自监督学习和多示例学习模型之类的混合学习技术的引入，这种划分可能变得不那么清晰。除了监督学习和非监督学习之外，强化学习模型还代表了你可以探索的第三种主要学习方法。

之所以被称为监督学习算法，是因为该算法通过基于输入的训练数据和训练数据集包含的预期目标输出进行的预测来学习。监督机器学习模型的例子包括决策树和向量机。

监督学习中使用分类和回归这两种特定技术。

- 分类用于预测根据属性值计算的类别标签。
- 回归用于预测数字标签，并且模型被训练来预测新观测值的标签。

无监督学习模型对输入数据进行操作，而无须任何指定的输出或目标变量。因此，无监督学习不会使用老师来帮助纠正模型。无监督学习经常遇到的两个问题包括聚类和密度估计。聚类尝试在数据中查找群组，密度估计有助于汇总数据的分布。

K均值是一种聚类算法，其中数据与基于均值的集群相关联。核密度估计（kernel density estimation）是一种密度估计算法，它使用小群组紧密相关的数据来估计分布。

在《人工智能：一种现代的方法（第3版）》（*Artificial Intelligence: A Modern Approach*,

3rd edition，培生教育印度，2015 年）一书中，Stuart Russell 和 Peter Norvig 描述了一个无监督模型在没有任何明确反馈情况下使用输入来学习模式的能力。

最常见的无监督学习任务是聚类：检测可能有用的输入示例集群。例如，在没有老师示范的情况下，出租车司机可能会逐渐形成“交通通畅日”和“交通堵塞日”的概念。

强化学习使用反馈作为决定下一步要做什么的辅助手段。在出租车行程的例子中，在乘车结束时是否与车费一起收取小费反映了交通状况的好坏。

模型学习的主要统计推理技术是归纳学习、演绎推理和转导。归纳学习是一种常见的机器学习模型，它使用证据来帮助确定结果。演绎推理自顶向下进行推理，并要求在确定结论之前满足每一个前提。相比之下，归纳法是一种自底向上的推理方式，它使用数据作为结果的证据。转导是用来指代在一个域中给出具体示例的情况下对具体示例进行预测。

其他学习技术包括多任务学习、主动学习、在线学习、迁移学习和集成学习。多任务学习旨在“利用多个相关任务中包含的有用信息来帮助提高所有任务的泛化性能”（arxiv.org/ pdf/1707.08114.pdf）。通过主动学习，学习过程旨在“通过自动确定注释者应该标注哪些实例来尽可能快而有效地训练算法，从而简化数据收集过程”。“当数据可能随着时间的推移快速变化时，在线学习会很有帮助。即使变化是渐进的，它对于包含大量不断增长的数据的应用程序，也很有用”（《人工智能：一种现代的方法（第 3 版）》，培生教育印度，2015 年）。

学习

机器学习的应用非常广泛。应用的多样性证明了为什么这么多不同的学习模式是必要的：

- 广告服务
- 商业分析
- 呼叫中心
- 计算机视觉
- 同伴关系
- 散文创作
- 网络安全
- 电子商务
- 教育
- 金融：算法交易
- 金融：资产配置
- 急救人员救援行动
- 欺诈识别
- 法律

- 家政服务
- 老年护理
- 生产制造
- 数学定理
- 医学/手术
- 军事
- 音乐合成
- 国家安全
- 自然语言理解
- 个性化
- 治安维护
- 政治
- 推荐引擎
- 机器人技术：消费者
- 机器人技术：工业
- 机器人技术：军事
- 机器人技术：航空
- 路径规划
- 科学发现
- 搜索
- 智能家居
- 语音识别
- 翻译
- 无人驾驶设备（无人机、汽车、救护车、火车、轮船、潜艇、飞机等）
- 虚拟助手

一个模型的学习效果可以遵循以下5点评价量规进行评估：

- **非凡的好**：不可能做得更好。
- **惊人的好**：结果比任何人都能实现的要好。
- **超常的好**：结果比大多数人所能达到的要好。
- **标准水平**：结果与大多数人可实现的水平相当。
- **较差水平**：结果低于大多数人能达到的水平。

1.6　朝着以人工智能为中心的组织迈进

与工业时代和信息时代一样，人工智能时代是帮助解决或应对业务问题的工具的进步。

在必要性的驱动下，组织将使用人工智能来帮助实现自动化和最优化。为了支持数据驱动的文化，还必须使用人工智能进行预测和诊断。以人工智能为中心的组织必须重新审视其从战略到结构、从技术到自我的所有方面。

在以人工智能为中心之前，组织必须首先确定自己的问题，检查其优先事项，并决定从何处着手。虽然人工智能是针对模式检测结果的最佳手段，但传统的业务规则并不会消失。以人工智能为中心是要了解业务的哪些方面可以通过模式得到最好的处理。知道要交多少税永远不会成为一种模式，税收计算始终基于规则。

在某些情况下，决策或行动需要结合基于模式和基于规则的结果。同样，一个人也可以结合其他分析技术来利用人工智能算法。

在最坏的情况下，规避或延迟采用人工智能的组织将被时代淘汰。组织不断变化的需求以及人工智能的使用，将必然使得其所需的工作和技能发生进化。如前所述，每一项工作都可能以这样或那样的方式受到影响。各行业的结构性变化将引导新领工人把更多时间花在被认为将产生更高价值的活动上。

员工可能会要求持续发展技能以保持竞争力和相关性。与任何技术变革一样，人工智能可能在多年内都受到审查和争论。关于扩大经济鸿沟、个人隐私和道德伦理的担忧并非总是毫无根据，但是人工智能始终如一地提供积极体验的潜力是不容忽视的。对于人工智能而言，使用适合的信息架构可能被认为是持续产生卓越成果的高要求。

规模

时不时地，我们可能对某种情况产生一种直觉。我们心里有一种感觉，我们知道下一步该做什么，或者什么是对的，或者什么事情会变得不对劲。不可避免的是，这种感觉并没有数据的支持。

Gene Kranz 是 1970 年阿波罗 13 号（Apollo 13）任务期间，美国国家航空航天局（NASA）任务控制室的飞行主管。作为飞行主管，他做出了很多直觉判断，这些判断使得登月舱在发生重大故障后得以安全返回地球。这就是为什么我们认为人工智能可以帮助知识工作者，而不是直接替代知识工作者。一些决策需要更广泛的决策环境，即使该决策是一种直觉，也很可能是多年实践经验的体现。

对于许多业务来说，其庞大的运营规模已经意味着，每一个决定都不能在人与机器之间进行辩论，以达成最终的结果。对于需要构建以人工智能为中心的组织而言，主要的驱动因素是规模，而不是寻找重复性任务的替代品。

1.7 本章小结

通过攀登人工智能阶梯，组织将开展数据科学实践，并能够将机器学习和深度学习作为其增强的分析工具包的一部分。

数据科学是一门学科，因为数据科学家必须能够利用和协调多种技能来取得成果，例如领域专业知识、对数据管理的深刻理解、数学技能和编程。另一方面，机器学习和深度学习是可以通过该学科应用的技术。它们作为技术，是数据科学工具包中的可选工具。

人工智能将机器学习和深度学习付诸实践，由此产生的模型可以帮助组织推理出人工智能的假设并应用人工智能的发现。要将人工智能嵌入组织中，必须将正式的数据和分析基础作为先决条件。

通过收集、组织、分析、注入，一级级梯级地攀爬人工智能阶梯，组织可以解决以前未知或无法回答的问题，例如：回头客什么时候会再次购买产品？影响客户购买特定产品的因素有哪些？

当用户可以提出新问题的时候，用户可以从新的洞见中受益。因此，洞见是增强能力的直接手段。当不完全需要执行即时响应时，授权用户可能会让特定查询执行数分钟，在有些情况下，甚至数小时。人工智能阶梯的吸引力和通过程序性逐步发展实现人工智能的能力，是提出更深刻和更高价值问题的能力。

攀登人工智能阶梯的回报，是在使用人工智能的过程中牢固地建立正式的组织纪律，这有助于现代组织保持相关性和竞争力。

在下一章中，我们将通过研究影响整个组织的因素来构建人工智能阶梯。

Chapter 2 第2章

框架部分I：使用人工智能的注意事项

"我们传递的不只是我们的DNA，更是我们的思想。

——Lisa Seacat DeLuca

TED博客

尽管人工智能的存在依赖于技术，但人工智能的使用并不局限于技术。采用数字化转型的组织动机，很大程度上由人工智能驱动。可以说，成功的人工智能计划数量，远低于启动的人工智能计划数量。这个差距并不仅仅是人工智能算法选择造成的。这就是为什么人工智能不仅仅是技术。

人工智能不会强制推行自己的组织议程。人工智能通过推动人们如何思考和参与组织，从而优化组织的工作方式。通过将组织目标和人工智能工具进行绑定，组织可以调整策略，以引导业务模式朝着正确的方向迈进。一个组织作为一个井井有条的单位进行扩充，更可能实现其数字化目标，并且体验到使用人工智能的积极影响。

随着组织意识到使用人工智能的价值，数据的有效运用将使业务流程进一步优化，这是人工智能带来的未来预测、解决方案以及帮助人类进行决策的直接结果。

由于来自组织内外部的压力，需要对人工智能制定平衡的战术和战略方针，以处理各种选择和权衡。人工智能是一种革命性的能力，在其整合过程中，组织行动不能继续遵循惯例。

作为数据科学家，你需要确定输入哪些数据，或者哪些要素将对你的模型有利。无论你是要决定包含哪些要素（特征工程，Feature Engineering）还是排除哪些要素（特征选择，Feature Selection），本章内容都将帮助你确定开发模型所需要的要素。在本章中，你还将了解组织数据的重要性，以及数据民主化的目的。

2.1 数据驱动决策制定

最先进的算法也无法克服数据不足的问题。那些试图从人工智能中获益的组织，必须能够获得具有足够相关性的数据。但是，即使该组织拥有其所需要的数据，也不会自动成为数据驱动的组织。一个数据驱动的组织，必须对能够进入人工智能模型的数据予以信任，同时必须对来自人工智能模型的结论性数据予以信任。然后，组织需要根据这些数据采取行动，而不是根据直觉、以往经验或者长期业务策略采取行动。

从业者经常交流如下情绪：

组织并没有算法所需的历史数据，用以提取可靠预测的模式。例如，他们会让我们为其构建预测性维护解决方案，然后我们会发现极少甚至没有故障记录。即使没有可以学习的示例，他们也期望人工智能能够预测故障出现的时间。

摘自 Sam Ransbotham、David Kiron、Philipp Gerbert 和 Martin Reeves 于 2017 年 9 月 6 日发表的“用人工智能重塑商业：缩小雄心与行动之间的差距”（Reshaping Business with Artificial Intelligence: Closing the Gap Between Ambition and Action）一文。

即使组织存在一个可以通过机器学习或深度学习算法来解决的明确问题，在模型无法得到充分训练的情况下，数据的缺乏可能会导致负面影响。人工智能在不使用确定性规则的情况下，通过隐藏的神经层发挥作用。对于如何追踪决策制定过程需要予以特别关注，以便为组织和法律政策提供公平性和透明度。

这里出现了一个问题：如何知道何时适合进行数据驱动？对于许多组织而言，诸如记录系统之类的宽松术语是定性信号，表明数据应该可以安全使用。在无法将单个规则应用于数据分级的情况下，必须考虑其他方法。主要问题构成了一个合理的起点，有助于深入了解如何控制与数据驱动型组织相关的所有基于风险的决策。

2.1.1 通过询问来获得洞见

在 Rudyard Kipling 1902 年出版的《原来如此的故事》（*Just So Stories*）一书中，“ The Elephant’s Child”的故事里包含了一首诗：

我养了六名忠实的仆人（我所知道的都是他们教的）：

他们名叫何事、何地、何时、如何、为何与何人。

Kipling 提出了英语的“六何法”。总体而言，何事、何地、何时、如何、为何与何人，这六个疑问词可以被视为对特定主体获得全面洞见的手段。这就是为什么 Kipling 告诉我们，“我所知道的都是他们教的”。

这些疑问成为 John Zachman 在 1987 年和 1992 年发表的开创性论文“信息系统结构框架”和“信息系统结构框架的扩展和定义”的基础。Zachman 将疑问词与组织感兴趣的一系列基本概念相关联。尽管提出疑问词的实际顺序是无关紧要的，而且没有任何一个疑问词比其他任何一个重要或不重要，但 Zachman 通常使用如下顺序：何事、如何、何地、何人、何时、为何。

- **何事：**组织产生的数据或信息。
- **如何：**一个进程或函数。
- **何地：**一个位置或通信网络。
- **何人：**由人员或计算代理扮演的角色。
- **何时：**与触发的触发器或引发的信号可能相关的时间点。
- **为何：**揭示动机的目标或子目标。

通过使用 Zachman 六问的基本概念，组织可以开始理解或表达其对特定事物的了解程度，从而推断出一定程度的信任，并帮助促进数据驱动的进程。

如果个人或机器可以访问一条信息或一个来自人工智能模型的结果，那么这个人或机器就可以开始进行查询来确定信任。例如，如果给人或机器一个分数（代表“何事”），那么他们会问：“这些信息是‘如何’产生的？这些信息在‘哪里’产生？‘谁’产生了这些信息？这些信息是‘何时’产生的？这些信息是否能够满足我的要求（‘为何’）？”

2.1.2 信任矩阵

为了帮助直观地理解六问如何有助于提升信任并迈向数据驱动，我们可以将疑问词作为 X 轴映射到信任矩阵之中（如图 2-1 所示）。Y 轴反映了时间维度：过去、现在和将来。

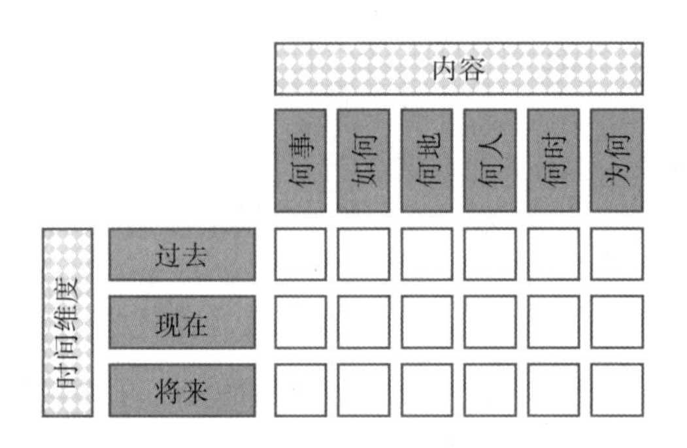

图 2-1 信任矩阵

过去代表已经发生的事情。过去是历史，可以告诉我们发生了什么，构建了什么，购买了什么，以及以货币来衡量购买了多少，等等。现在是关于当下的，可以告诉我们正在发生或正在进行的事情。现在的问题包括正在发生的事情，正在构建什么，谁正在进行购买，等等。未来与即将发生的事情有关。我们可以通过计划或预测为未来做好准备。我们可以准备预算，可以进行预测。

揭示过去可以产生事后的领悟、现在的洞见和未来的远见。跨时间维度的频谱为已发生的、正在发生的以及未来可能 / 将要发生的事情提供观点。尽管划分很直观，但现在的概念实际上可以跨越过去和现在。考虑一下“今年”一词。今年是现在的一部分，但今年中已经过去的日子也是过去的一部分，即将到来的日子还是未来的一部分。通常，查询的上下文可以帮助消除任何不恰当的时间并发症。

组织可以合理地了解每一个 X-Y 轴的交叉点。如图 2-2 所示，已知具有广度和深度这两个维度。广度是范围的反映，是了解对于一个特定主题已知多少的一种手段。例如，某些组织可能具有保留政策，要求在给定年限（例如 7 年）后清除信息。在此示例中，组织可以访问的信息广度仅限于最近 7 年。

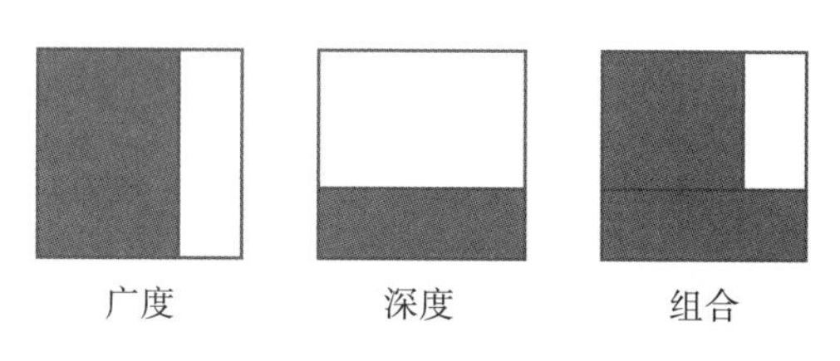

图 2-2　广度和深度条

相反，深度是细节的反映。这里我们讨论民族志研究（Ethnography）的话题。例如，某人购买了某种产品，并且如果该产品是送给其他人的礼物，则该组织可能没有关于该产品的实际消费者的线索，这是缺乏深度的表现。

广度和深度可以用百分比表示，并映射到交叉点上。图 2-2 显示了一个示例，其中广度条显示大约为 75%，深度条显示大约为 25%。第三个框将广度条和深度条组合在一起。

在图 2-3 中，信息的质量根据广度和深度进行分级。菱形网格图案表示数据质量很差。斜条纹图案表示数据质量中等，这意味着在特定条件下，信息可能不可靠。而方格图案则用来表示信息质量高且可靠。

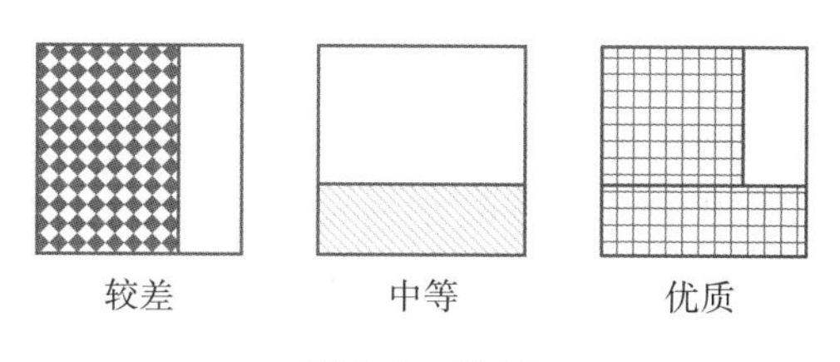

图 2-3　分级

因此，即使广度和深度都不是 100%，也可以根据现有信息对可用数据进行分级。

在整个信任矩阵中，如果可以根据每个时间维度内每个方向的广度和深度来对特定需求信息进行度量，然后对其进行分级，则个人或机器可以根据信息的使用来进行风险评估。组织能够准确量化已知范围和详细程度的风险，因此，组织可以根据数据价值而进行所有后续行动或决策，从而放心地追求数据驱动。

此外，一个以数据为驱动力的组织，使用其数据作为关键证据来帮助提供信息和影响战略，将需要一种权衡各种固有风险的手段。数据驱动的组织必须发展一种基于证据的文化，在这种文化中，可以根据建立信任的手段对数据进行评估。对数据执行的分析和人工智能被认为具有高度相关性且信息丰富，并且有助于确定后续工作步骤。

2.1.3 衡量标准和人类洞见的重要性

对于那些凭直觉做出决定并对采用数据驱动作为手段而感到不安的组织来说，度量能力至关重要。第 1 章中的目的 – 手段模型，如图 1-4 所示，显示了需要度量的内容、能够生成可度量的内容，与最终需要度量的内容保持一致性，以及在它们之间取得平衡的必要性。

人工智能的使用要求组织成为数据驱动的组织，尤其是当一个人处于决策循环中时。机器与机器之间的通信培养了机器独立采取行动以完成基于现有信息做出决策的能力。将一个人安排到通信流中可以扩大决策范围并充当“信息把关人”(Gatekeeper) 的角色。

在 20 世纪 60 年代，所谓的“广告狂人”（Mad Men）据说是广告从业人员创造出来的委婉说法。在美国，广告业主要集中在纽约市的麦迪逊大道（Madison Avenue）周围。广告狂人为大众创造了信息。信息是否具有区域性，或者广告是否在每个单一个体的离散需求中产生了很好的共鸣，这些都不是核心问题。最终，广告狂人的直觉让位于媒体人以焦点群体为导向的观点。反过来，媒体人已经让位给数学人。数学人是数据科学领域的佼佼者，其专业领域是大数据、密集数据（Thick Data)、算法和机器学习，他们从数据中获得洞见。随着新领工人从使用基于模型的结果扩展到公司工作的各个方面，每个决策都将基于数据。新领工人是数据驱动的，他们的决策也是。

Zachman 框架

何事、如何、何地、何人、何时、为何这六问，为探究提供了系统的调查手段。但是 Zachman 框架中疑问词的使用为框架提供了一个结构性策略。由于 Zachman 框架本质上是结构性的，而不是一种方法论，因此该框架实际上适用于描述企业的本体论。

Zachman 框架不是一种方法论，因为该框架不是规范性的，也不是基于进程的。该框架关注于创建、操作或更改企业感兴趣的基本组件。这些组件可大可小，包括企业本身、企业中的部门、云、应用程序、容器、模式和人工智能模型。

2.2 使数据与数据科学民主化

尽管人们对数据收集和存储的兴趣激增，许多组织还是有意识地将数据科学知识分配给少数分散的员工。虽然组织必须促进专业化领域的发展，但将数据科学家标签指定给一小部分员工似乎源于一种误导性的信念，即人工智能在某种程度上是具有魔力的。

从长远来看，数据科学和人工智能都不应该是数据科学家的专利。数据科学的民主化包括向更多员工开放数据科学的基础知识，为建立包括公民数据科学家在内的新角色铺平道路。

例如，公民数据科学家将“创建或生成使用高级诊断分析或预测和规定功能的（人工智能）模型，其主要工作职能在统计和分析领域之外”。公民数据科学家将扩展与组织提供的自助服务范式相关的分析类型。

公民数据科学家仍然能够使用高级分析，且无须具备传统数据科学家的所有技能。与传统数据科学家相关的技能，包括熟练掌握诸如 Python 或 R 之类的编程语言，以及高级数学和统计学的应用知识。相比之下，公民数据科学家可能拥有数据科学家所不具备的内在和专业领域知识。当数据科学家确实拥有额外领域知识时，他们被戏称为“独角兽”。

试图将与人工智能相关的数据处理委托给公司内部的小型专业团队，可能会面临诸多挑战。一些数据科学家可能会发现，与缺乏特定数据素养技能（例如具有读取和处理数字化数据的能力）的其他员工交流洞见和细微差别，是一件令人厌烦的事情。业务涉众可能会感到沮丧，因为数据请求无法快速处理，并且可能无法解决他们的问题。

许多专为数据科学家群体设计的软件工具，最终仅存在于每个数据科学家团队之中。然而尽管这合乎逻辑，但创建数据软件工具的筒仓并将工具访问限制在例如数据科学家团队的小型群体中，可能会造成自己的困境。组织中的所有部门都会产生分析需求。每个需求都可能涉及从极其简单到异常棘手的一系列复杂性。但实际上，并非所有需求都将建立在分析需求范围中异常棘手的末端。许多需求可以由受过基本分析训练的人来解决或处理。通过引入公民数据科学家，组织可以更好地定制适合数据科学家深厚专业知识的计划。

数据科学民主化使得尽可能多的人有权做出数据驱动的决策。赋权始于教育，并通过持续的教育得以维持。如果人工智能要对未来所有工作产生 100% 的影响，则人工智能和数据素养教育（数据素养将在第 7 章中讨论，统计素养将在第 6 章中提及）应被视为从小学开始就必须提供的服务，并且必须成为新领工人在工作场所中持续学习的一部分。

建立组织的集体技能必须包括使用协作软件工具和社交导向的沟通工具的教育。通过建立联系，员工可以看到谁需要帮助、谁可以提供帮助、需要解决的问题有哪些，以及问题是如何解决的。在使数据民主化的过程中，组织应该注意到速度和价值正朝着积极的方向发展，因为共享技能和知识可以增进相互理解和提高业务表现。

数据和人工智能民主化的影响将回过头来完善现有的工作角色和职责。数据科学家和公民数据科学家都应能够访问和了解与支持其工作职能最为相关的优质数据集。在建立能够通过民主化实现数据驱动的员工队伍过程中，一支新领工人队伍出现了。组织不得不面临这一个未知因素，因为这构成了一种新的工作方式，但尚未建立最佳的组织结构。变革取决于组织，但这种变革如何体现并不会提前自行显现出来。需要频繁地调整企业的新组织结构。

无论数据科学是由数据科学家还是由公民数据科学家应用，都必须进行充分的监督以确保结果不会偏向组织的目标。通过赋予员工必要技能，组织可以扩大创新机会，并找到下一个杠杆点。充分监督是一个与充分洞察不同的概念。充分洞察将有助于解释或阐明某个单一结果的内容、方式、地点、人员、时间和原因，而充分监督将是解决一系列结果之间因果关系的手段。

图 2-4 显示了数据和人工智能民主化与数据素养、自助服务能力之间的关系。交叉点应促进组织协作、增强个人和团队能力。总体结果是基于结果的，因为组织实现时间 – 价值主张应该是循序渐进的，并且最终对所有成员都是公平的。

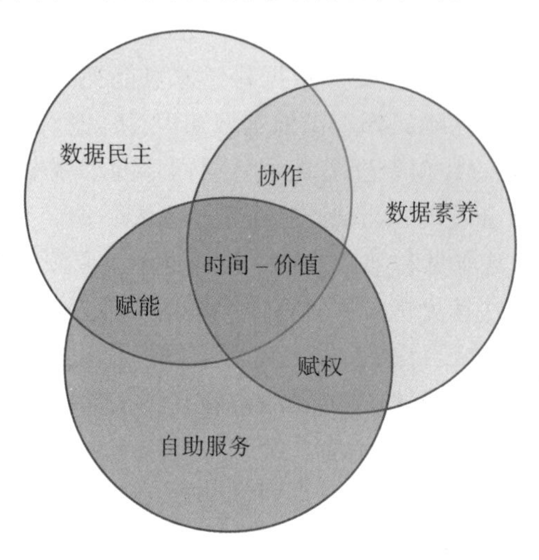

图 2-4　数据和人工智能民主化

民主化

员工或机器有权查看的数据实现民主化的四个关键要素为：

- ❑ 易获取
- ❑ 可理解
- ❑ 能使用
- ❑ 质量佳

在大多数情况下，易获取意味着你需要单方面对企业内部存在的所有数据以及企业外部存在的所有可使用数据进行编目或存储。其他要素可能是非单方面的，因为数据可理解、能使用和质量佳是相互关联的，并且可能因不同的人或机器而有所不同。例如，Kneel Fischman 和 Coal Striker 的这两个名字对薪资管理部门来说可能信息质量不足，但是对内部欺诈部门来说却足够了。

2.3　是的，先决条件：组织数据必须有先见之明

“aye”一词在英式英语中是“yes”的意思，所以本节的标题即“是的，先决条件”。作为双关语和文字游戏，原文“aye, a prerequisite”（是的，先决条件）和

“IA prerequisite”（IA，先决条件）的发音相同。其中，IA是信息架构（Information Architecture）的首字母，这是本书的重要主题。因此，标题也可以写为“信息结构的先决条件”。

所有组织，无论规模大小和垂直行业如何，都积极投身于雷神瓦尔哈拉（Valhalla）之旅：一个尊严、荣耀和有序持久的幸福之地。这个历经曲折的旅程需要拥抱分析。最近对分析的集体拥护源于以下观点：分析已经成为处理组织变革的低垂果实。低垂果实是指最容易完成的任务或行动。这个比喻来自其字面意思，即不用梯子就可以从树上摘取的果实。但是，那些认为自己能够保持运营状态的组织，面临着不相关或最终被淘汰的风险。对于许多组织而言，分析现在已经成为一种帮助组织确定现在可以做什么以及下一步可以做什么的工具。

尽管人工智能和赋能技术（Enabling Technology）可能带来更高的华丽程度，但是许多完全兑现人工智能承诺所需的基础技能并没有得到很好的磨炼。信息架构的这些基础旨在解决从数据中获取价值的问题，这些数据本质上是惰性的，并不具备自我意识，也不是自我组织的。信息架构解决了数据的这些特征，旨在对数据进行组织和关联处理，以便挖掘其价值。

赋能技术是一项创新，可以利用这种创新技术来推动一个组织的业绩或使组织能力产生根本性的变化。互联网和无线通信便是赋能技术的范例。

期望人工智能在没有适当信息架构的情况下，无论数据的类型如何，无论数据的质量水平如何，都可以在任务数据源上发挥其魔力，这样的天真想法实在太过普遍。信息架构是最大限度地利用高级分析，特别是神经网络、机器学习、自然语言处理和其他形式人工智能的先决条件。

组织领导者明白，变化是持续的、不断加速的，并且来自各个方面。在美国，1933年《格拉斯－斯蒂格尔法案》(Glass-Steagall Act）禁止了商业银行拥有证券公司。

欲了解更多信息，请阅读Eric Weiner的著作*What Goes Up: The Uncensored History of Modern Wall Street as Told by the Bankers, Brokers, CEOs, and Scoundrels Who Made It Happen*（NY: Back Bay Books，2005年于纽约出版）。

75年后的今天，证券行业似乎走到了尽头，剩下的诸如摩根士丹利（Morgan Stanley）和高盛（Goldman Sachs）这样的大型市场参与者，请求获准成为银行控股公司。现代组织必须愿意意识到变化随时可能发生，并且当一些事物发生变化的时候，某些事物也可能在之后随之发生变化。虽然变化之间的时间跨度可能从几秒到数年甚至数十年不等，但将企业锚定在已被证明不稳定的事物上，可能会造成灾难性的后果。

关于摩根士丹利和高盛变化的更多信息，请阅读 Ben White 在《纽约时报》上发表的文章“高盛和摩根开启新时代”(2008 年 9 月 22 日)。

有竞争力的公司往往不会停滞不前，尤其是那些通过使命或愿景声明正式宣布希望提高股东价值的公司。通过重组组织、收购另一个组织、分拆业务线或有机增长，组织会不断地变化和发展。以超越现有市场利基的方式改变的公司，当然可以通过人工智能的使用获得帮助。矛盾的是，如果组织的总体战略是使信息技术与业务紧密结合，那么这可能是扼杀或抑制业务增长并且阻止快速变化能力的不二选择。

与业务战略、基础数据和人工智能实践松散耦合的信息架构，可以提供必要程度的敏捷度，以帮助响应不断变化的业务需求，同时减轻信息技术部门预测需要做出哪些改变以满足新业务需求的负担。由信息技术构建的资产必须具有高度的适应性。

防止设计缺陷

信息架构中出现的问题之一是，数据可以充当绑定代理器（Binding Agent)，并降低信息技术部门对所需更改做出快速响应的能力。例如，实例化数据的常见做法是采用现实世界的概念，并以文字和绑定方式表示该概念。

在我们瞬息万变的世界中，许多现实世界的概念通常只是固定在某个时间点上，因此可能容易发生变化也可以被解释。通常，在程序或应用程序中，以及在用户屏幕上，我们逐字逐句地使用被存储的任何概念。

另一个例子：一个人的性别可能在数据库中被标记或命名为“性别”，在程序代码中被称为“性别”，然后在屏幕上贴上“性别”的标签。这些数据现在用于将信息架构的各个组件紧密地绑定在一起。此外，紧密耦合还扩展到了业务。

性别这个术语在通俗意义和用法上都发生了变化。以前，人们普遍认为性别是一个不可改变的概念，指的是一个人不是男性就是女性。社会已经摆脱了这种二元对立的观点。归因于实例化数据的绑定方向可能会使系统难以适应新用途，而不会产生连锁反应，这需要系统进行大规模重写或大幅修改。

为了取代性别的历史用途，至少需要两个概念：一个代表生物学解释，一个代表可变的社会偏好，从而可以更新以反映任何需求的变化。

如前所述，业务与信息技术之间的紧密耦合的对齐方式可能导致在建立对齐方式的时间点之外，无法以有意义的方式充分利用数据。从本质上讲，对齐是满足特定时间点要求和需求的认知欲望的结果。

未来主义者 Alvin Toffler 描述了变革的速度如何迫使人们以“越来越快的速度”做出决策，并解释了变革的浪潮不仅仅是独立的事例，而是在“企业、家庭生活、技术、市场、政治和个人生活”之间的相互交织关联。(《第三次浪潮》，纽约班坦图书公司，1981 年)。如果系统与某一时间点过于紧密耦合，则对系统进行的更改可能会滞后于需要做出的必要业务决策，仅仅因为该系统无法以业务所需速度进行修改，从而导致决策失误或错失机会。

对组织进行变更的影响或要求可以是外部驱动的，也可以是内部驱动的。诸如竞争、政府管制、环境、新技术的到来、供应商、销售代理和合作伙伴等外部影响是几种不同类型的刺激，它们可能导致需要定义一个新的、可能即时的时间点。诸如新的高级管理层或公司价值观的转变、管理特权的执行，以及资源或技能的可用性和不可用性等内部影响因素，都可能产生新的需求类型。以与业务对齐（例如紧密耦合）为基础的信息技术解决方案，很可能会导致当前解决方案被滥用，并可能损害企业数字知识库的质量。信息架构的测试是其促进变化之风的内在能力。

架构与设计

架构和设计之间的区别，目前尚不明晰。教授兼作家 Philippe Kruchten 认为，所有架构都是设计。通过以困难程度和成本为主题，可以使用一个示例来帮助创建用于描述的思维模型。

建筑物具有外部结构。可以在建筑物内部创建房间，并在每个房间中放置家具或其他物品。以此类推，外部结构代表架构，而房间中的物品代表设计。即使家具很重，也可以用最少的精力和成本重新摆放。随着时间的推移，新的元素甚至可以带入房间，其他元素也可以被移除。房间的布局是经过设计的。

外墙可能是不可移动的，尤其是如果你只是想单独移动摩天大楼第 50 层的外墙。但是，即使你可以移动墙壁，时间、费用和复杂性也会使前景变得不可取。

设计中的锚点元素，以及具有高度破坏性或更改成本高昂的元素是架构性的。可以随着时间合理改变的元素是设计元素。在信息架构中，支持人工智能的环境的需求是结构性的，机器学习库的使用或模型中所使用特征的选择便是设计。

2.4 促进变革之风：有组织的数据如何缩短反应时间

组织响应改变所需的时间是一个变量，这一变量始终取决于环境。当欧盟出台一项称为《通用数据保护条例》（the General Data Protection Regulation，GDPR）的法律时，所有与欧盟和欧洲经济区的公民进行业务往来的公司，均被要求在规定时间之前，遵循此法律做出相应变更。

当媒体公司网飞（Netflix）将其核心业务模式从在线 DVD 租赁转向基于订阅的流媒体服务时，该公司实际上已经告知所有实体 DVD 租赁公司，应当改变他们现有的业务模式，否则将会面临风险。传统 DVD 租赁公司的反应已经被证明是远远不够的。因此，尽管在转变业务模式时，网飞确实面临市场竞争，但是这一竞争并非来自拥有或运营实体 DVD 租赁设施的组织。

有时候，转型以缓慢和渐进的方式进行，而有些公司似乎可以在一夜之间转型。一些转型需求，例如为了遵守内部交易规则，可能会较为彻底。调整甚至可能使某些员工认为自己正被以毫无根据的方式受到蒙蔽。

如同征用权的彻底变革可以成为管理特权的组成部分。内部信息技术部门可以外包，某些部门可以出售，销售区域可以重新安排，仅仅为了安慰自己而设定的配额或促销而进行的不尽如人意的交易。这些更改中的一部分可能会在片刻后被强加给组织，甚至只是一时冲动。就像征用权一样，有时候变革会迅速地、看似反复无常地到达组织。但当它来临时，反应不是可有可无的。

征用权是政府没收私有财产的权力。1646 年，根据 Hugo Grotius（1583–1645）的贡献，“征用权”这一术语诞生，意为“当权者的剥夺”。一般来说，征用权是国家出于公共目的而获取个人财产的行为。个人拥有住房以及其下土地的权利被视为美国宪法赋予所有美国公民的自由的一部分。世界许多国家的公民也享有不同程度的土地使用权。

在企业文化中，征用权代表高级领导者绕过先前接受的控制和协议进行操纵的能力。

可变的

在计算中，可变对象是创建后可以对其状态进行更改的对象，不可变对象是创建后状态无法更改的对象。设计可变的解决方案将使其更容易满足新的需求。在管理数据时，在设计中添加可变性概念将使得添加变量、删除变量以及修改变量的用途或特性变得更加容易，并且更具有成本效益。

2.5 质疑一切

不同的用户可能会使用不同的术语来表达相似的问题，甚至同一用户在不同的查询的表达中可能也会有细微差别和各种不同特性。用户并不总是清楚自己的目标或信息需求，用户不一定知道自己的需求是什么。

因此，在业务中，有必要对一切提出质疑，以获取理解。尽管“质疑一切”似乎阻碍了无休止的循环进程（图 2-5），但具有讽刺意味的是，“质疑一切”为探索提供了所有可能性，而这就是前面提到的信任矩阵可以帮助指导一系列研究发展的地方。这也是为什么销售人员，作为一种技巧，经常与潜在客户就他们的总体需求进行对话，而不是直接询问他们在寻求什么。

在 Douglas Adams 的《银河系漫游指南》（*The Hitchhiker's Guide to the Galaxy*，纽约：Harmony Books，1980 年）一书中，当最终问题的答案遭到一点点鄙视时，计算机说：“老实说，我认为问题在于，你从未真正知道问题是什么。”然后计算机推测出，除非你完全掌握你要询问的内容，否则你永远无法理解答案。能够恰当地表达问题或查询，是一个不能掉以轻心的话题。

图 2-5　认识到熟练提问的能力是洞见的根源

当用户知道他们想要什么，并且可以清晰地阐明需求的时候，将人工智能嵌入到进程中会更加有效。由于人工智能系统的类型和构成人工智能系统的许多算法类型存在差异，因此回答问题质量变化的基础，是首先寻求数据质量和数据组织。

然而，如果人工智能系统构建于来自非结构化数据的许多结论，那么数据质量和数据组织就会显得不合时宜。相对图像、视频或音频等非文本而言，文本中的非结构化数据，通常来自页面、文档、评论、调研、社交媒体等文本形式。但是，即使是非文本数据，也可以通过转录（在音频的情况下）或注释、标记图像中发现的单词或对象，以及其他派生信息，例如位置、对象大小、时间等，产生元数据、注释或标记的形式生成文本。所有类型的非结构化数据仍然可以从与源和数据的固有上下文关联的参数产生结构化数据。

例如，社交媒体数据需要各种附加数据点来描述用户、其帖子、关系、发帖时间、发帖位置、链接、主题标签等。这些附加数据是元数据的一种形式，并不是典型的元三合一特征，即业务元数据、技术元数据和运营元数据。尽管与社交媒体相关的数据被视为非结构化数据，但仍然需要一个信息架构来管理核心内容之间的关联性，即非结构化数据以及其支持内容（结构化元数据）之间的关联。如果两者一起使用，整个数据包可以用于塑造感兴趣的模式。

即使在无监督机器学习的情况下，即从没有由人预定义的数据中获取信号的一类应用程序中，程序员也必须使用属性、特征和值来描述数据。

提问

在提问时，可以考虑使用以下疑问词作为指导：何事、如何、何地、何人、何时以及为何。这种方法可以迭代使用。你可以根据疑问词来构建一系列问题，以获得完整的理解，并且在获得答案时，重新应用疑问词以进一步细化原有答案。你可以反复重复此过程，直到获得足够细节为止。

2.6 本章小结

本章介绍了有助于推动建立人工智能信息架构需求的部分组织因素。更广泛地说，信息架构也与最大化所有形式的分析的利益有关。在过去、现在和将来的时间维度内，我们通过引入英语的六何法（何事、如何、何地、何人、何时以及为何），涵盖整体思考的思维模式。

通过使数据和数据科学民主化，组织可以提升人工智能的影响到更能单方面使得组织及其文化受益的地方。数据和数据科学民主化必须置于每一个人的角色和责任的背景下，因此需要充分的监督才能实现组织的目标。

虽然信息架构可以提供效率和灵活性，但是如果数据与不稳定的业务概念过于紧密地联系在一起，则其效果可能会过于具有约束力，并且阻碍信息技术部门希望向业务交付变更的速度。

诸如整体思维、民主化、人工智能、信息架构的使用，都可以作为减少组织响应反应时间的手段。尽管组织可以规划其想创建的更改，但是外部因素和影响可以缩短组织做出反应的时间。组织处理数据和人工智能的能力越强，对某一情形做出直觉响应所需的依赖程度就越低。

为了理解不同组织角色和责任需要采取不同的视角来处理特定的业务问题，尽职调查将要求对预期的响应进行充分质疑。

在下一章中，我们将进一步探讨框架概念的各个方面，以便为数据和人工智能的使用做好准备。

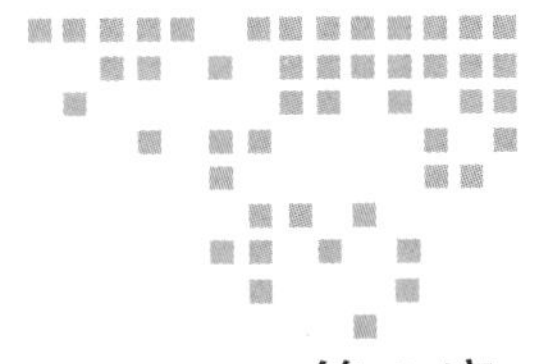

第3章 Chapter 3

框架部分 II：使用数据和人工智能的注意事项

"我认识到，如果你没有失败很多次，那么你可能并没有多么富有创造力，
因为你没有发挥想象力。"
——John Backus

在第1章中，我们提到"并不是所有的数据都可以被认为是平等的"。不平等不仅仅局限于数据。在许多方面，我们工作的组织中，员工都从事不同的工作，这一事实意味着我们总是有不同的需求——我们的需求并不完全相同。我们的独特需求决定了我们使用哪些数据，以及我们希望如何最好地使用这些数据。本章将为数据分析和人工智能的现代环境为什么不应该只依赖单一版本真理的范式奠定基础。

人工智能现在可以被认为是应用人类知识的必要代理，使用人工智能的连锁反应将意味着人们工作的传统方式将被改变。你需要的数据类型也会改变。除了大数据之外，还需要更精确地描述现实世界物体（如人）或事件（如政治集会或商业交易）的专门数据，因此我们将开始研究如何将民族志研究知识与大数据相结合。

为了使人工智能能够有所帮助，组织必须将知识封装在本体中。本体是构成知识库的概念和特征的组织关系或公理的结果。因此，本体可以进一步帮助消除结果中的偏见，并提供一种使结果被视为公平和透明的手段。

在我们的工作环境中，数据必须是可访问的、准确的、经过策管的和经过组织的。数据应该不难使用。这种观点也适用于机器学习。

3.1 个性化每个用户的数据体验

单个数据存储不足以满足组织的所有数据需求。除非可以消除任何类型的交互的延迟，否则单个数据存储总是不切实际、不可行且过于复杂的，以至于不值得考虑。

信息必须以精确、有序和精心安排的顺序（最终是可重复和可预测的顺序）在信息架构中流动。当你规划多个数据存储时，移动数据的能力需要高度的纪律性。真正个性化用户体验（User Experience，UX）的首要要求是正确组织来自任何数据域的信息。对于某些领域（如产品或财务数据），这也需要进行适当的结构化。

任何涉及数据内容的进程都必须集成到载入和数据移动的进程之中。必须在数据域、上下文和用户行为（这些是用户的信号、数字足迹和电子肢体语言）之间建立关联，以便用户能够正确获得其所需的信息。为用户的下一步行动设置某种类型的信号有助于确定随后提供哪些信息。生成的信息可能以列表、规范、说明（视觉、听觉或触觉）、策略、参考资料、图表、图像等形式呈现。

电子肢体语言可以从用户交互和导航的角度理解，例如使用哪些屏幕、点击哪些按钮、检查消息的频率、响应中的延迟等。

通常，组织会试图构建一个单一的数据存储，从企业的角度来表示单一版本真相的情况。假设管理单个数据存储优于管理多个数据存储，并且只有在单个数据存储中才能充分管理组织的真实性。这种方法背后的思路是，与组织相关的每个人都希望以相同的方式和相同的表示形式访问信息。

这里有一个示例：为了保持真实性和一致性，组织可能希望将所有对纽约市的数据库引用都记录为“纽约市”（New York City）。但是，该组织的法律部门可能希望使用该城市的法定名称，即“纽约市”（The City of New York）。该组织的旅游部门可能希望使用机场代码，如“JFK”（纽约肯尼迪国际机场）或“LGA”（纽约拉瓜迪亚国际机场）代替目的地纽约市。此外，销售部门可能希望使用邮局的首选名称，即“纽约”（New York）。其他部门可能需要使用其中一个区的名称，如“曼哈顿”“皇后区”“布朗克斯区”“布鲁克林区”或“斯塔滕岛”。相反，可能需要引用郡县名称，如“纽约郡”“布朗克斯郡”“皇后郡”“国王郡”和“里士满郡”。

单一版本的真相有时候会适得其反，对业务线、部门和员工的各种专业需求产生反作用。

对于许多组织来说，为每位客户创建自定义、个性化或超个性化体验的概念是一种理想的业务实践。极端个性化是将每个客户或顾客作为一个群体来对待。但是，当向内对待员工时，个性化可能是信息技术部门难以解决的问题。信息技术部门通常选择引导所有员工使用一种通用的、单一的服务，而不是为每位员工提供专业化服务。但是，如果超个性化适合客户，为什么不适合员工呢？

问题之所以出现，是因为信息技术部门历来将组织视为企业。企业就其本质而言，是一个奇点。信息技术部门经常提出这样的口头禅：信息技术必须与企业保持一致……“否则的话！”当将企业或组织视为一个整体时，支持特殊需求的机会可以被理解为摩擦性的，或可以被看作与满足奇点的感知需求背道而驰。但这种感知的一体性是一种虚假的错觉。

为了帮助你理解专业化如何提供效率和适应能力，我们可以进行自我检查。作为个体，我们是独一无二的。然而，在表象之下，我们的身体是由许多离散的系统组成的：消化系统、神经系统、循环系统等等。每个系统执行一个独立的目的或一组功能。这些子系统必须知道如何互操作。例如，肠－脑轴是发生在胃肠道和中枢神经系统之间的生化互操作性信号。我们的身体组织，由专门的功能组成，允许我们在有恙的时候可以快速、灵活地进行修复。我们的高效和适应性是因为我们的身体愿意利用专业化。类似地，通过有利于每个用户功能的方式为每个用户提供个性化数据，企业将能够更好地运行。我们稍后将讨论如何实际完成此操作。

水

那瓶子里是什么？也许是水。水可能是一个有效的答案。但是，另一个人可能需要知道“H2O”。然而，另一个人可能希望信息以“HOH”的形式呈现，因为这代表了分子的物理结构。

业务非常复杂，员工可能对如何最好地查看与其交互的数据有个人需求。进取的组织可以解决优化企业和优化员工之间的细微差别。从历史上看，趋势倾向于只对企业进行优化。

3.2　上下文的影响：选择正确的数据显示方式

无论是通过电子通信、客户自助服务、社交媒体参与还是产品体验的方式提高响应率，企业都在不断追求改进。

在以下每种情况中，改进的手段都来自在适当的上下文中及时（实际上可以用纳秒为单位进行计量）提供并且以视觉上最有用、最恰当的方式呈现相关信息的能力。所提供的信息可以通过促销、特别优惠、对次佳行动的建议、交叉销售或追加销售的产品或服务，或帮助进行决策的答案等形式呈现。

在适当的上下文中提供相关信息是用户体验设计的一个方面，必须考虑可访问性、可用性和包容性。信息可以通过数字方式、视觉方式、听觉方式、触觉方式、嗅觉方式或者运动方式进行配置。

如图 3-1 和图 3-2 的特写所示，位于得克萨斯州休斯敦的国际空间站任务控制中心提供的可视化表单突出显示了对基于文本的数据表示的偏好。

在图 3-1 中，指挥中心在后墙上设置了一系列大型监控板。工作人员工作站的布置在整个指挥中心具有战略意义，每个人的工作角色都用蓝色字母显示在工作站上方。每个工作人员至少有四个不同的监视器，并向其分配一组独立的职责。然后，工作人员监视与这些职责相关的信息。

左侧的后面板显示从空间站拍摄的地球总体图像，因此，没有什么特别的视觉效果。中间的面板显示空间站围绕地球的预计轨道路径。最右边的面板是某个工作人员的工作站监视器的镜像投影。

图 3-2 是生物医学工程师（Biomedical Engineer，BME）站的特写。在任务控制中心，BME 是国际空间站机组人员与机组人员保健系统硬件和软件之间的直接联系，并为机组人员提供 24 小时保健支持。

图 3-1　国际空间站任务控制中心的监视器

图 3-2　近距离观察

在机组人员清醒的时候，在 BME 旁的外科医生站有一位专门研究航空航天医学的医生坐班。BME 的监视器包含信息窗口，这些信息窗口倾向于文本而不是视觉图形。在某种程度上，这是因为在处理健康问题时首选显式值，而文本在表示显式值方面做得更好。

颜色有时可以增强显式值，如图 3-2 中左边监视器所示。用绿色突出显示的文本表示可接受的值，用红色突出显示的文本表示超出可接受规范的值。

图 3-3 显示了现代医院急诊室的监视器。在这方面，用户也严重依赖使用基于文本的信息，这些信息往往优先于数据的图形视图。在机器对机器交互的情况下，基于文本或二进制数据也可能优先于图形或视觉表示。

图 3-3　医院急诊室的监视器

为了说明在何时、何地使用可视化图像，以及在何时、何地使用纯文本方面，不一定有任何硬性规定，心电图（EKG）提供了一个可视化的示例，该示例在交流上的工作速度比文本快得多。

心电图被医生用来显示心脏的电活动。放置在身体上的电极可以检测到心肌退极和每次心跳周期中复极的微小电变化。通常心电图诊断模型的变化，发生在许多心脏异常的情况中，包括心律失常，如心房颤动。

心电图的三个主要组成部分如图 3-4 所示。这些组成部分是代表心房去极化的 P 波、代表心室去极化的 QRS 复合波和代表心室复极化的 T 波。在每次心跳过程中，健康的心脏都有一个有序的去极化过程。

对于医生来说，心电图显示的任何诊断模型都必须知道 P 波、T 波和 QRS 复合波的精确值。医生通过模型检测而不是单个数据值来确定标准状态。模型检测通常需要一定程度的经验和理解。但是，如果医生需要十进制精度的精确值，则可以使用基于文本的值。P 波的标准值是小于 80 毫秒的值，T 波的标准值为小于 160 毫秒的值。QRS 复合波应该在 80 到 100 毫秒之间。

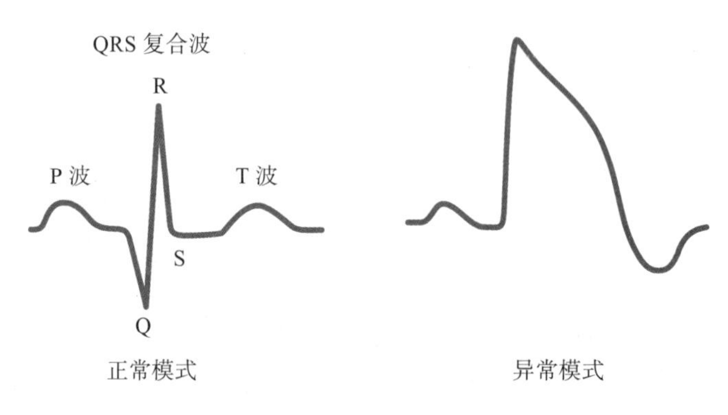

图 3-4 显示正常和异常心跳的心电图模式

一个消防队员冲进着火的建筑物，即使这些信息可以通过安装在头盔里的平视显示器进行传递，他也不太可能利用这些视觉信息。消防员当然不会回避任何对手持式智能设备或平板电脑的关注。研究低压力或高压力环境下的用户行为和理解用户动机，为设计包容性体验和知道如何最好地呈现立即可理解和可操作的信息提供了必要的背景。归根结底，向人或机器呈现信息的手段基本上是以某种方式做出响应的信号。

数据可视化总是依赖于文字和图形的有意义和智能的混合。两者之间的比例将取决于上下文。

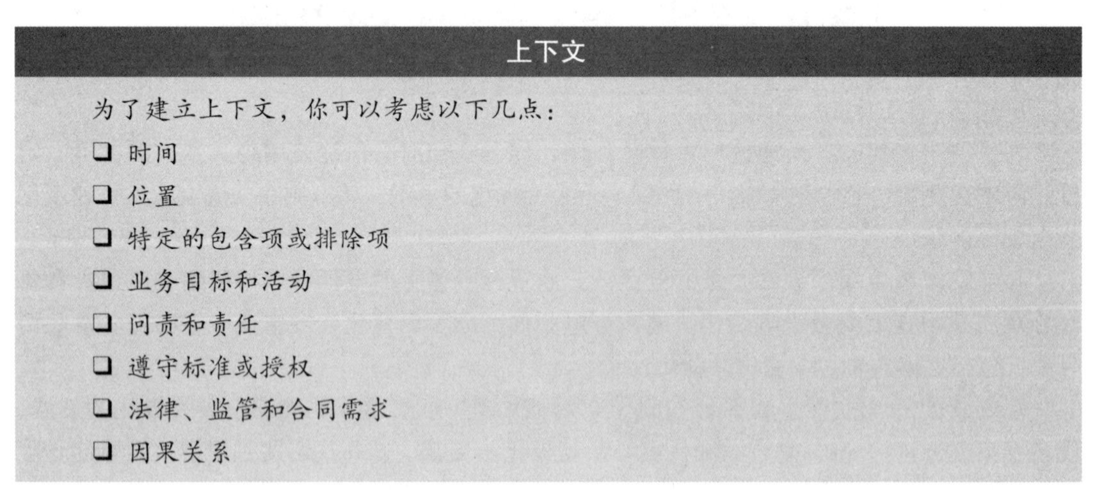
上下文

为了建立上下文，你可以考虑以下几点：

- 时间
- 位置
- 特定的包含项或排除项
- 业务目标和活动
- 问责和责任
- 遵守标准或授权
- 法律、监管和合同需求
- 因果关系

3.3 民族志研究：通过专业数据增进理解

组织对任何数据提出任何问题的能力不再是一种奢求，而是一种必要。答案的充分性和深刻性可能取决于基础信息架构。

如厚数据或其更正式名称“民族志研究”之类的主题可以通过更深层次的信息中产生的更高层次的洞见来补充大数据。大数据可以生成大量数据点，但是通过使用民族志研究技术，组织可以提高他们对这些数据的理解能力。

某人的知识是“一英里宽，一英寸深”，这句话将厚数据与大数据并列。大数据可以具有数百万个用于人工智能的数据点，但这只能代表广义的知识。厚数据可以为高级分析带来细粒度的详细信息。在民族志研究中，与通过粗粒度（或大数据）技术收集的数据相比，与数据相关的特征倾向于更整体、更细粒度（详细）。例如，有了大数据，人们可能会基于一平方公里的网格捕获全国各地的天气数据。天气数据可能包括以五分钟为增量捕获的环境温度、风速、风向和湿度。使用民族志研究，其他要素将被添加，例如地形、土地使用（工业、农业、城市、市区）、在水域附近的潮汐时间、人口迁移、车辆流动等，这些都可以进一步影响总体天气特征。

在描述统计学中，四分位数范围是统计离散度的度量。通过查看数据在四分位数范围内的位置，组织可以获取足够的信息来确定数据点是否在规范范围之内或是一个异常值。在数据上利用判别函数的能力，可以导致使用多个人工智能模型。可以对这些模型进行专门的训练，以解决指定队列或分类的特征或特殊细微差别。能够将正确的模型应用于正确的情况，可以促进可持续的生存能力和相关性。尤其是在解决异常值时，添加厚数据/民族志研究技术可能有助于改善人工智能模型的模式检测。

继续挖掘

当我们看另一个人时，我们看到的是一个整体：一个人。然而，如果我们形象地揭开这些表象，我们会在被覆（皮肤）下面看到许多其他的实体系统：呼吸系统、神经系统、消化系统、肌肉系统、骨骼等。反过来，每个系统都可以被分解。这只是整体性的实体部分。这里还有心理因素需要考虑。

系统通常会将姓名、地址、出生日期和最后购买的产品提炼为一个整体。关于一个人的汇总数据经常被合并以形成一个360度的统一性视图。通过仔细检查，我们可以快速发现360度视图中缺少的属性或事实远多于视图中实际包含的。如果我们愿意收集数据，通常可以知道得更多。

3.4　数据治理和数据质量

围绕由大数据源构建的数据湖的一个潜在误解是，由于环境的摄入端被视为Schema-Less（这意味着数据是在没有预定义结构的情况下编写的），因此实际上不需要任何结构。

为了适用于所有形式的分析，包括机器学习和模式识别，适当准备的数据可以提高数据的效用，使数据可以提供给洞见或决策。正确地准备数据通常需要解决某种形式的结构问题。

3.4.1 分解数据的价值

当机器学习方法作为特征工程的一部分用于分解或分离属性时，机器学习方法可能被证明更有用。在人工智能中，特征工程是一个必不可少的进程，它利用与数据相关的领域知识创建数据点，使机器学习算法更加有效。

考虑一下时间戳。时间戳可以由日期和时间两个组成部分表示，这两个部分也可以进一步分解。日期可以分解为年、月和日，而时间可以进一步分解为小时、分钟和秒。例如，可能存在一种业务需求，即只有小时与机器学习模型相关。此外，其他要素可以从日期（如一周中或接近冬至的一天）派生或设计。

3.4.2 通过数据治理提供结构

数据治理是组织数据的一个基本要素，提供了进行必要监督的机制，以确保数据得到适当利用，从而协助做出某些类型的决定。衡量标准用于监控这些决策的有效性，数据质量有助于确保这些决策基于可能的最佳答案。

图 3-5 说明了组织如何主动或被动地应用数据治理。主动数据治理旨在防止问题出现，而被动数据治理则用于解决已经出现的问题。

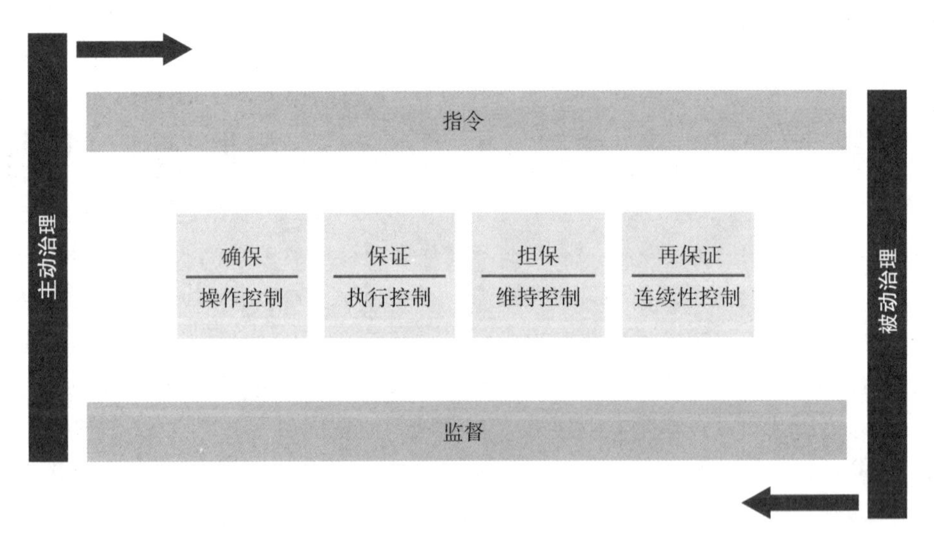

图 3-5 数据治理

指令用于为他人提供在生成或使用数据时需要遵循的指导，而监督则提供观察人员及其生成和使用的数据的相关结果的手段。

确保、保证、担保和再保证在数据生产中创建了精心设计的流程，并构成了数据治理的实践。

- **确保**：与数据和人工智能标准和准则创建相关的各种治理控制。

- **保证**：与创建数据值相关的治理控制。
- **担保**：在运营模式下维持人工智能治理所需的治理控制。
- **再保证**：提供连续性和透明度的治理控制，以证明人工智能是按照预期且公平的方式运行。

通过数据治理，将例如数据质量和数据策管之类的活动确立为组织的一组规则和实践的一部分。

3.4.3　为训练进行数据策管

在策管训练数据时，数据质量应被视为准备工作的一部分。策管是一个过程，其中涉及基于某种主题偏见的数据子集的能力，并且通常策管得越严格越好。策管依赖于识别最合适的数据源、业务用例和目标的能力。可以从以下来源挑选策管数据：

- 呼叫中心记录的内容和数据关系。
- 聊天日志中问题的答案。
- 将维护数据与流式传感器数据相关联。
- 搜索日志中的用例和用户问题。
- 客户购买历史记录，以寻找买家的相似之处并预测其对报价的反馈。
- 从电子邮件响应指标中显示买家细分。
- 产品目录和数据表中的属性和属性值。
- 公开引用的程序、工具列表和产品关联。
- 可以从 YouTube 视频内容的转录音轨中挖掘产品关联。
- 将报价和动态内容与网站行为模式相关联。
- 从情感分析、用户生成的内容和社交图表数据中提取知识和用户意图信号。

3.4.4　创造价值的其他注意事项

人工智能和认知计算要求通过应用数据治理计划中的实践，以与用于商业智能和其他分析系统中使用数据大致相同的方式来进行数据管理。管理层支持、章程、角色和职责、决策协议、升级流程、确定的议程以及与具体业务目标和流程的联系，同样适用于所有形式的数据和分析。

但是，正如前面所讨论的，数据是惰性的。数据没有自我意识，也不是自我组织的。数据本身不能识别价值。数据需要应用程序和其他过程来确定和获取价值。此外，如果数据要提供任何价值，就必须被使用。闲置在旋转的磁盘上或者存储在闪存驱动器的数据只是一种支出。

结构 / 标记得越好、组织得越好、策管得越好、对数据治理得越好，数据为组织提供的效用也越大。

使用高级分析和人工智能可以通过访问企业数据来影响进程结果。人工智能和认知计算程序必须与企业指标相一致。数据和数据质量对于协助提升进程有效性和实现企业的业务需求是必要的。推进高级分析需要通过实用的信息架构来获取和策管数据。

标准化

数据质量的补救常常分为两类：标准化或清理。

大多数数据质量活动都局限于标准化，因为它更容易处理，可以创建价值的统一表示。数据清理通常涉及在使用不正常值的情况下对值进行更正。正确的值并不总是容易修复的。

3.5 本体论：封装知识的手段

从信息工程到信息架构的技术应用，为计划和合并正确类型的信息组织和架构设计提供了机会。

对于人工智能来说，知识常常通过本体来利用。一个本体可以由许多元素组成，包括分类法、受控词汇表、同义词库结构，以及术语和概念之间的所有关系。

本体表示一个知识领域，组织在特定上下文中访问和检索答案的能力最终通过信息架构成为可能。因此，信息架构在塑造分析结果方面发挥着重要作用。本体可以是专门化的，例如支持自动驾驶汽车的能力，或者更一般化，在人工通用智能（Artificial General Intelligence，AGI）中得到更广泛的应用。

本体捕获对象、过程、材料、行动、事件等的常识知识和关系。本体构成了计算机推理的基础，即使问题的答案没有明确地包含在组织的知识体系或语料库中。

由于非显式答案可以从本体中表达的事实、术语和关系中推断出来，这使得本体的使用成为提供额外业务价值的工具。从实际意义上讲，作为一种分析能力，推断的能力可以使系统更加用户友好和宽容，例如当用户使用短语变体提出请求或遇到外部用例时。

本体可以表达以下内容：

- **实体类型**：实体类型可以是个人、组织、银行账户、会议、恐怖袭击。
- **关系**：这些是实体类型之间的类型。例如，一个人可以拥有一个银行账户，一个人可以是一个组织的成员，或者一个人可以是另一个人的家长。
- **实体类型的属性**：个人通常有名字，组织有成立日期。
- **实体类型之间的层次结构**：每只猫都是哺乳动物，西红柿是水果。
- **逻辑实体定义**：孤儿是父母双亡的人。
- **逻辑关系定义**：如果亚当是布伦达的父母，布伦达是查理的父母，那么亚当就是查理的祖父母。
- **判定**：如果黛博拉是爱德华的父母，那么爱德华就不能是黛博拉的父母。

基于本体的信息提取是一种通过使用本体来揭示事实以推动结果的形式。通过利用本体中嵌入的知识和规则，可以解决许多复杂的提取问题。图 3-6 显示了如何使用基本本体模型来理解上下文事实。

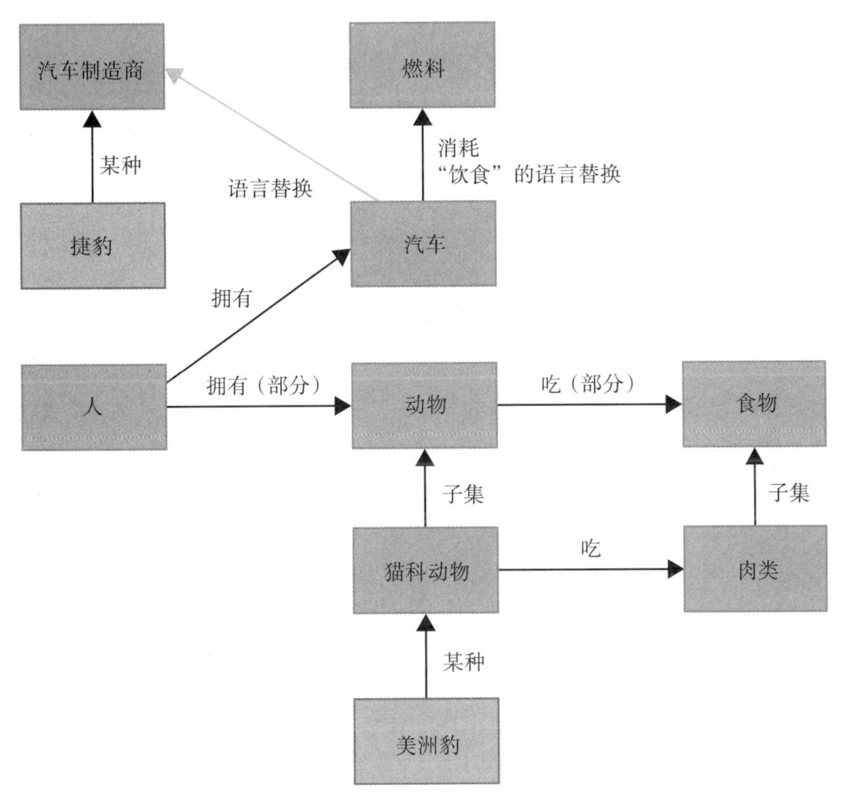

图 3-6　一个本体模型

如图 3-7 所示，美洲豹也可以是很多不同的东西，比如汽车的类型、乒乓球队、动物等。通过使用自然语言处理中发现的其他事实和术语，我们可以推断出一个被称为“美洲豹”的吉他模型，比如：“ Johnny Marr 使用的标志性美洲豹具有较高的颤音臂和一个四位滑块拾音选择器。这些修改是为了反映其他复古模型中的一些变化……”

对吉他的推论可以得出这样的结论：该描述不是对野生动物或汽车等的描述，而实际上是一把吉他，通过使用“颤音臂”“拾音选择器”的词汇和对 Johnny Marr 作为著名的吉他手的认知。

通过使用技术作为本体封装知识以辅助人工智能，组织可以开始对各种假设进行推理。

图 3-7 推理

语义歧义

想象一下创建一个电子表格，在其中可以很轻松地创建缩写的列名称。也许输入"org nm"而不是"organization name（组织名称）"会更容易。但是如果有人认为它的意思是"organism name（生物名称）"呢？当一个电子表格有一个名为"org nm"的列时，如何确保它与另一个人使用"company name（公司名称）"的电子表格含义相同？

当你试图利用多个数据集拼凑出一幅更完整的世界画面时，这些概念就显得尤为重要。对于少数几个数据集来说，这似乎不是什么大问题，但是当一个问题需要数百个数据集才能得到一个完整的图像，而且随着时间的推移，数据集会发生剧烈的变化的时候，这就需要一个比仅使用循环中的人类更强大的解决方案。

在管理许多数据集时，你需要了解以下内容：

- 数据中的公司名称。
- 它们的地址。
- 告知我邮寄地址与总部地址不同的信息。

通过标记信息及其与其他信息的显式关系，我们可以进一步从语义上回答这些问题。本体有助于在语义上消除对实体的引用的歧义，否则这些实体看起来是相同的。

3.6 人工智能成果的公平、信任和透明度

可以基于收集的洞见来解析数据、提取模式，学习并做出预测和决策的机器学习算法，很容易应用于搜索引擎、面部识别和数字助理等常见应用程序。但是尽管有良好的意愿，

不公平（通常被称为偏见）会蔓延到机器学习和人工智能中。

输入机器学习算法的数据越多，它就会变得越智能，前提是数据具有适当的质量水平，并且数据本身没有偏斜。如果数据在某些方面存在偏见，无论是通过数据质量水平还是为避免纳入特定类型的数据而做出的选择，结果都是负面的。

2016年，人工智能被用作评判选美比赛的手段。来自超过100个国家/地区的6000多名女性提交了照片。人工智能被宣传能够使人类摆脱人类评委会施加的社会偏见。深度学习算法从所有参赛者中挑选出了44名优胜者。只有一位优胜者是深色皮肤的。虽然没有任何明确的算法偏好肤色较浅的女性，但训练数据的多样性有限（有色人种代表人数明显不足）足以确定人工智能的偏见程度。

从洞见中消除偏见是创建公正的机器学习算法的关键。人工智能需要整个知识体系：业务主体和组织论述的基础。知识体系最终包含了人工智能用于处理，以及随后用于解释和推理的所有线索。为了正确地训练预测模型，历史数据必须满足广泛且高质量的标准。虽然许多组织已经创建了数据质量程序，并取得了不同程度的成功，但是如果想最大化他们在人工智能方面的投资，组织将被迫加强他们的游戏，同时解决他们数据的广度和代表形式的问题。

公平作为偏见的语言反义词，本身就是一种纠正偏见的形式。公平性有助于确保在分析中包含或排除特定数据。公平性可以确保一项研究（例如关于前列腺健康或卵巢囊肿的研究）只限于适当的队列组，以免扭曲任何观察或洞见。

需要数据有偏见以实现结果公平的其他示例包括支持儿童福利和安全的人工智能计划，因为对数据的研究仅限于青少年。提供云游戏功能的游戏供应商还应该了解青少年何时玩游戏，以避免产生不适当的互动服务。希望向客户追加销售的金融服务公司应在已经使用现有服务和产品的客户数据基础上训练模型。如果一家航空公司想要在乘客登机时充分利用头顶行李箱的空间，那么它可能会专门针对带入主机舱的行李类型，而不是所有装入飞机的行李类型，对其模型进行训练。

实现公平还可能需要在特定领域获得更深层次的知识。例如，图3-8和3-9显示了一位住院病人的血液检测结果。常规的血液检查结果没有发现病人体内的任何异常。随后需要进行进一步的离散测试，以更深入地发现或理解可能造成痛苦的原因。因此，偏见可能是由于缺乏足够的知识基础，无法从中得出结论、观察或模式。

因为某些人工智能算法可以从接收到的数据中学习，因此这些算法会受到很大的影响。数据对人工智能的影响的一个极端例子，是微软2016年推出的聊天机器人Tay。在被拔掉插头之前，Tay的存在只持续了16个小时。在地球上的短暂时间里，Tay开始憎恨同性恋，并使用了纳粹的言论。

组织必须找到微调人工智能的方法，以便在发现任何缺陷之后，几乎可以立即进行处理。在没有透明度的帮助下，人工智能创造了一个“黑盒子”，这意味着需要以盲目信任的模式操作。相比之下，具有透明度的人工智能可以是一个白盒子，这对于理解因果关系至关重要。我们将在几页内深入探讨信任问题。

Laboratory Results:	Result Value	Result Value Ranges
Liver Function Panel (AM)		
Cancellation Reason		[-]
Urinalysis, Dipstick with Microscopic Exam on Positives (AM)		
Color Urine	Yellow	[Yellow-]
Appearance Urine	Clear	[Clear-]
Urine Glucose (Urinalysis)	Negative	[Negative-]
Bilirubin Urine	Negative	[Negative-]
Specific Gravity Ur	<1.005	[1.003–1.030]
Ketones Urine	Negative	[Negative-]
Blood Urine	Trace	[Negative- mg/dL]
pH, Urine	6.5	[4.5–8.0]
Protein Urine	Negative	[Negative-]
Urobilinogen Urine	Normal	[Normal-]
Nitrite Urine	Negative	[Negative-]
Leukocyte Esterase U	Negative	[Negative-]
.Estimated Glomerular Filtration Rate (AM)		
eGFR African-American (MDRD)	>60	[>=60- mL/min/1.73 m2]
eGFR Non African-American (MDRD)	>60	[>=60- mL/min/1.73 m2]
HCG (Total Beta) (AM)		
HCG (Total Beta)	<1.20	[0.00–4.80 mIU/mL]
Auto Differential (AM)		
Nucleated RBC Auto	0.1	[0.0–1.0 /100 WBC's]
Neutrophil percent auto	52.2	[45.0–70.0 %]
Lymphocyte Automated	32.8	[22.0–40.0 %]
Monocyte percent auto	10.7	[0.0–12.0 %]
Eosinophil percent auto	3.8	[0.0–8.0 %]
Basophile percent auto	0.5	[0.0-2.0 %]
Neutrophil Absolute Number	2.90	[1.80–7.70 x10(9)/L]
Lymph Absolute # (Westchester)	1.8	[1.0–5.0 x10(9)/L]
Monocyte Absolute Number	0.60	[0.00–1.32 x10(9)/L]
Eosinophil Abs #	0.20	[0.00–0.88 x10(9)/L]
Basophil Absolute Number	0.10	[0.00–0.22 x10(9)/L]

图 3-8　血液测试结果正常 -A 部分

Basic Metabolic Panel (AM)		
Sodium Serum	139	[137–145 mmol/L]
Potassium Serum	3.9	[3.6–5.0 mmol/L]
Chloride Serum	103	[98–107 mmol/L]
CO2	24.0	[22.0–30.0 mmol/L]
Urea Nitrogen (BUN)	10.0	[7.0–20.0 mg/dL]
Creatinine Serum	0.7	[0.6–1.1 mg/dL]
Glucose Random	89	[70–100 mg/dL]
Anion Gap	12.0	[5.0–17.0]
Calcium, Serum	9.0	[8.4–10.2 mg/dL]
BUN/Creatinine Ratio	14.3	[6.0–22.0]
Complete Blood Count with Differential (AM)		
WBC Count	5.5	[4.0–11.0 x10(9)/L]
Red Blood Cell Count	4.53	[4.20–5.40 x10(12)/L]
Hemoglobin	13.1	[12.0–16.0 g/dL]
Hematocrit	39.4	[38.0–47.0 %]
Mean Corpuscular Vol	87.0	[80.0–95.0 fL]
Mean Corp Hgb (Mch)	29.0	[26.0–33.0 pg]
Mean Corp Hgb Conc	33.4	[31.0–36.0 g/dL]
RDW-CV	14.2	[11.5–14.5 %]
Platelet Count	291	[150–430 x10(9)/L]
Mean Platelet Volume	9.80	[8.00–12.00 fL]
Urinalysis Microscopic UF-100 (AM)		
White Blood Cells Ur	1	[0–5 /HPF]
Red Blood Cells Ur	1	[0–0 /HPF]
Bacteria	None	[None-]
Squamous Epith Cells	None	[None-]

图 3-9　血液测试结果正常 -B 部分

道德

合乎道德的事情并不总是合法的，合法的事情也不总是合乎道德的。例如，超速驾车带人去急诊室接受救生医疗可能是合乎道德的，然而，超速驾驶仍然是违法的。另一方面，允许水龙头连续几个月滴水是合法的，然而，从道德上讲，你不应该浪费水。

公平和偏见可以与道德和法律观点并列。我们是否公平且合乎道德？我们是否公平且合法？其次，我们可以提出问题，我们是否公平对待我们的客户（以及他们的价值体系），我们是否公平对待我们自己/组织（以及我们自己的价值体系）？

3.7 可访问的、准确的、经过策管的和经过组织的数据

当使用机器学习或人工智能时，可以评估和解释来自用户当前和过去交互的信号、数字足迹和电子肢体语言等行为。通过成功地评估用户的行为，可以提供具有最高影响概率的选项。

这样的行为可以包括多种多样的数据点。这些数据点可能包括以前的购买行为、实时点击流数据、支持中心的交互、消费内容、偏好、购买特征、人口统计、公司统计（对企业和组织来说，如同人口统计对人而言）、社交媒体信息，以及任何其他可以通过营销自动化和集成技术捕捉到的行为特征。

搜索查询的结果可以根据精确度和概括性等因素进行调整（甚至可以在不同的交互中有所不同），以适应不同用户之间的细微差别。例如，在许多方面，搜索引擎只不过是一个推荐引擎。

信号是搜索短语，推荐形成结果集。对用户了解得越多，就越能为该用户量身定制推荐（或个性化设置）。这是如何利用和应用民族志研究的一个例子。

如果搜索结果中的推荐与某个业务领域（如产品或金融）相关，不管结果集是如何定制的，那么与该领域相关的数据必须是可访问的、准确的、经过策管的和经过组织的，这是一个基本前提。

前提条件是建立和维护信息架构的必要性的一部分。图3-10显示了在数据访问方法（API、SQL或NoSQL）和用户本身之间存在信息（数据）。至少，数据需要是：

- **可访问的：**数据位于一个地点和介质中，使得数据可供用户社区按需使用。
- **准确的：**在这里，准确性是多方面的，并且包括从现实世界中的事物中反映出数字形式的精确性。如果数据应该是一个人的名字，那么数据的准确性应该反映实际的名字以及完整的拼写。准确性也反映了数据的使用时效性。
- **经过策管的：**对于预期的用途，所提供的数据具有意义和实用性。策管的一个方面是能够建立适当的数据子集。子集是从企业可以访问的信息总量中创建的。经过策管的数据（子集）应该对用户有用，这样不相关的数据就不会在决策或操作中被意

外地使用和被无意地利用。策管还意味着数据已被正确地注释和描述。

- **经过组织的**：每个数据点都不是单独出现的。组织确保跨数据的所有关系都是可导航的，并存储在使某些类型的导航更容易执行的技术中。

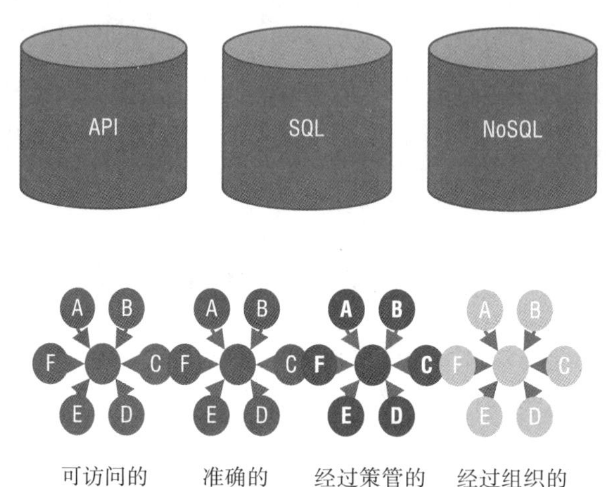

图 3-10 识别先决条件

当数据能够对业务用户来说是可访问、准确的、经过策管的和经过组织的时候，用户就能够更好地履行他们的工作职能，从而产生更大的效果。

> **经过策管的**
>
> 经过策管的数据集在内容上是可以不断更改的。根据个人或团队的需要，经过策管的数据可能每天都不同。经过策管的数据应始终与角色和职责相关的上下文需求相关。

3.8 本章小结

本章介绍了信息架构有效用于人工智能所需的一些驱动因素。对于输入模型的数据以及输出的数据，必须考虑这些注意事项。这些考虑对于人与机器均产生影响，其中每个人有独特的需求，同样，每台机器也有独特的需求。

因为所有的用户并不是生来平等的，所以他们并不总是有相同的需要和需求。事实上，大多数人在一个组织内部都有一个专门的职能，他们可能更喜欢使用不同的范式来与数据交互：基于文本的、图形化的、使用触觉技术的等。在所有情况下，利用信息的最有效方法都将与消费者相关。假设所有用户需求都是等价的，这可能是错误的。为了支持核心需求，应考虑为用户和人工智能提供专门的数据存储。事实上，超个性化的体验不应该只为客户保留。

本体论的使用可以帮助提升人工智能的有效性，但建立本体也受益于一个适当的信息架构。即使在以多种方式提出问题的情况下，基于组织的专门需求构建的良好信息架构，也有可能为用户提供完整的信息。

数据质量和元数据是必须通过信息架构实现的，并使人工智能能够实现其成为变革工具的潜力。数据是惰性的，不是自我组织的。数据不能实现任何内在价值。这些东西必须来自信息架构。

在下一章中，我们将回顾和评论传统上用于处理分析的环境。

Chapter 4 第4章

分析回顾：不只是个锤子

"预测未来并没有多大的好处……如果预测的前提是其他所有内容都保持不变。"

——Alvin Toffler《第三次浪潮》

本章探讨了与传统分析环境相关的一些陷阱，以及现代数据湖如何尝试弥补数据仓库中发现的许多漏洞，特别是在处理非结构化数据和为人工智能提供支持方面。从以前分析解决方案的失败中吸取的教训表明，进一步的发展是必要的。组织需要开发一个强大而现代的信息架构。新的解决方案必须满足多个角色的需求以及数据质量和数据治理的需求，以便可以轻松整合包括人工智能在内的多种分析形式，从而产生一个可持续的数据和分析环境。

4.1 曾经的情况：回顾企业数据仓库

从历史上来看，需要分析的组织转向企业数据仓库寻求答案。传统的企业数据仓库用于存储重要的业务数据，旨在从其他基于企业的系统（诸如客户关系管理、库存管理和销售管理）中获得业务的本质。这些系统使得分析师和业务用户能够从业务数据中获得洞见并做出重要的业务决策。

多年来，技术宗教战争一直在进行，以找出哪个员工最有勇气去动摇其方向，最终胜利者成功地选择了企业数据仓库部署方式。但随着技术格局的变化，在某种程度上，流媒体数据、社交数据馈送带来的更高数据量，以及连接设备的大幅增长，企业对数据和分析的期望也随之上升。信息技术部门开始意识到，传统的企业数据仓库技术本身并不适合满足企业的更新和更复杂的业务需求。

作为大多数数据仓库的首选工具，关系数据库分析仍然是一项可行的分析技术。即使在云计算时代，弹性云原生的多样性确实存在。然而，分布式总账（如区块链）、图形数据库、键值数据库、对象数据库、三重存储、文档存储、宽列存储等正在侵占关系技术的地位，所有这些都试图提供存储和检索公司数据的替代方法。

Cockroach Labs 的 CockroachDB 就是一个具有弹性的云原生关系数据库的例子。

具有讽刺意味的是，传统的企业数据仓库公司因其预期用途而遭受重创。数据的关系模型是关系数据库的基本哲学，在 20 世纪 60 年代末由 Ted Codd 首次提出。在关系模型中，关系表现为关系数据库中的表格。反过来，表格包含行和列。表格、行和列都遵循特定规则，以保持关系性的概念。数据库基于正式模型这一事实为数据完整性但不一定为数据质量铺平了道路。

Codd 着手建立了一系列规则来确保关系数据库中数据的整体完整性，其中许多规则也适用于许多其他数据库类型。

Codd 的规则于 1985 年在《计算机世界》(*Computerworld*) 杂志的一篇分为两部分的文章中发表：“Is Your DBMS Really Relational ?”以及“Does Your DBMS Run by the Rules ?”

这些规则包括：

规则 0：基本规则。对于被宣传或声称为关系数据库管理系统的任何系统，该系统必须能够完全通过其关系功能来进行数据库管理。

规则 1：信息规则。关系数据库中的所有信息都在逻辑层面明确地以表格中的数值这一种形式表示。

规则 2：保证访问规则。通过采用表格名称、主键值和列名称的组合，可以保证关系数据库中的每个数据（原子值）在逻辑上都可以访问。

规则 3：空值系统化处理规则。在完全关系数据库管理系统（Relational Database Management Systems，RDBMS）中，支持空值（不同于空字符串或空白字符串，并且与零或任何其他数字不同），用于系统地表示缺失信息和不适用信息，与数据类型无关。

规则 4：基于关系模型的动态在线编目规则。数据库描述在逻辑级别以与普通数据相同的方式表示，因此授权用户可以像应用常规数据一样，将相同的关系语言用于查询。

规则 5：综合数据子语言规则。关系系统可以支持多种语言和各种终端使用模式（例如填充空白模式）。但是，必须至少有一种语言，其语句可以根据某些定义良好的语法表达为字符串，并且能够全面支持以下所有项目：

- 数据定义

- 查看定义
- 数据操作（交互式和按程序）
- 完整性约束
- 授权
- 事务边界（开始、提交和回滚）

规则 6：视图更新规则。理论上可更新的视图也由系统进行。

规则 7：高级插入、更新和删除的可能性。将基本关系或派生关系作为单个操作数进行处理的功能不仅适用于数据检索，还适用于数据的插入、更新和删除。

规则 8：物理数据独立性规则。无论何时对存储表示或访问方式进行任何更改，应用程序和终端活动在逻辑上都不受任何影响。

规则 9：逻辑数据独立性原则。当对基本表格进行理论上允许不受影响的任何类型的信息保留更改时，应用程序和终端活动在逻辑上都不会受到影响。

规则 10：完整性独立规则。针对特定关系数据库的完整性约束必须在关系数据子语言中定义，并必须存储在目录中，而不是在应用程序中。

规则 11：分布独立性规则。无论数据是物理集中还是分布式的，完全关系数据库管理系统的数据操作子语言必须使应用程序和终端活动在逻辑上不受影响。

规则 12：非颠覆性规则。如果关系系统具有低级（一次单记录）语言，那么这个低级语言就不能用于颠覆或绕过在较高级别关系（一次多记录）语言中表达的完整性规则和约束。

虽然并非所有的数据库，无论是关系型还是非关系型，都遵循这些规则，但从根本上说，这些规则适用于信息架构和信息架构所寻求实现的目标。

在关系数据库中，表格用于存储关于特定类型事物的信息，如客户、产品或订单等。表格中的每一行还用于存储有关事物的信息，例如单个客户、单个产品和单个订单。每一行的每一列都用于保存描述行现在所代表的事物的原子数据片段。这就是企业数据仓库问题的症结所在。

问题不在于主键中包含什么，甚至不在于数据是否正确**规范化**。

 规范化原则旨在为建立数据库的总体模式提供严格的要求。

问题在于原子数据。原子性（Atomicity），如图 4-1 所示，限制了并仍然继续限制表格设计者对部署面向业务的解决方案的思考。

“原子”一词用于表示业务概念必须以其最低通用的、有意义的分解形式来表示。理解数据的组成以及原子值的构成，可以极大程度地帮助你了解人工智能模型的工程特性。

 最低通用分解形式是一个二进制的位（一个字节的分解形式），但这对商务人士没有任何意义。

对于某些商务人士来说，邮件地址一词可以被视为原子（参见图 4-1）。然而，在美国，邮件地址可以分解为街道号码、街道名称、城市、州和邮政编码。但是，街道名称也可以进一步分解为前向、街道名称、后向和门牌号。

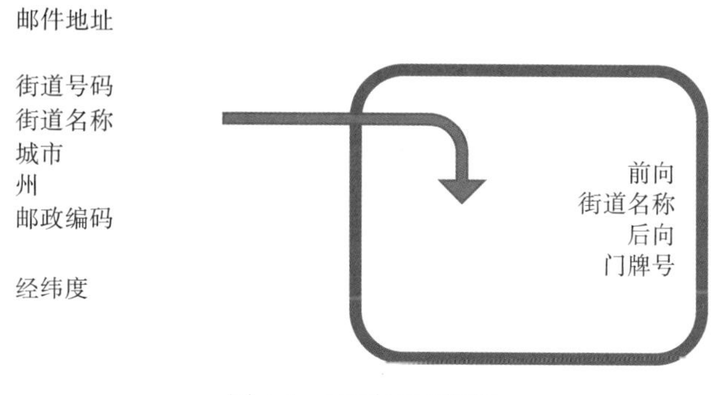

图 4-1　查看原了数据

事实上，美国邮政局进一步定义了替代原子规则，包括常规地址、乡村路线地址、邮局信箱地址。邮政局还规定了商业地址和住宅地址之间的格式规则。

但是，尽管有所有这些不同的方法来表示邮件地址，其他两个原子值可以充当替代品：纬度和经度。

因此，即使从原子的角度来看，邮件地址的概念也不同于地址的其他用途，如账单地址或移动位置。还必须考虑到，并非所有地址都代表一个地理固定的位置。

在另一个例子中，一个人的名字可以分解为名字、中间名、姓氏，并带有诸如先生、夫人和博士之类的尊称，也可以与名字后缀分开，例如博士（ph.D.）这样的学术成就，例如大英帝国高级爵士（Knight Commander of the British Empire，K.B.E）的荣誉头衔，例如注册会计师（简称 CPA）的专业头衔，或者例如老、小、三世（Sr.，Jr. 和 III）之类的世代头衔。

Order_Name_Prefix

Order_Name_First

Order_Name_Middle

Order_Name_Last

Order_Name_Suffix

取决于文化需求，以前的方法也可能过于严格。在某些文化中，姓氏可以包含许多代表父系或母系血统的名字。但是在不同的文化中，名字部分表示方式的顺序也可能有所不同。所有这些因素都在很大程度上影响人们对于如何解释和应用保证访问规则的界限。

在许多情况下，太多的设计者选择将原子属性硬编码作为主流业务术语，而不是追求更宽容和自适应的抽象化。所采用的实践创建了一种技术，这种技术实际上可以将业务硬编码到某个时间点，并阻止了对数据库架构进行更改的更简单的方法。第 2 章中也讨论了数据的绑定性质。

根据第 2 章使用的“性别”示例，如果组织希望向已有社会性别代码的表格添加生物学或生理性别代码，只需要使用名为 ALTER 语句的结构化查询语言（Structured Query Language，SQL）语句即可完成。ALTER 语句允许某人制定表格名称，并为新列名称提供适当指定的数据类型，例如字符串或数字。

然而，事实证明困难的是，当一个表格包含数十亿存储的行，以及当潜在的数百个应用程序和成果依赖于原始模式并与之绑定时，实现更改需要大量的时间。

原子性被无情地注入是一种最佳实践。很少有从业者注意到，诸如时间戳（TIMESTAMP）这样的内置数据类型之类的概念本身并不是原子的。时间戳这一数据类型可以通过查询语言进行分解，甚至可以参与时间（时间序列）方程式，但此数据类型的列在技术上并不具有原子性。虽然很微妙，但这意味着人们认为设计具有某些特征，而实际上它们并没有这些特征。

时间戳是同时包含日期和时间的复合列。日期和时间部分本身也都是复合的。日期由月、日和年组成。时间包含小时、分钟、秒和可选的子秒数。美国国家标准学会（American National Standards Institute，ANSI）的 SQL 标准指定了子秒数和 n。n 允许每个数据库供应商选择要支持的分数。共同分数是 0、3、6 和 8。虽然精度可以根据数据库实现而变化，但他们都符合 ANSI SQL 标准。因此，标准并不能促进相似性或一致性。

后来，引入了字符大对象（CLOB）和二进制大对象（BLOB）作为高度适合于非原子属性和概念的数据类型。这些数据类型本质上是 NoSQL 友好的。关系技术本质上被最佳实践所确定，最终为未来的更灵活、更具适用性的技术铺平了道路。

使用关系数据库时，一些成功的实现脱离了原子列定义的设计模型。例如，2010 年被 IBM 收购的软件开发商 Initiate Systems，在其关系数据库主数据管理服务中使用了由外部元数据驱动的替代设计技术。元数据在表格外部进行管理，并允许通过元数据推断和解释列结构。然而，最终，关系数据库固有的 Schema-On-Write 模式的最佳实践被认为过于缓慢和过于严格，无法应对不断发生的业务变化。

Schema-On-Write 意味着在将任何数据写入或保留到数据库中之前，数据架构必须预先存在。

使用 Schema-On-Write 的方法，企业在将任何数据加载到传统企业数据仓库之前，必须设计数据模型并阐明分析需求。换句话说，每个企业必须提前知道其计划如何使用数据。

对于许多组织来说，这种方法可能具有高度限制性。

从使用可扩展标记语言（eXtensible Markup Language，XML）开始，较小的数据存储受益于使用一种不那么僵化和形式化的方式来描述结构，通过使用平面文件，程序员可以绕过正式的数据库管理员（Database Administrator，DBA）组。在当时，数据库管理员乐于放弃对平面文件设计的控制，因为与真实数据库相比，它们通常被视为修补工具。

在可扩展标记语言泛滥后不久，可以支持 Schema-Less-Write 的数据库技术开始在市场出现。Schema-Less-Write 可用于从源中提取数据，然后将该数据放置到数据存储中，而无须首先以传统企业数据仓库的方式转换数据。

Schema-Less-Write 即 Schema-On-Read。Schema-Less-Write 和 Schema-On-Write 的区别在于，Schema-Less-Write 只需要使用架构来读取数据。

更先进的数据管理方法开始凸显与创建分析环境中使用的传统方法相关的一些缺点。

关系不仅仅是对象之间的一条线

客户是一种关系，而不是一个独立的概念。同样的道理也适用于员工，员工也是一种关系。一般来说，客户是可能与交易中的另一方进行接触的人或组织。

如果某人尚未在交易中与另一方接触，则该人可被视为潜在客户。此外，如果某人在很长一段时间内没有与另一方进行交易，则该人可被视为前客户。因此，个人与一方独立于时间而存在，而关系的各个方面则是与时间相关。

员工是为另一方从事有偿工作的人。就这种关系而言，此人可能是潜在员工、现役员工，或者一个前员工。通常，关系是作为独立概念设计和实现的，这可能会使我们对数据告诉我们什么这一理解复杂化。当个体参与多种关系（例如客户、员工、供应商等）时，如果使用了不恰当的组织技术，我们从分析或机器学习中获得洞见的能力可能会变得模糊不清。

4.2　传统数据仓库的缺点

图 4-2 所示的简化企业数据仓库架构有助于说明与传统企业数据仓库相关的一些缺点。数据存储主要有三个区域：暂存区域、规范化数据存储区域和数据集市。

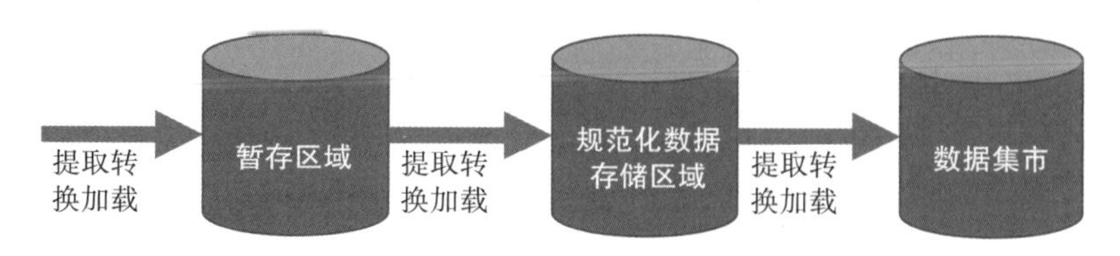

图 4-2　企业数据仓库信息架构简要示意图

暂存区域用作源数据和正式纳入数据仓库环境以便最终用户访问的数据之间的过渡区域。规范化数据存储区域是企业支持一般分析需求的跨主题领域模型，而数据集市则由离散模型组成，以满足某些类型的特定分析需求。

每个数据存储区域都需要自己独特的数据模型，实际上可以为此创建多个数据模型：概念数据模型、逻辑数据模型和物理数据模型。总之，一些组织试图构建九个不同的模型来支持图4-2所示的假设架构。

设计暂存数据的方法可能基于从多个源系统继承的非规范化设计，并伴随着单独的概念模型、逻辑模型和物理模型。规范化数据可能使用了规范化设计，也可能伴随着单独的概念模型、逻辑模型和物理模型。市场数据可能使用了星型模式或雪花模式设计，并且还有底层模型支持。

规范化、非规范化甚至星型模式的方法可以归纳为概念之间的关联性，以及是否将这些概念组织在一起或单独组织，以及应用何种程度的严格。在每种情况下，物理数据模型都是编写或生成数据定义语言（Data Definition Language，DDL）的源，以便加载必要的表格。

除了三个数据存储区域之外，还需要三个单独的数据集成过程：一个将数据移动到暂存区域，另一个将数据移动到规范化数据存储区域，第三个将数据移动到数据集市。这些过程通常称为"提取、转换及加载"(Extract, Transform, and Load，ETL)。ETL也有被称为ELT的变体，即提取、加载然后转换（Extract, Load, and then Transform，ELT）。

每个操作源、数据文件或关系表都需要自己的ETL行。图4-2说明了为什么传统企业数据仓库的Schema-On-Write方法在大量数据建模和数据准备中会消耗大量的时间和成本。

每个建模区域都需要对齐并支持数据流。每个数据流依赖于每个区域中的模型。一个地方的改变可能会在整个链条上产生连锁反应。

在数据治理的幌子下，许多组织投资了一种称为分析瘫痪的范式。由此产生了标准化委员会或治理委员会，这些委员会将开会讨论标准和术语。甚至可能时隔多年，这些委员会仍然没有完成手头所有的任务。

"分析瘫痪"这个短语用来表示一个过程，当过度分析和过度思考一个情况的时候，可能导致前进或决策变得几乎不可能，因此无法采取或决定任何解决方案或行动方针。

例如，冗长的商讨来定义客户对组织的实际含义可能会导致诸如"已购买、发货或使用过产品的一方"之类的定义。虽然这可能适合信息技术部门，但是大多数面向业务的员工发现，这种平淡无奇的定义并没有什么价值或意义。

前一段的引文来自Len Silverston的《数据模型资源手册》(卷1)(*The Data Model Resource Book, Volume 1: A Library of Universal Data Models for All Enterprises*, Wiley，2001年)。

委员会流程通常包括创建许多前置定义。在正式开始之前，委员会常常必须审议他们想要解决的问题。然后，委员会必须决定哪些类型的商业问题可能会被频繁询问。委员会的工作被认为有助于确保能够识别正确的支持数据。由此，委员会将委托设计一个能够支持委员会提出的问题的数据库架构。

由于需要时间和精力来装载新数据源，在架构完成后，委员会可以花费大量时间来决定数据仓库应该包含哪些信息以及应该从中排除哪些信息。这种时间密集型过程有助于使传统的企业数据仓库在组成和内容上保持固化。

如果一个委员会陷入僵局，有意义的工作和进展可能会停滞不前。在一些组织中，这种僵局已经拖了好几个月。当委员会成员（有时被戏称为房间里的800磅重的大猩猩）决定简单地给出一个答案时，僵局可能会短路。

委员会中一只800磅重的大猩猩意味着一个强大的个性可以接管并强迫委员会转向一个有利于他的方向，而不一定有利于委员会的方向。强大的个性可能是专横的，从而导致一些人克制自己不提出挑战或不同意见。

然而，这样的答案往往是偏颇的，并可能有害于企业数据仓库的短期和长期成功。正如许多咨询服务机构做报告的那样，企业数据仓库项目的一贯失败表明成功的缺乏。

例如，M. Gordon Hunter的"Strategic Information Systems: Concepts, Methodologies, Tools, and Applications"(Information Science Reference，2009)

一个这样的问题必须被提出：为什么一个组织会利用委员会作为创建企业数据仓库的手段？答案是双重的。

首先，传统企业数据仓库的企业方面表示它代表整个企业，并且仓库的企业性质将阻止它成为另一个独立的功能或独立的数据存储。其次，作为最佳实践，所有主要组织使用的分层组织结构图基于业务线（这些业务线本质上是通过遵循组织模型的最佳实践而创建的筒仓），其中实际上仅存在一个企业范围内的决策者，即公司总裁。

由于反复要求公司总裁决定什么应该或不应该进入数据仓库可能不是一个可行的选择，因此设立了委员会，作为促进跨业务线活动的一种方式。在矩阵式组织中，员工可以向多个管理者汇报，然后相互联锁或与他人进行协调，成为建立委员会或治理权限的替代手段。

使用传统的企业数据仓库方法，业务分析师和数据科学家无法始终如一地从数据中寻找临时问题的答案。业务分析师或数据科学家在创建必要的数据结构和分析之前必须形成假设，以便验证他们的假设。企业数据仓库的一个限制性方面是，分析用户必须遵循预定义的数据访问路径，以避免性能或响应时间问题。系统管理员经常取消任意的或临时的请求，因为它们被视为消耗了太多的计算机资源。

传统企业数据仓库的唯一可行的分析结构是那些被明确设计的企业数据仓库返回的。当然，如果最初的假设是绝对正确的，并且基础业务（以及业务方的业务模式）一年又一年停滞不前，这就不是问题。企业数据仓库设计人员采用的闭环技术对于一个一贯需要新方法（来查看数据和新数据）以支持不断变化的业务环境的业务来说是有限制的。

数据仓库的后续环境是数据湖，它试图消除刚才描述的诸多问题，因为结构化和非结构化数据都可以轻松消化，而无须任何数据建模或标准化。传统数据库的结构化数据可以以一个基本自动化的进程放入数据湖表格的行中。与数据湖相关的技术也为处理大数据做了更加充分的准备。

由于存储数据的架构不需要前置定义，因此不需要或可以推迟昂贵且耗时的建模。一旦数据进入数据湖中，分析人员就可以对要分配的标记和标记组进行注释或选择。标记通常是从基于表格的源信息中提取出来的。数据可以接受多个标记，标记可以随着时间的推移而更改或添加。

最佳实践背后的逻辑

为了使最佳实践甚至被视为最佳实践，该实践必须按照规定在多种情况下行之有效。为了使最佳实践在各个行业中多次实现一致和可靠的结果，该实践很可能仅仅代表最佳平均实践。一个合乎逻辑的结论是，压根就没有最佳实践这回事。

一个团队可能会寻求并采用最佳实践，以避免重新发明轮子。但是，如果从来没有人重新发明轮子，轮子仍然会是石头做的。重复使用最佳实践的一个缺点是，它可能会维持传统思维并抑制创新。使用任何最佳实践时，应该将实践视为你的出发点而非目标。

即使你使用一种特定的技术（方法论、过程、规则、概念、理论等）来取得成功，也不会自动使该技术成为所有其他情况的普遍真理。

4.3 范式转变

受到与大数据相关的巨大数据量和较低拥有成本的推动，分布式计算（Hadoop）等Schema-Less-Write技术为许多组织敞开了大门。

2010年，Pentaho的James Dixon写出了关于企业数据仓库的局限性和分布式计算的好处。他或多或少地指出，在企业数据仓库中，处理报告和分析的标准方法是确定最有趣的属性，并将这些属性聚合到一个数据集市中。这种方法有几个问题。首先，只能检查属性的一个子集，因此只能回答预先确定的问题。其次，对数据进行聚合，这样数据就失去了对最低级别的可见性。

基于现代组织的需求，为了解决传统企业数据仓库的问题，Dixon 创造了一个被称为数据湖的概念来描述最佳解决方案，他通过这个类比来表达这一点：

如果你把数据集市想象成一家卖瓶装水的商店，即数据经过清洁、包装，并且结构化，易于使用。那么数据湖就是处于更自然状态的大型水体。数据湖的内容源源不断地从源头注入湖中，湖的各种用户可以前来检查、潜水或采取样品。

虽然这个术语已经流行起来，并且作为一个概念越来越受欢迎，但是数据湖项目并非一帆风顺。许多数据湖已经变成了数据沼泽，即一个几乎毫无用处的数据集合，在这里执行分析的希望几乎已经完全破灭。当一个数据湖变成了一个数据沼泽时，启动新的数据湖相比试图排干或重组沼泽更简单。

零秒内的任何数量

如果你能够设计一个分析和人工智能解决方案，以响应任何大小的模型、任何数据体量，不管其他任何处理复杂性，都能在接近零秒的时间内响应，那么这个设计会是什么样的呢？数据的组织、网络连接性、处理时间、数据体量、数据整洁度、处理核心和固态驱动器均有助于减轻物理负担。为物理世界设计事物通常意味着对我们的首选设计进行去优化。

首选设计将构成优化设计。范式的转型应该使我们能够更接近优化的设计，以便在接近零的时间内以任何复杂程度处理任何体量的数据。

4.4　现代分析环境：数据湖

许多现代分析环境主要寻求处理大数据问题。管理大数据的方法之一是数据湖，这是存储企业数据的中心位置，无论数据来源和格式如何。

数据湖技术的选择一直处于 Hadoop 分布式文件系统（HDFS）或云对象存储之上。数据可以是结构化的，也可以是非结构化的，并且可以被各种存储和处理工具用来提取结果集。

例如，云对象存储通过实现按需容量和其他优势，有助于管理与快速增长的存储容量需求相关的需求。同样，在公共、私有和内部云上管理类存储的可伸缩性、简单性和可访问性也很引人注目。

云对象存储通常具有以下特点：

- 提供经济高效的存储功能，可以取代与支持网络附加存储（Network Attached Storage，NAS）和存储阵列网络（Storage Array Networks，SAN）的旧文件系统相关的一些复杂性和限制。
- 通过 HTTP 协议提供任何时间和任何设备的存储访问，并且可以通过存储即服务（Storage-as-a-Service，SaaS）应用程序进行交付。

- ❑ 提供弹性和按需服务。云对象存储系统不适用目录层次结构，可以提供位置透明度，而无需对可维护的文件数量加以限制，强制设定文件增长的阈值，或者限制可分配的空间量。
- ❑ 有助于消除热点，并在添加节点时提供近乎线性的性能。云对象存储集群是对称的，这允许工作负荷自动地在集群中的节点之间实现负载平衡。
- ❑ 由于整个云对象存储集群都是在线的可扩展文件存储库，因此有助于避免云备份和恢复的需求。

当大数据时代开始时，它由体量大、多样性、高速性和准确性来定义。数据湖成为管理这些类型的数据特征的一个受欢迎的信标，因为底层存储机制远比那些已经用于支持企业数据仓库的存储机制灵活地多。

❑ **体量**：大

使拍字节（Petabyte，PB）和艾字节（Exabyte，EB）成为可行的存储数字。

❑ **多样性**：无限制

使存储结构化、半结构化和丰富多样的非结构化数据成为可能，这些非结构化数据包括文本、文档、音频、视频和图像。

❑ **高速性**：可容忍

随着分布式存储中最终一致的数据副本的广泛应用，使得 HDFS 和云对象存储成为获取物联网相关设备和传感器的相关数据的基础。

❑ **准确性**：天真

相信企业能够从不一致的内容中获取洞见。

如果数据湖可以出现闪烁的霓虹灯标志，它很可能选取“欢迎所有数据”，作为其预期灵活性和能力的标志。数据湖已成为传统企业数据仓库的主要替代方案，尤其是伴随着组织寻求扩展他们的移动、物联网和多云数据足迹。

以下是在构建数据湖时将体验到的一些好处：

- ❑ 从任何类型的数据获得业务价值。
- ❑ 保留任何类型的数据格式。
- ❑ 不必了解其直接用途便可囤积数据。
- ❑ 随着理解、需求和洞见的提高，优化数据。
- ❑ 对如何查询数据的限制较少。
- ❑ 不局限于专有工具，以深入了解数据的含义。
- ❑ 数据可以民主化（允许非专家在没有外部帮助的情况下收集和分析数据），并帮助消除数据筒仓。
- ❑ 民主化访问可以提供整个组织的单一、统一的数据视图。
- ❑ 支持从传统商业智能到人工智能的完整分析需求。

如图 4-2 所示，目前出现了几种不同的表格设计样式来支持企业数据仓库。正如前面所讨论的，一种样式是基于规格化的数据模型。许多从业人员寻求的规范化的目标水平是第三范式（Third Normal Form，3NF）。第三范式定义了将数据与表格的主键关联的设计准则。由于数据是惰性的，数据本身无法判断是否处于第三范式之中，而那些声称自己的设计符合第三范式的从业人员有时也会提出无效的需求。

企业数据仓库的其他热门数据建模技术，包括前面提到的星型模式和雪花模式。星型模式和雪花模式通常被称为数据集市。规范化模型和数据集市可以在数据仓库的信息架构中共存。但是，企业数据仓库和数据湖之间的差异可能很大。

虽然机器学习和人工智能模型总是使用非规格化数据，但在检查模型执行结果时，理解与规格化相关的过程和机制可以带来巨大的收益，尤其是在识别模式检测中的假阳性方面。

4.4.1 两者对比

虽然企业数据仓库和数据湖都迎合了组织的分析需求，但这些需求的满足不仅仅是语义上的差异。由于企业数据仓库中的 E 代表企业，因此组织在传统企业数据仓库中采用的架构设计方法通常基于建立统一的规范化模型。规范化数据模型通常以简单而单一的形式表示数据实体和关系，这通常会导致一系列代表最小公分母的设计。

由于很少有应用程序能够符合规范化模型的结构，因此一个生产企业数据仓库通常提供有限的仓储使用环境。企业数据仓库还为建立部门数据仓库（Departmental Data Warehouse，DDW）铺平了道路，其中实现的数据模型从未打算在企业范围内具有吸引力，因此对受支持的事务性应用程序的源架构或架构具有更强的亲和力。企业数据仓库和部门数据仓库总是使用预定义的架构。

部门数据仓库侧重于支持单个业务部门或业务线的需求。部门数据仓库可以与企业数据仓库结合使用。

运营数据存储（Operational Data Store，ODS）也是数据建模规范化方案的局限性的结果，但是也需要对架构进行预定义。运营数据存储的结构通常是为了满足前台办公应用的当日分析需求。今天，运营数据存储可以被混合事务 / 分析处理（Hybrid Transactional/Analytical Processing，HTAP）数据库技术所取代。

运营数据存储旨在支持运营报告需求，而不是通用的分析形式，如全面的商业智能和机器学习。

在许多组织实施中，企业数据仓库仅用于收集受质量控制并符合企业数据模型的数据。因此，传统的企业数据仓库只能解决数量有限的问题，特别是环境理论上能够回答的先入为主的问题。

一旦实施，传统的企业数据仓库也被证明是难以管理的。研究和咨询公司高德纳曾一度警告，超过 50% 的数据仓库项目的接受程度有限。随后，另一家咨询公司 Dresner 发现，只有 41% 的受访者认为他们的数据仓库项目是成功的。而 Forrester 报告称，64% 的分析用户在将数据与他们试图解决的业务问题关联时遇到了麻烦。最近，《福布斯》评论，这种趋势并没有消散："对于太多公司而言，数据仓库仍然是一个未实现的承诺。"

4.4.2 本地数据

虽然数据仓库通常将大量精力集中在将数据重新转换为新的数据模型上，但数据湖本身就是以原始形式载入的数据。很少或根本没有执行预处理来使结构适应业务架构，但这并不意味着数据随后没有得到清理或标准化。数据湖收集的数据结构在输入数据湖的时候并不总是已知的。数据结构通常只有在读取数据时才能通过探索发现。

灵活性是数据湖的最大优点之一。通过允许数据保持其初始格式，数据通常可以在更短的时间内以更大数量来进行分析。但是，这种灵活性可能是一把双刃剑，导致以下问题：

- 为了拒绝数据的冗余副本，拒绝未经授权来源的数据，或者为了优化源系统中经常出现的众多各类异常现象，设置了太多的脏数据，而设置的控件却很少。
- 由于缺乏数据治理以确保制定可重复且一致的提要计划的出台，导致实际收集数据的困难。
- 由于在发布架构设计时或者在模式发生更改时，几乎没有放置控件，从而导致用户访问数据时出现问题。
- 在没有制定或没有确定业务目标的情况下，为了收集数据而在无法实现数据收集之外的价值。
- 将业务价值限制在关键字搜索，因为数据可能不容易将其自身用于分析或人工智能。
- 难以正确保护数据湖，因为在加载数据之前未充分掌握不同利益攸关方、保管人和用户的安全配置文件。

清理和协调来自其贡献源的数据，对于了解企业数据仓库和数据湖之间的差异至关重要。传统企业数据仓库的主要目的是向业务用户提供可靠、一致和可访问的数据，以支持决策，特别是合法操作、性能跟踪和问题确定。数据湖的主要目的是扩展可以收集和提供给组织的数据类型。此外，数据湖还旨在提供更高程度的灵活性，以减少在系统设计和开发生命周期上花费的时间。

企业数据仓库的详细数据来自操作（主要是事务性的）系统。数据，特别在数据集市中，通常被细分，并且根据用户访问数据的时间进行汇总（聚合）。在第 5 章对数据区域的讨论，将进一步阐述数据湖中的一些数据特征，并说明数据湖与企业数据仓库的一些差异。

4.4.3 差异属性

与企业数据仓库不同，数据湖通常由多个关键属性定义。这些关键属性中的第一个属性是收集任何内容的能力。请注意，收集任何内容的能力和依据这种能力行动的能力是有区别的。应当谨慎地考虑将哪些数据放入数据湖中。再次引用第 5 章中关于数据区域的讨论，可以在数据湖中划分特定区域，以便更好地管理具有探索性的数据。

数据湖同时保留入站的原始数据和随后处理的任何数据。其次，数据湖还具有“无处不在”的特点。由于访问路径不是预定义的，因此用户可以根据自己的术语自由地优化、浏览和丰富数据，这意味着数据湖可以在没有太多实现预先考虑或规划的情况下拼凑起来。虽然数据湖有助于减轻与企业数据仓库相关的一些缺点，但缺乏信息架构无助于提高数据湖的成功率。

另一个关键属性是灵活访问。灵活访问可以适应跨共享架构的多种数据访问模式，这些模式可以延伸到混合云或多云方式，包括批处理、交互式处理、在线处理、认知搜索、内存数据访问等。

数据湖的最终关键属性是，许多元素都可以通过开源技术获得，而不仅仅依赖于专有软件的可用性。

原始数据

日期是一个非常简单的东西。月、日、年，完成！但是，一个日期的显示可能没有那么简单。考虑以下几种情况：

dd-mmm-yy	例如：31-Jan-25
dd-mmm-yyyy	例如：31-Jan-2025
mm/dd/yy	例如：01/31/25
mm/dd/yyyy	例如：01/31/2025
dd.mm.yy	例如：31.01.25
dd.mm.yyyy	例如：31.01.2025
yyddd	例如：25031
yyyyddd	例如：2025031
yy/mm/dd	例如：25/01/31
yyyy/mm/dd	例如：2025/01/31
qQyy	例如：1Q25
qQyyyy	例如：1Q2025
mmm yy	例如：Jan 25
mmm yyyy	例如：Jan 2025
ww WK yy	例如：05 WK 25
ww WK yyyy	例如：05 WK 2025
name of day	例如：Friday
name of month	例如：January

等等

如果所有的数据类型和数据源都仅以原始形式保存，随着不同的个人和团队开始争夺数据并应用自己的离散需求和解释，那么不一致就更有可能渗透到整个企业中。数据虚拟化应该被视为原始数据的一种替代形式。

4.5 数据湖的要素

数据湖诞生于大数据运动，其理念是需要一个共享数据储存库。由于大数据与数据湖之间的密切关系，许多组织的首选技术是 Hadoop。如前所述，为遵循 Hadoop 框架而构建的储存库可能位于 HDFS 或云对象存储的顶部。在混合或多云环境中，可能需要多个数据湖，尽管单个数据湖可以跨越多个拓扑。我们将在第 5 章中更详细地介绍数据拓扑。在跨越多个云部署时，可以对数据湖进行分区，以针对支持的用户和应用程序优化分析和人工智能功能。

Hadoop 数据湖通常旨在以原始形式保存数据，并在整个数据生命周期中捕获对数据和上下文语义的更改。这种方法对于需要深入了解数据不断变化的特征和分析需求的合规和内部审计活动特别有用。

与传统的企业数据仓库相比，在数据经过转换、聚合和更新后，由于列或行的来源丢失，将数据的纵向透视拼凑在一起可能会面临许多挑战。

编排和作业调度功能也是数据湖的重要元素。在 Hadoop 框架中，这些功能通常通过使用 YARN 来提供，这是 Yet Another Resource Negotiator（另一个资源协调者）的首字母缩写。YARN 是一个通用而灵活的框架，用于管理 Hadoop 集群中的计算资源。

YARN 通过使用一个中央平台提供一致性操作、安全和数据治理的工具来进行资源管理。这些工具在 Hadoop 集群中使用，并确保分析工作流有权访问数据和其所需的计算资源。图 4-3 显示了 YARN 的架构。

该架构显示特定应用程序客户端向 YARN 的资源管理器提交处理作业，该资源处理器与应用程序管理员（Application Masters）和节点管理器（Node Managers）一起进行调度、运行和监控作业。

YARN 容器通常在节点中设置，并计划仅在有可用的系统资源时才执行作业。Hadoop 支持创建机会型容器，这些容器可以在节点管理器上排队等待资源变得可用。机会型容器概念旨在优化集群资源的使用，并最终提高整体处理吞吐量。

由于组织可以保留原始形式的数据，因此客户的轻松访问是与数据湖关联的前提之一。这与前面企业数据仓库描述的规范化数据模型方法相反。数据湖寻求提供一组用于使用、处理和执行数据的应用程序或工作流。无论数据是结构化的、半结构化的还是非结构化的，数据通常都以原始形式加载和存储。

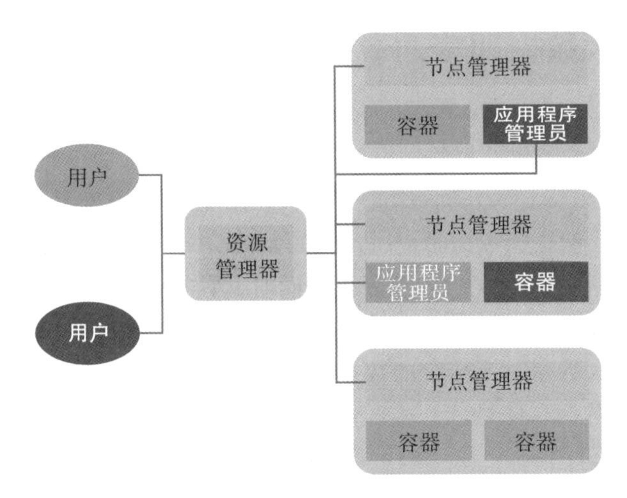

图 4-3 YARN 的架构

通过利用原始数据，数据湖为数据所有者提供了随时整合客户、供应商和运营数据的机会，从而消除了阻碍共享数据的许多障碍。然而，在实践中，原始数据对各种数据所有者来说同样是一种抑制因素。原始数据的内在性质可能会阻碍任何简单的整合，并可能限制数据共享机会的数量，尤其是在使用自助服务模型时。

提供一种方便整合数据的手段与阻碍简单整合的原始数据之间的悖论是，输入数据湖的原始数据可能会受到许多系统中出现的传统数据质量问题的影响。方便整合的承诺要求数据湖的原始输入数据质量水平相当准确且一致。许多组织的数据总是拥有一系列重大数据质量问题的业务数据。如果这些问题被转移到数据湖中，它们将持续存在，且并不总是容易克服。

企业数据仓库试图主动克服的挑战经常在数据湖环境中被动地解决。被动地解决数据质量问题意味着人工智能模型可能被错误地用大数据进行训练，而其他分析过程可能导致误导性的洞见。

大数据质量

通常数据湖中的数据质量可以看作是二元的：干净的或脏的。在处理大数据时，财务成本、耗时以及对系统性能的影响等因素，都可能会影响组织对数据是进行评估和清理，还是仅仅将其保留在脏的状态的决策。

可以考虑第三个选项：足够好。我们已经讨论过为什么不是所有的数据都是平等的，以及为了提高数据的质量应当对数据进行补救，而不是所有的数据都需要清理。你可以选择要清理的数据，以及从清理的角度来看，哪些数据要忽略。筛选要清理的内容可以使数据处于足够好的状态，即使它并不完美。

4.6 新常态：大数据即普通数据

自从 20 世纪 60 年代中期 IBM 推出 System/360 以来，计算机时代开始为大规模商业服务，用于分析和洞见目的的供应报告一直至关重要。

数据仓库起始于 20 世纪 80 年代末期，并很快被采纳为用于生成（看似）复杂分析和报告的实际环境类型。但在大数据时代，传统的复杂分析已经让位于规范分析、机器学习、认知分析和人工智能等更高层次的复杂分析。同时，数据体量更大，数据种类也更多，传统的企业数据仓库环境不堪重负，有时甚至无法适应。

最初，人们认为大数据对于传统的数据处理方式来说体量太大或过于复杂。正如前面所指出的，大数据通常拥有体量大、多样性、高速性和准确性的特征。随着时间推移，这些特征被视为新的常态。

面对这种新常态，组织面临着不断改变和调整传统企业数据仓库数据模型以及操作严格的现场数据集成映射的需要，所有这些都被证明是非常烦琐的。向数据湖的转变是一个直接的结果，它承认了为终端用户提供一个不同的分析范式的必要性，并且这个范式已经更好地处理了大数据。

企业数据仓库模型的另一个缺点是组织只依靠信息技术部门对数据进行操作或扩充。这种依赖性源于僵化的设计、系统的复杂性和错误的认知，这些人为错误可以从环境中消除。从表面上看，数据湖是解决这些类型的挑战的一个简单答案，因为它们不依赖于与单一数据模型相关的任何刚性。

4.6.1 从单一数据模型的刚性中解放出来

由于数据可以是非结构化的，也可以是结构化的，因此数据湖可以用来保留从博客帖子到产品讨论，再到订单接收和订单履行的任何内容。由于数据湖不是由规范化数据模型驱动的，因此不必以统一的方式存储数据。

例如，一个数据源可能将性别描述为“男性”和“女性”，另一个数据源可能使用编码技术，如“m”和“f”，第三个系统可能选择区分生物学和社会性别偏好，并将信息作为两个独立概念保存。一个同时使用生物学和社会性别的系统可以选择代表出生时的生物性别和代表社会中个人形象的性别。这也包括一个系统承认性别中立的能力。

在传统企业数据仓库中，使用三种或三种以上不同的数据源技术，如流式处理、批量处理，微批处理、信息队列等，可被视为是有问题的。然而，在数据湖中，你可以将所有类型的数据放入单个储存库，而不必担心定义不同的数据集之间集成点的架构。

这种方法提供了一种能力，即并非每个用户都必须遵守使用无助于使其工作更轻松、更高效的数据。在第 7 章关于数据区域的讨论中，我们将介绍如何开发这些区域以提供经过策管的数据。经过策管的数据让通过有意义和有用的方式使用数据变得更加容易。

4.6.2 流数据

一旦像股票市场、航天机构和一级方程式（F1）赛车手这样的少数组织具备了这种能力，利用流数据就已经不再是一种罕见的用例了。

流数据可以引入数据湖，以涵盖从视频和音频源、社交媒体内容、日志数据、新闻源、监视、机器操作（如正在执行飞行任务的飞机上的引擎）以及商业交易等各种各样的近实时或趋势数据需求。

正如第 2 章中引用的 Alvin Toffler 的表述，组织必须以“越来越快的速度”做出决策。流数据可以更快地做出决策，因为它可以在数据处于瞬态且仍在传输时对许多流执行分析。在数据仍处于传输状态时就能够评估数据，减少了等待数据写入数据库的需求。适合手头任务的技术可以减少与决策相关的延迟。

4.6.3 适合任务的工具

虽然传统的企业数据仓库可以满足某些业务用户对一般类型的商业智能活动的需求，例如聚合与排名，但是使用诸如 Spark、MapReduce、Pig 和 Hive 等工具为企业数据仓库准备分析所需数据的耗时，比执行实际分析要花费的时间长得多。

在数据湖中，数据通常可以通过这些工具进行更高效地处理，而无须进行过多的准备工作。由于数据湖不强制执行刚性元数据架构，因此集成数据可能涉及的步骤更少。Schema-On-Read 方法允许用户在查询执行时将自定义架构构建到查询中，以便于访问。

4.6.4 易访问性

通过使用专为大数据设计的基础架构，可以管理越来越大的数据体量，用于包括认知分析和人工智能在内的各种分析形式。与单个企业范围数据模型的潜在整体视图不同，数据湖可以容纳任何延迟的数据建模活动。数据建模可以被延迟，直到终端用户实际打算使用数据之时。

这一延迟可能被视为通过实时数据探索实践的视角，为增强业务洞见创造了机会。随着数据体量和数据种类的增加，以及元数据丰富性的增加，人们认为这种类型的优势在不断增长。

4.6.5 降低成本

由于与开源代码分发相关的经济性，以及使用基础架构即服务（Infrastructure-as-a-Service，IaaS）和平台即服务（Platform-as-a-Service，PaaS）计算模型，基于 Hadoop 集群构建的数据湖可以比使用商业关系数据库的可比较本地解决方案的成本更低。

然而，由于相对容易囤积数据的倾向，未进行管理的数据湖可能会变得比它所需要的成本更加昂贵。等待数据在数据湖中被发现会带来一定的组织风险和潜在回报。例如，处于诉讼的目的，数据湖中的所有数据都可以在电子发现过程中进行搜索。通常，不知道所保留的任何数据是否与法规或合规性要求相冲突，并不被认为是充分的法律辩护。

4.6.6 可扩展性

大数据通常定义为体量大、多样性和高速性之间的交集。由于架构内部的限制，传统企业数据仓库因为无法扩展到某个一定体量之外而臭名昭著。企业数据仓库中的数据处理可能需要花费很长时间，以至于组织无法充分利用其所有数据。使用 Hadoop、拍字节规模以及更多的数据湖更具成本效益，并且在构建和维护组织所需的规模级别上相对简单。

准确性和价值是另外两个与大数据运动相关的词汇。在许多方面，准确性和价值只是突出了数据湖的承诺与最终需要其他一些方法的实现之间的差距。

4.6.7 人工智能的数据管理和数据治理

如果组织出于任务关键目的使用数据和高级分析，尤其是人工智能，则数据管理和数据治理是不能松懈或临时安排的。

虽然传统的企业数据仓库最初由于形式化进程和严格控制而被采用，但是进程本身由于数据体量的增长和处理摄入率以及各种数据类型所需的速度而变得不堪重负。使用数据湖的一种下意识反应是另一种极端情况：一个方便的地方来丢弃大量数据块。

数据湖早期使用者可能表现出加载数据的倾向，而不会尝试使用形式化进程来管理数据。尽管随着组织经历了使用数据湖的试验和错误，这种情况可能仍然存在，但数据的倾倒场很少被视为最佳业务选择。

在数据未标准化、数据错误不可接受的情况下，并且当数据的准确性不仅仅被视为高度优先事项时，数据转储将不利于任何组织从数据湖中获取价值的努力。

数据湖仍然可以是一个数据湖，即使它借用了传统企业数据仓库的某些形式。数据湖旨在具有灵活性、可扩展性且具有成本效益，但它也可以采用传统企业数据仓库中的一些规程，特别是与数据管理和数据治理相关的实践。

将数据管理和数据治理规程整合到数据湖环境中，需要组织拒绝随意自由加载数据的诱惑。虽然机器学习技术有时可以帮助发现大量杂乱无章的和未经清理的数据中的结构，但这通常不是可以留给人工智能的非监督学习技术的。

即使是最复杂的推理引擎也需要从构成数据湖的海量数据开始。基于潜在的数据体量，推理引擎极有可能需要忽略某些数据。组织可能面临的风险是，数据湖的某些部分可会导致数据变得迟钝和孤立，也就是所谓的暗数据。此外，数据湖可能包含上下文或结构非常少的数据，以至于即使是最专业化的自动化工具或数据科学家也可能很难将其地形合理化。

数据中的数据质量水平可能会随着时间的推移而下降，并且随着数据湖中数据体量的积累，数据质量下降可能会加剧。当类似的语义问题以略微不同的方式提出并得到不同答案时，用户可能会开始不信任数据湖，或者要求数据湖被隐喻地“抽干”并重新开始。

与传统企业数据仓库一起使用的工具通常可以应用或适用于数据湖中。无一例外地，可以找到大数据等效工具或专门的数据连接器。随着大数据市场的成熟，提供的功能也逐渐成熟。不断发展的功能将包括允许在混合云环境或多云环境中对数据进行编目的手段，无论是通过 Schema-On-Write 方法还是通过 Schema-Less-Write（Schema-On-Read）方法进行编写。其他必要的功能还包括改进对工作进程管理的支持，并协助改善数据质量，无论数据处于何处。这些功能将进一步培养将人工智能注入更多应用程序的能力。

因素

用于训练人工智能模型的数据集可能过于庞大，以至于无法保存。因此，在模型需要重新训练时，模型的可再生性如何，这是一个难题。在管理数据和人工智能时，可以考虑几个因素，包括假设数据、训练数据、验证数据、测试数据和结果。

- **假设数据**：假设数据如何开发？假设数据如何验证？生成的假设数据是否得到保存和管理？如果没有，那么假设数据集是否可再生？
- **训练数据**：训练数据如何选择？训练数据如何验证？训练数据是否得到保存和管理？如果没有，训练数据集是否可再生？
- **验证数据**：验证数据如何选择？验证数据如何验证？验证数据是否得到保存和管理？如果没有，验证数据集是否可再生？
- **测试数据**：测试数据如何选择？测试数据如何验证？测试数据是否得到保存和管理？如果没有，测试数据集是否可再生？
- **结果**：结果是否经过验证？结果是否得到保存和管理？如果没有，结果是否可再生？

4.7　Schema-On-Read 与 Schema-On-Write

这是一个过于简单但有用的表征：企业数据仓库以 Schema-On-Write 为中心，数据湖以 Schema-On-Read 为中心。

以下是 Schema-On-Write 方法相关的一些优点：

- 数据的位置已知。
- 根据预定义的目的对结构进行优化。
- SQL 查询相当简单。
- 响应时间通常非常短暂。
- 检查数据质量是一项重要的必备功能。
- 业务规则用于帮助确保完整性。
- 答案在很大程度上被认为是准确且可靠的。

以下是 Schema-On-Write 方法相关的一些缺点：

- 对数据进行修改和结构化，以满足特定目的和预定义需求。
- 对查询的运行时间可能有一定的限制。
- 在没有存储过程或程序的帮助的情况下，编写复杂查询可能存在某些限制。
- ETL 进程和验证规则的构建可能需要很长时间。
- 某些 ETL 进程（部分由于批处理的性质）执行所需时间可能较长。
- ETL 进程可能需要很长时间才能适应以满足新需求。

以下是 Schema-On-Read 方法相关的一些优点：

- 查询功能灵活。
- 由不同类型的源生成的不同类型的数据可以全部存储在同一位置。
- 上述两点允许同时对多个数据存储区域和类型进行查询。
- 这种方法更容易支持敏捷开发方法。
- 这种方法更容易适应非结构化数据。

以下是 Schema-On-Read 方法相关的一些缺点：

- 数据可能未经过数据清理或数据合理化 / 验证过程。
- 某些必要的数据可能丢失、重复或无效。
- 因为需要花费时间进行编写和执行，SQL 查询可能会变得复杂。

自 IBM 的 IMS 数据库、IBM 关系数据库 Db2 以及其前身 R 系统等分层数据库建立以来，Schema-On-Write 一直是被大家所接受的方法。在将任何数据写入数据库之前，必须严格定义该数据的结构，并且对元数据进行存储和跟踪。包含列、行、表格和关系的架构是为了数据库要解决的特定目的而定义的。数据将填充到其所在架构中的预定义位置。在大多数情况下，在信息保留之前，先对数据进行清理、转换并使其保持适合的结构。

Schema-On-Read 是这样一个概念，程序员在持久性发生之前不会为了解数据将发生的情况而承担任何负担。许多类型、大小、形状和结构的数据都可以放入数据存储系统或数据湖中。只有在访问数据时，才需要架构结构。

从本质上讲，这两种方法代表共享频谱的两端。实际上，支持分析和人工智能的以数据为中心的环境可能会受益于这两种方法的适当结合，这两种方法都以基于组织业务目标、为组织提供价值为基础。相较于建立诸如哪一种方法更好的思维模式，针对哪一种方法保持谨慎的思维模式可能会产生更好的机会，即以数据为中心的环境可以带来业务成功。

数据湖的成功并不是单方面的。数据湖的好处经常被信息技术部门宣扬，而不是因为企业体验到已实现的结果。虽然企业数据仓库通常在“构建它，它们就会出现”的思维模式下开始，但数据湖的建立往往没有具体的目标，只是为了建立一个单一版本真相的企业版本，并最终使公司数据资产民主化。许多数据湖的缺点是，它们的设置既没有在战略上与业务保持一致，也没有进行足够的战术创新。

通常，当方法不是企业范围的，并且具体处理了特定的分析用例，数据湖就会成功。用例往往倾向于面对部门或业务线中的小型业务组。

实际上，企业数据仓库和数据湖都是基础设施。作为基础设施，两者都不能替代孤立和被剥夺权利的策略。我们将在第 5 章信息架构的上下文中探讨数据湖设计实施的注意事项。支持数据湖，尤其是旨在通过信息架构促进高级分析和人工智能的数据湖，可以重振数据管理程序，从而更仔细地研究有助于成功的分析平台的所有方面。

基本元模型

无论是 Schema-On-Read 还是 Schema-On-Write，这里存在一个简单的基础元模型，可用于理解任何架构。元模型是事物－关系－事物的模型。在元模型中，事物是感兴趣的对象的术语，例如企业、业务线、客户、名称、交易、金额、感兴趣的社区、这本书等。

关系是事物之间的联系，用于建立关联。关系通常是双向的，关系两端的每个事物，对另一个事物具有显式或隐式的认识。但关系也可以是单向的。你和美国总统可以用来说明这种单向关系：你知道总统是谁，但是总统并不知道你是谁！

关系很可能是以下两种类型之一。要么是 HASA 关系，要么是 ISA 关系。HASA 关系可以理解为“事物与另一事物具有关联”。ISA 关系可以则为“事物是特定类型的事物”。

从语言学的角度来看，HASA 关系由整体关系和部分关系组成。整体关系是由其他具有独特术语的事物组成的。例如，客户是姓名、地址和国家标识符的整体关系。继而，姓名是由名、中间名、姓氏组成的整体关系。部分关系则相反，例如邮政编码是地址的一部分。

ISA 关系通常用于分类法，由上位词和下位词组成。例如，老虎是一种哺乳动物，这里哺乳动物就是上位词，老虎则是下位词。

动词短语通常可以用来表达事物之间存在的关系的性质。例如，如果我们有两个事物（术语），业务概念和业务术语，那么我们得出如下结论：

- 业务概念由业务术语表示。
- 业务术语由业务概念定义。

无论架构是与关系模型相关联还是与 JSON 文档相关联，该关系通常都是隐式和假定的（意义不明确）。

4.8　本章小结

据报道，虽然尝试的企业数据仓库中有一半都未能成功，但就失败的数量而言，试图进行的数据湖和大数据项目已经超过了企业数据仓库。如引言中所述，高德纳的分析师过去曾预测，数据湖的失败率可能高达 60%。但是，此数字随后被认为过于保守，实际失败率接近 85%。

有趣的是，数据湖和大数据项目的失败率较高并不归因于技术，而归因于应用该技术的技术人员。

出于企业数据仓库失败的同样原因，数据湖时代和大数据时代的从业人员多采用的基本方法未能完全理解企业或组织业务的本质，这种变化是随机的，并且可能是巨大的，数据质量确实很重要，而且应用于架构设计和信息架构的技术可能会影响环境的适应性。

虽然新技术可以提供许多新的、切实的优势，但技术并不总是不受其部署方式的影响，而且很难不受其必须摄入的数据的影响。

只有组织才能控制数据输入的方式，并且如何输入、输入什么类型数据随着时间推移而变化。在某些方面，可以将组织视为脆弱的实体。它很少会在任何时间内保持不变。事实证明，针对移动目标创建设计解决方案是很困难的，但挑战并非不可克服。下一章将讨论在为组织提供高级分析和人工智能功能时，与组织波动性对抗的一些潜在方法。

第5章 Chapter 5

分析前瞻：不是所有事物都是钉子

"秩序不是自发的。"

——Benoit Mandelbrot

The Fractalist: Memoir of a Scientific Maverick

本章回顾了如何使用数据拓扑来组织和安排数据，这些数据可以超越专用分析环境（如数据湖），并涵盖组织和更广泛的企业生态系统的所有数据需求。数据拓扑包括三个主要领域：创建区域地图、定义数据流和建立数据地形。总体而言，在开发用于人工智能的信息架构时，数据拓扑是至关重要的，因为人工智能的固有用途现在超越了组织的生命力。

5.1 组织的需求

数据可以从任何位置进入数据湖。这包括联机事务处理（Online Transaction Processing，OLTP）系统、操作数据存储、数据仓库、日志或其他机器数据，或者云服务等。从一个或多个上述源系统输入数据湖的数据可能包含不同类型基于数据的技术以及数据格式。变体还可以超越口语（音频文件）和书面语言（电子文档），包括用于存储数据的页面集编码的变体，例如Unicode和扩展二进制编码十进制交换码（Extended Binary Coded Decimal Interchange Code，EBCDIC）。

无论采用何种格式，数据都需要通过某种方式进入数据湖中。但是，最好不要将数据湖作为满足企业分析需求的单一大锅。与大多数需要灵活性和适应变化能力的复杂解决方案一样，我们应该以某种方式对数据进行分区或分离。数据分区可以适应组织运作所需的不同程度的专业化。这些分区称为区域。

区域实例化了使用信息的意图、优先级和目的。适当分区的数据湖允许访问处于存在、转换和一致性等各种状态的数据。区域旨在提供敏捷性和灵活性，作为实现额外数据安全性的一种手段，并培养民主化策管数据资产的能力。区域的概念与传统企业数据仓库的构建方式没有什么不同，因为两者都是分区形式的。如图 4-2 所示，传统企业数据仓库的简化数据架构包括用于暂存数据、管理规范化数据以及在数据集市中组织数据的区域。这些区域中的每一个当然都是区域式的。

虽然在数据上赋予有形的价值是困难的，但数据可以与价值链相关联。随着业务进程在各种工作流中移动，组织积累了额外的数据，数据的积累可以反映价值。可能的情况是，组织获得的信息越多，组织就越能够通过使用积累的数据产生更多的洞见和理解。此外，由于数据可以与价值链上的其他数字资产相关联或整合，因此相关性也可能引起价值增加。关于这一点，你将在第 7 章中了解更多相关内容。

如果只有一个数据库来容纳企业的所有数据，那么管理和更新就会变得过于复杂。这将对安全性造成过度的挑战，用户可能会遭受极端的性能和延迟问题。但是，如果仅拥有一个数据库不是管理企业数据的最终答案，那么实际上需要多少个数据库？ 4 个、40 个、400 个、4000 个，还是 4 万亿个？会有一个代表最佳实践的数字吗？

答案不在于数据库的数量，而在于为特定目的或特定兴趣群体的数据聚类。这种聚类在数据湖中显示为一系列区域。我们将首先讨论一系列不同的区域类型，然后深入研究数据拓扑的本质。接着我们将解释区域是如何映射的，数据是如何从一个区域流向另一个区域的，并说明多云部署的各个组件是如何根据这些区域组合在一起的。

一个对分析感兴趣的群体应该是一群在所使用的数据、所需洞见的数据类型或所提问题类型上有共同点的一群人。这些人在使用数据和执行分析的一个或多个方面之间存在固有的重叠或关联。

虽然区域的数量和每个区域的用途可能因各组织的分析实施而不同，但如图 5-1 所示，有六个基本数据区域可被视为数据拓扑中考虑的起动区域集。短语“起动区域集”（Starter Set）的使用旨在与参考架构的使用区别开来。起动区域集不是参考架构，部分原因是它没有专门构建端点。起动区域集包括如下区域：

- ❑ 暂存区域
- ❑ 原始区域
- ❑ 发现与探索区域
- ❑ 对齐区域
- ❑ 协调区域
- ❑ 策管区域

参考架构提供了信息技术产品与服务的推荐结构和集成。通常创建一个参考架构来说明预先确定的适当做法，或者以一种建议最优交付方法的方式引导开发新功能。参考架构可以帮助管理人员、软件开发人员、分析人员和架构师就工作实施进行有效的协作和沟通。参考架构可以用作解决关注点、优势和问题的聚合点，使得团队能够避免错误和延迟。

虽然每个数据区域都是为特定目的而建立的，但区域设计器可以选择将某些起动区域并到单个区域中，或者确定某些起动区域对特定用例或需求是不必要的。设计器也可以包括自己选择的区域变体。

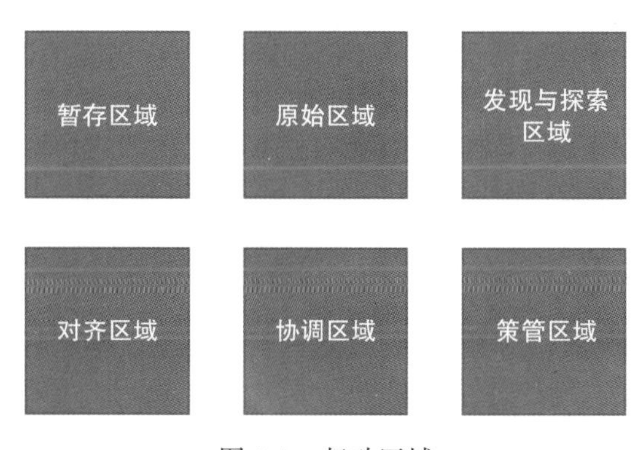

图5-1 起动区域

5.1.1 暂存区域

数据湖中数据的第一个接触点可能是暂存区域。该区域中的数据暂时得以保存，并在数据移动到其他区域或在分配的时间结束后删除。

例如，分配的时间段可能是滚动时间表，其中来自暂存数据区域的数据在24小时后被物理移除或删除。每个组织可以为分配的时间段设置时间表，并且组织可以为不同的数据类型或分类设置不同的分配时间。

暂存区域可以充当信息把关人，授权数据进入另一个区域，或者，如果数据被认为是未经授权或不适当的，则保留数据。能够防止数据移动到其他区域是提高整体分析环境完整性的一种方法，这是人工智能的重要功能之一。暂存数据区域对数据价值进行判断的能力是数据起源的第一部分。

数据起源是所有权的记录。通常来说，“起源”一词与艺术品或者古董一起使用。起源是一种有助于指导工作的真实性和质量的证据。起源也被用于反欺诈的手段。

对于数据起源来说，作品不是艺术品，而是信息。数据经常从一个位置移动到另一个位置，例如从操作系统移动到数据仓库，或者从操作系统移动到数据拓扑中的一系列区域。数据起源有助于帮助进行数据验证，并可以证明数据没有受到不利影响，即数据并没有被有意或无意地修改。

借助于数据起源，暂存区域可用于核实数据来源的真实性，并提供后续标记，以便在数据从原始来源通过一系列多个数据区域移动时建立源链。因此基本数据质量检查可以执行。除了对源进行核验之外，还可以应用数据质量检查来确定数据是否足够完整，以使该数据不被视为不完整或损坏的，并且该数据不是先前已发送的同一数据的副本。

如果数据的结构（或非结构）是已知和可理解的，则出于安全性、敏感性或隐私性的目的，某些信息可能会被编辑或者模糊处理。个人姓名、国家标识符、电话号码、驾照号码、护照号码、信用卡号码和居住地址都是可能需要额外处理以满足隐私需要的候选特征。

一般来说，从数据源获取数据时，无论有效负载中有多少数据以及最终有多少数据将被使用或编辑，保留每个有效负载都是好主意。过早地对数据进行子集化可能需要数据湖中的进程返回到原始源系统，以请求或撤回额外的数据。一旦执行了数据质量检查，就可以将数据加载到原始区域中。

5.1.2 原始区域

顾名思义，数据湖的原始区域以其传输形式保存数据。数据被认为是原始的，因为信息没有受到任何修正、重新配置或加强。在大多数情况下，原始数据可能意味着数据不适合通用分析或报告使用。

原始区域中的数据类似于数码相机使用的原始图像格式。数码相机的原始图像文件包含来自板载图像传感器的最小处理数据。原始文件是原始的，因为它们尚未经过处理，因此未处于准备打印或编辑的就绪状态。在创建诸如 JPG 或 JPEG 的标准格式图像之前，使用转换器进行颜色调整和其他更改。如果你因为叠加错误的表情符号或裁剪了不该裁剪的部分而弄乱了 JPG 格式文件，那么能够退回到原始文件重新开始可能是一种优势。

来自原始区域的数据可以为诸如熟练的数据科学家之类的高级用户提供价值，以应用机器学习或人工智能进行探索和确定假设。原始区域中存在的数据可能比任何其他区域中存在的数据都要多得多。在某种程度上，这意味着来自原始区域的数据可能包含未正式推入其他区域的来源的属性和列，甚至整个数据集。

例如，如果原始数据包含来自操作系统的审核信息，如插入或更新一行的程序的名称，则该信息可能并不总是传递到后续区域。从一个区域传递到另一个区域的其他信息示例可以包括状态处理代码、代理键等。

应当将用于数据移动的数据沿袭确定为一种有纪律的规范做法。数据沿袭是正式跟踪跨数据区域的信息移动的过程，从数据进入第一个数据区域开始，直到数据传递到其他区域。数据沿袭从头到尾提供了常规的移动信息，直至数据的使用。建立数据沿袭并使用数据定义和其他管理技术来扩展沿袭可以允许用户搜索，并更好地理解数据拓扑中的数据。

数据沿袭和数据起源是追踪数据的互补手段。数据起源指的是明确注释的输入、实体、系统和进程，这些都会影响感兴趣的数据，提供数据的历史记录、数据的来源以及数据流水线化的确切方法。数据沿袭提供了可见性，可以在分析中将错误追溯到根本原因。

原始区域允许迅速消化新的数据源，并跟踪数据进入其他区域的沿袭情况。例如，原始区域可以成为数据科学家获取以前没有拓展过的数据的首选区域。

5.1.3 发现与探索区域

发现与探索区域是数据科学家在“沙盒”环境中对数据进行分析和实验的场所。例如，处理数据的数据科学家试图发现欺诈性或不适当的活动，可能能够发现链接，如果对数据进行任何程度的精炼，这些链接都可能被掩盖。

虽然数据科学家通常被授予一些其他数据区域的访问权限，例如原始区域、协调区域和策管区域，但如果数据科学家需要更多的信息来增加发现与探索数据区域掌握的数据，则其可能会从对齐区域提取更多的数据，因为对齐区域的数据将在数据来源的系统上下文中得到修复。

根据正在使用的工具，发现与探索区域更适合数据科学家通过使用自助服务工具运行，而不是必须遵循向信息技术部门提出数据处理服务等正式请求来运行。应允许数据科学家将自己的数据导入发现与探索区域，如果数据被用于一次性目的，则可绕过其他预处理区域。

一个好的实践是积极主动地让任何数据科学家参与数据治理和操作过程，使他们能够了解某些数据集的属性和局限性。通过元数据编目功能帮助数据科学家了解数据的性质，可以帮助处理不是100%准确或完整的数据集。此外，元数据目录可以帮助数据科学家删除任何不再需要或不再有用的数据。

如果数据科学家希望使用可能具有较高数据质量的数据，可以选择使用协调区域。协调区域可能包含在一般数据共享的民主化背景下已经得以修正的内容。或者，数据科学家可以使用对齐区域，如前所述，在数据来源的系统上下文中进行数据修正。

5.1.4 对齐区域

对齐区域包含为来自原始区域的数据提供第一阶段转换的结构。对齐区域包含来自类型化表结构的数据。对于从结构化数据源获取的数据，其好处是从类型化列而不是通用字符串中获得数据。

对于来自非结构化数据源的数据，可能需要执行某些处理来提取结构化类型的数据。例如，如果一个视频文件被引入对齐区域，则可以启动转录音轨的进程，来填充提供有关视频文件信息的表格中的转录列。转录中的数据也可以推送到图形数据库中，以帮助处理相关、上下文和关联主题。另外，关于各种场景的信息也可以被加载到对齐区域的类型化表中。

正确设计的摄入进程将在数据流经暂存区域和原始区域后自动填充对齐区域。如果没有进程将新源快速添加到原始区域，然后立即为对齐区域处理它们，那么对齐区域的许多优势可能会丧失。

对齐的数据来自某个源的数据，该数据已与该源的预期值保持一致。因此，如果为了数据质量、标准化或一致性而需要执行任务转换，如图 5-2 ~ 5-8 所示，源定义将被用作指导的基础。

图 5-2 至图 5-8 是相互关联的，但是每个数据源都反映了在这种情况下由不同的全球办事处管理的数据。在对齐区域中，将根据每个地理位置不同的办事处设置的使用指南，对每个单独文件进行修复或更正。

每个文件使用不同的注释来指定每个单独的记录为活动状态或非活动状态。办事处将使用活动记录满足当前业务需求，并且不再使用非活动记录。非活动数据作为办事处历史记录的一部分进行保存。

在图 5-2 中，标记为“活动状态”的列的域值为 Y 和 N。Y 表示记录处于活动状态，而 N 表示记录处于非活动状态。如果一个值包含不是大写的 Y 或 N 的值，则该值将被修改为有效域值之一。因此，将小写的 y 或者单词 yes 修改为大写的 Y，这使得数据与数据源保持一致。

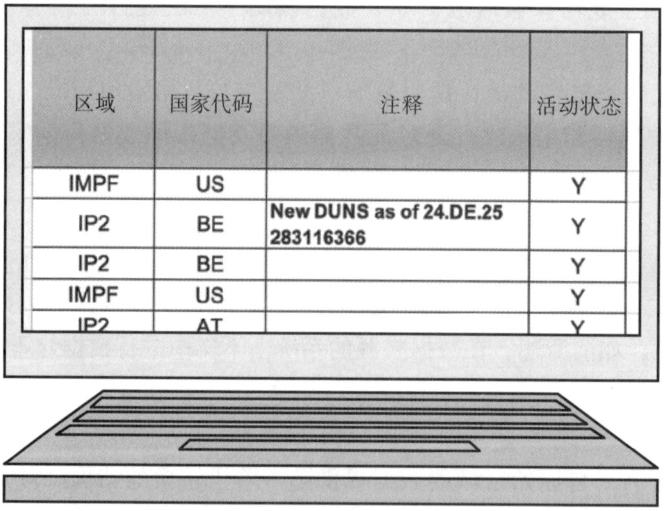

区域	国家代码	注释	活动状态
IMPF	US		Y
IP2	BE	New DUNS as of 24.DE.25 283116366	Y
IP2	BE		Y
IMPF	US		Y
IP2	AT		Y

图 5-2　活动状态的一致性

在图 5-3 中，标记为“非活动状态”的列的域值同样为 Y 和 N。但是，含义与图 5-2 中的域值含义相反。例如，在“非活动状态”列中，Y 表示记录处于非活动状态，N 表示记录仍处于活动状态。

尽管图 5-2 中使用的域值与图 5-3 中使用的域值相同，但对齐区域的含义和解释没有修改：它们只是与源保持了一致。因此，如果存在其他值，将这些值进行评估并更改为大写 Y 或 N。

LBE 代码	LBE 描述	国家	非活动状态
91	General Motors Corporation	US	N
91	General Motors Corporation	US	N
37	Genasys L.C.	US	N
91	General Motors Corporation	US	N
44	GM of Canada Ltd.	CA	N
44	GM of Canada Ltd.	CA	N
4	Delphi Canada Incorporated	CA	Y
44	GM of Canada Ltd.	CA	N

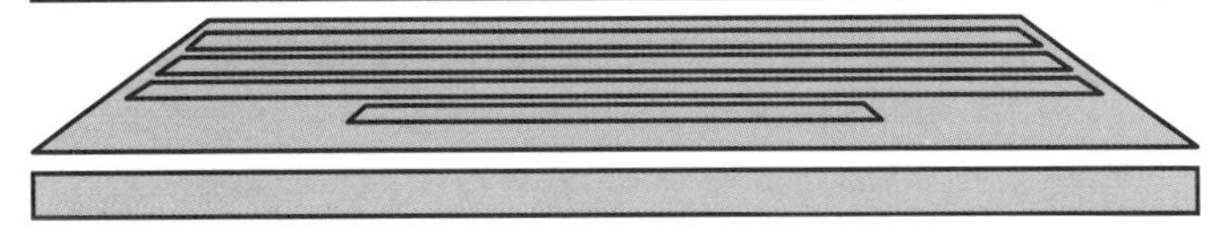

图 5-3　非活动状态的一致性

在图 5-4 中，标记为“CISCO_INACTIVE_IND”的列的域值为 Y 和 N。在这里，含义与图 5-3 中的相同，但列名称不同。同样，在对齐区域中，值将与大写 Y 或大写 N 保持一致，并且列名称也将留在源系统中。

SEC_SUPLR_NAME	CISCO_INACTIVE_IND
	N
	N
	N
	N
	N
CHEVROLET MOTORSPORTS TECH GROUP	N
	N
	N
	N
	N

图 5-4　CISCO_INACTIVE_IND 的一致性

在图 5-5 中，标记为“状态”的列具有不同的有效域值。在源文件中，域值 A 表示活动状态，域值 I 表示非活动状态。同样，语义与前面图 5-2、图 5-3 和图 5-4 中的示例相同。任何修正都将使值与大写 A 和大写 I 保持一致。

在图 5-6 中，没有使用列来表示活动状态和非活动状态。在此处使用单独的工作表：活动数据的工作表标记为“STEERING”，非活动数据的工作表标记为“STEERING OLD”。因此，活动记录和非活动记录具有一致的表示形式，因为它们作为两个单独的文件进入数据区域。此类文件类型将用于表示记录的活动或非活动状态，而不具有显式域值。

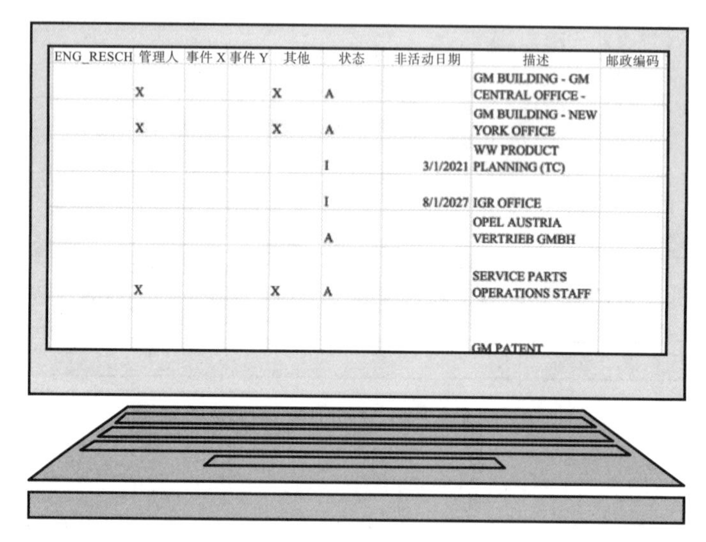

ENG_RESCH	管理人	事件 X	事件 Y	其他	状态	非活动日期	描述	邮政编码
	X			X	A		GM BUILDING - GM CENTRAL OFFICE -	
	X			X	A		GM BUILDING - NEW YORK OFFICE	
					I	3/1/2021	WW PRODUCT PLANNING (TC)	
					I	8/1/2027	IGR OFFICE	
					A		OPEL AUSTRIA VERTRIEB GMBH	
	X			X	A		SERVICE PARTS OPERATIONS STAFF	
							GM PATENT	

图 5-5　状态的一致性

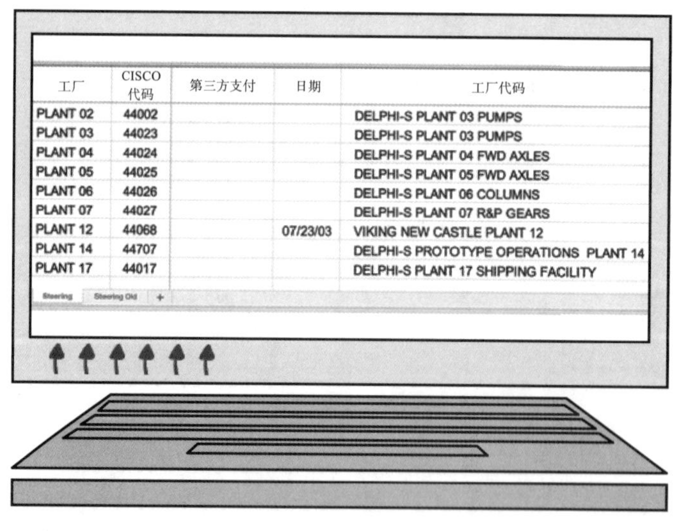

工厂	CISCO 代码	第三方支付	日期	工厂代码
PLANT 02	44002			DELPHI-S PLANT 03 PUMPS
PLANT 03	44023			DELPHI-S PLANT 03 PUMPS
PLANT 04	44024			DELPHI-S PLANT 04 FWD AXLES
PLANT 05	44025			DELPHI-S PLANT 05 FWD AXLES
PLANT 06	44026			DELPHI-S PLANT 06 COLUMNS
PLANT 07	44027			DELPHI-S PLANT 07 R&P GEARS
PLANT 12	44068		07/23/03	VIKING NEW CASTLE PLANT 12
PLANT 14	44707			DELPHI-S PROTOTYPE OPERATIONS PLANT 14
PLANT 17	44017			DELPHI-S PLANT 17 SHIPPING FACILITY

图 5-6　工作表的一致性

在图 5-7 中，标记为“名称”的列具有特殊标记，以表示对活动记录或非活动记录的语义解释。如果要将该记录视为非活动记录，则该地理办事处的用户选择在名称前加星号作为前缀。因此，没有星号意味着处于活动状态。

由于星号没有大小写的区别，因此任何星号都已经与源系统标记保持一致。但是，如果发现其他特殊字符作为“名称”的第一个字符，则需要在适当的转换情况下建立规则。如果是这样的话，转换将使用星号来强制保持一致性。

供应商	CISCO 代码	国家	名称
100438	4722531	SE	*GM SAAB AUTOMOBILE AB
130906	4722604RU	ES	ADAM OPEL AG EST PERM EN ESPANA 2
133470	6936908	US	GENERAL MOTORS CORPORATION
142141	5028388	PL	GENERAL MOTORS ESPAÑA SL
207449	4722515S1	SE	*SAAB AUTOMOBILE AB
219329	4722688	FR	POWERTRAIN GM FRANCE SA
219436	4720775	JP	ISUZU MOTORS LTD
222075	4726690	BR	GM DO BRASIL LTDA
222083	4726640	BR	GM DO BRASIL LTDA
222091	4726682	BR	GM DO BRASIL LTDA

图 5-7　隐含意义的一致性

在图 5-8 中，标记为“设施接收工厂描述”的列使用了另一种技术来表示活动记录和非活动记录。这个特定地理位置的办事处选择在接收工厂描述中使用一个删除线来表示一个非活动的记录。与图 5-7 一样，没有删除线用于识别或暗示处于活动状态的记录。

工厂代码	MGO Plant	设施接收工厂描述	SBO
51309		GMPTG-Lansing Delta Engine Plt	N
51310		GMPTG-Lansing Engine Remanufacturing	N
51400		GMPTG-Flint V6 Engine Pl6	N
51436	YES	GMPT-Flint V6 Engine Plt Fact 36	N
51483		GMPTG-Engine Plt Fact 83	N
60110		~~Delphi-P - Etupes~~	A
60301		~~Delphi-P - Sao Caetano~~	A
60302		~~Delphi-P Jaquariuna~~	A
60303		~~Delphi - P - Casoli~~	A

图 5-8　元数据的一致性

删除技术的实施可能具有挑战性。如果事先不知道正在使用此方法，则在将删除线发送到数据区域时，删除线可能被忽略。在这里，删除线是作为格式化元数据保存在原始文件中的，在提取和传输文件时很可能被排除在外。

尝试管理隐式值可能比尝试管理显式值更加困难。当一个值是显式的时候，至少有一个清晰和直接传达业务事实的意图。当一个值是隐式的时候，则存在超越不确定性的情况。隐式值无法知道什么是已知的，什么是可知的。此外，在为列选择名称时，正向的单词或短语通常比反向的单词或短语更容易理解，例如，活动（正向）与非活动（反向）。

在人工智能中，特征工程在尝试补偿隐式信息时非常重要。特征工程可以帮助数据科学家明确本来应该隐式的内容，进一步协助机器学习或深度学习算法进行整体特征选择。

例如，正如本节前面的视频文件示例所述，可以通过元数据、注释以及其他标记或提取机制（如转录音频）来增强对齐数据。对齐区域是可以进行实际分析的第一个目的地。

对齐区域侧重于使数据与源一致，而协调区域侧重于使数据与目标一致。

5.1.5 协调区域

协调区域包含的数据通常组织在一个数据模型中，该数据模型结合了来自各种来源的类似数据，并模拟了传统数据仓库对规范模型的使用。协调区域可用作现有数据仓库的提要，甚至可以包括旧数据仓库的功能和用途。

协调区域中的数据可能会使用派生数据或聚合进行扩充，或与其他来源的数据相互关联。派生数据是可以从其他数据点进行内插或外推、推断或其他方式计算的数据。

可以在协调区域中检查引用完整性、数据质量或缺失数据。下游系统的提要也可以在这里创建。

如图 5-2 ~ 5-8 所示，对齐区域将数据转换为与数据源一致的数据，而协调区域则将数据进行转换，以便通过运用分析过程轻松确定相关性和其他关联性。在图 5-2 ~ 5-8 所示的示例中，将选择一种通用表示形式，例如单词“活动状态”，其域值 Y 表示“是”，而“非活动状态”的域值 N 表示该记录不再使用。

图 5-2 使用了名为“活动状态”的列，其域值为 Y 和 N，并且该列和域值将在整个协调过程中保持不变。

图 5-3 使用了名为“非活动状态”的列，其域值为 Y 和 N。该列将被重命名，域值 Y 将变为 N，域值 N 将变为 Y。

图 5-4 使用了名为“CISCO_INACTIVE_IND”的列，其域值为 Y 和 N。类似地，该列将被重命名，域值 Y 将被修改为 N，同样，域值 N 将被修改为 Y。

图 5-5 使用了一个名为“状态”的列，域值为 A 和 I。该列将被重命名，域值 A 将变为 Y，域值 I 将变为 N。

图 5-6 使用单独的工作表进行隐含的推论。名为“活动状态”的列将被添加到名为 STEERING 的工作表或数据湖中的文件里，每个记录将被赋予域值 Y。名为 STEERING OLD 的工作表也将添加一个名为“活动状态”的列，所有记录将被分配一个域值 N。由于

协调区域中的两个工作表都具有显式列，因此信息可以相互关联。

图 5-7 使用了无前缀的隐式引用，并通过以星号作为前缀来使用显式引用。同样，在这里，将添加一个名为“活动状态”的列，并当名为“名称”的列没有以星号开头时，将 Y 分配给“活动状态”列，而当星号出现在第一个字节中的时候，将发生两件事。首先，将域值 N 分配给“活动状态”列，其次将星号作为前缀剥离并删除。

图 5-8 使用了缺少格式化元数据的隐式引用，并使用删除线作为格式化元数据的显式引用。处理删除线的技术将遵循先前的技术来添加列并删除使用删除线的元数据。

协调区域的最终结果是，现在所有的数据都是互补的、明确的，并且具有一致的含义。在对齐区域和协调区域之间使用两步过程有助于简化数据质量的整体转换过程，并为数据科学家提供用于填充发现与探索区域的区域选择。

尽管最终的实施可能选择仅仅通过一系列转换将对齐区域和协调区域合并为一个区域，但设计人员应意识到某些转换是不可逆的。例如，在丹麦语中，英文单词“ yes”是两个独立的单词“je”和“jo”。当用肯定的方式回答用否定的方式提出的问题时使用 jo。将 je 和 jo 都转换为 yes 将会损失原始值的精妙之处。

数据协调之后，现在就可以更轻松地处理数据，从而可以将信息作为策管数据文件发送至各个利益相关者。

5.1.6 策管区域

尽管对齐区域和协调区域包含通过原始区域从各种来源获取的数据，但策管区域可能仅限于已通过其他方式预判或确定的具有特定价值和实用性的数据。

策管是产生精心制作的子集的能力。通过类比，策管可以被认为是一个播放列表，其中包含根据主题、偏好、心情、目的或者愿望等手动挑选的歌曲。播放列表并没有包含每首歌，它只是某些歌曲。与播放列表一样，策管区域中的数据也不是不可变的。随着时间的推移，可以使用新的数据类型来优化策管区域，并且可以删除旧的或不需要的数据。

数据拓扑的策管区域为业务用户提供了一个轻松的访问点，使用户可以访问他们需要的数据，而无须过滤不必要的噪声。

在可以将协调区域看作类似于传统数据仓库的规范化区域的同时，可以将策管区域看作类似于数据集市。策管区域中的数据是有组织的，以便业务用户可以轻松地获取他们需要的数据。

由于许多组织地形非常复杂，既包括本地计算，也包括云计算，因此策管区域可能并不是单一的，因为可能需要多个策管区域来满足不同业务线的需求，或者满足支持不同区域或地理位置产生的需求。

正如前面提到的，这六个区域是作为一个起动区域集而不是一个参考架构提出的。在某种程度上，这是因为区域本身不能总是充分地解决你经常面临的一些分析和人工智能的复杂问题。数据拓扑的建立使得数据区域概念向参考架构和更智能的数据科学又迈进了一步。

数据丰富，信息贫乏

DRIP 是数据丰富、信息贫乏（Data Rich, Information Poor）的首字母缩写，是一个组织未能保持其信息充分有序的症状。增加更多的数据源或者使用更多的分析工具武装用户，都不会消除对推动洞见和利用人工智能的长期需求。信息混乱是一种症状，而不是根本原因。根本原因可能嵌入在组织的行为之中——组织的基本文化。

5.2 数据拓扑

数据拓扑是一种对真实数据场景进行分类和管理的方法，这些场景涵盖了业务的任何方面：运营、会计、法务和合规、报告、高级分析、人工智能等。数据拓扑可以补充分析环境，是分析成功的基础。

数据拓扑通过构建区域地图来表示，该区域地图对于需要不断解决竞争优先级和技术变化的企业而言是全面且有意义的。数据拓扑可以提供前进的路径，以帮助管理针对任何用途的或任何企业类型的任何分析类型。

企业和组织的概念并不一定是同义的，可以从定位的角度来对两者进行区分。一个组织甚至在考虑顾客和客户时也可以向内看待自己，而企业往往可以采取向外看的方法，意识到该组织所参与的更广泛的生态系统。

将企业视为一个生态系统时，将以另一种视角来理解数据的位置和目的，从而在组织创建和使用的数据与企业创建和使用的数据之间进行区分。

在一个组织内部，所有数据通常被认为可以通过某种类型的数据治理程序进行治理，而在企业或生态系统的主持下，并非所有数据都可以被自动假定为由面向组织和建立的数据治理程序进行治理。

图 5-9 表示组织经常为其分析环境绘制的简略图例。数据治理显示为水平栏，以说明整个架构都将受到主动治理。但这并不是一个完全准确的表示。尽管组织可以选择在其分析平台中包含或排除数据，但组织可能并不总是能够实际主张对第三方数据的治理。

例如，如果第三方数据包括来自提供社交媒体资源的公司的聚合数据，那么不能因特定推文或帖子对组织的名称的拼写错误，而误以为治理计划的数据质量为“不良”。你必须能够处理这种情况，而不必回过头来对作者说：“别说了！”这是主动数据治理与被动数据治理概念的示例，如第 3 章中图 3-5 所示。在这里，必须对数据治理进行反应性处理，以便处理数据异常。

设计恰当的数据拓扑应该随着时间的推移而具有可持续性，能够适应未来的需求、新技术，并适应包括数据体量、多样性、高速性、准确性和对数据价值的感知等与数据相关的持续变化。

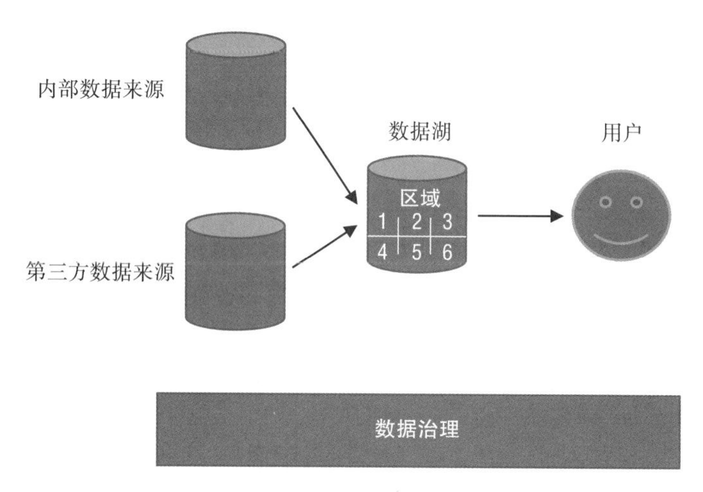

图 5-9　曲解数据质量的本质

如图 5-10 所示，数据拓扑的核心元素包括以下内容：

- 区域地图
- 数据流
- 数据地形

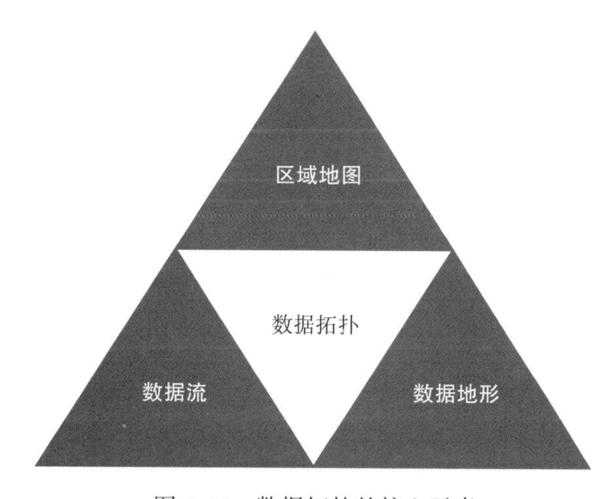

图 5-10　数据拓扑的核心元素

区域地图详细说明了环境中的区域。区域地图可以包括组织的数据资产的所有方面，因此当人工智能被注入应用程序时，所有相关的数据都可以被考虑到信息架构中，而不仅局限于一个特定的功能领域或一个特定的业务线之中。

这些区域按照从根级别到非叶级别再到叶级别的分类标准进行组织。分类标准中的根级别包含可用于处理的所有数据。非叶级别表示可供使用的数据逻辑集群，叶级别有助于简化部署的安全性、访问和数据库选项。

数据流由三种类型的信息流组成。这些是飞行前、飞行中和飞行后的信息流。每个飞行点都是一个执行分析和人工智能的机会，可以触发适当的信号或提供不同程度的洞见。飞行前阶段包括在流正式开始之前执行的分析或处理。当数据仍然是瞬态的时候，飞行中阶段涉及在流中调用的分析过程。飞行后阶段包括在流结束后执行分析。

飞行路径的洞察程度是前瞻性、洞见和事后认识。飞行前是具有远见的，并且符合前瞻性。飞行中则关注当下，与洞见相符。飞行后是事后回顾，并与事后认识相吻合。

数据地形遵循云、雾、霭的分布计算模型（在本章稍后的“数据地形”部分将进行更详细的讨论）。数据地形中的元素必须包括硬件、软件、存储和网络连接。在云 – 雾 – 霭分层分布式计算模型中，云提供了最具弹性和丰富选项的环境，而霭提供了最缺乏弹性和最少选项的环境。雾处于云和霭之间。

5.2.1 区域地图

区域地图标识并命名每个区域。所有的数据区域本质上都是抽象的和概念性的，因为数据区域本身不是部署对象。但是，数据区域本身代表了用于分组或聚类的一些东西。最终，组或集群与数据的实例化或部署相关联。无论该数据是瞬态的还是持久性的，实例化始终是叶节点数据区域的一部分。

图 5-11 显示了区域地图中使用的基元区域，并使用两个单独的图示样式显示：分类和箱中箱。只有叶区域与数据的实际实例相关联。非基元区域包括一个虚拟区域，该虚拟区域可以将多个区域聚合在一起并反映用于数据虚拟化或数据联合的组。

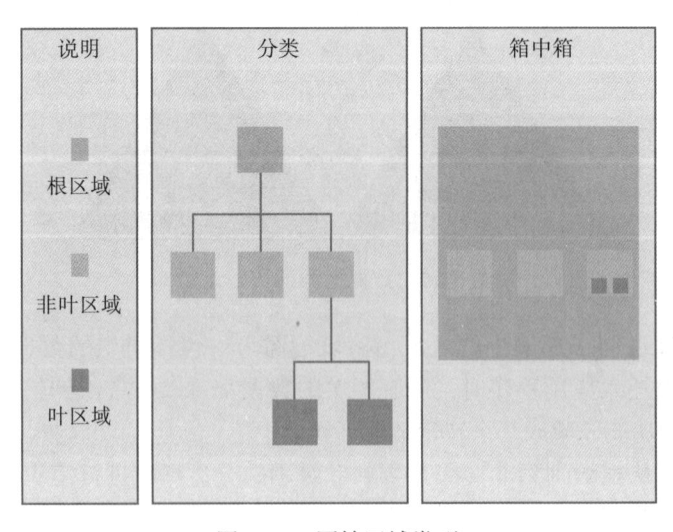

图 5-11 原始区域类型

对于一个给定的上下文，根区域代表了一个话语域，它代表了形成可知内容的整个数据体。在为人工智能构建模型时，了解语料库的界限对于确定建立有用模型时所需的所有特征非常重要。

5.2.2　数据管道

数据流有助于说明跨不同区域的数据管道的集成或互操作点。当循环数据流跨区域时，这是需要调查的标志。如果数据区域没有得到良好的管理（设计和治理），循环数据流可能会损害数据的完整性。在这里，数据起源和数据沿袭的概念可以帮助确保作为信息流的所有数据资产的完整性。

循环数据流的一个例子是，A 区域的数据流动到 B 区域，而数据又从 B 区域流动到 C 区域。当数据随后从 C 区域流动到 A 区域时，就形成了一个闭环。

原始数据流在飞行前、飞行中和飞行后被适当时间点发出的信号所取代。飞行前分析处理发生在源上，源可以使用内存中的技术或持久数据库中的技术。飞行前处理也可以用来过滤飞行中传输的数据，比如选择在不同的时间段发送一个中位数读数，来替代可能出现在数据源中的每个单独读数。

飞行中的分析发生在数据在起点和终点之间瞬态变化的时候，尤其是对于实时人工智能需求，它提供了及时采取行动的明显优势。飞行后分析发生在目标上，也可以利用任何类型的可行技术。对于每种类型的飞行，都可以进行分析，可以触发和发送信号，并且可以进行后续处理。

5.2.3　数据地形

数据地形反映了云 – 雾 – 霭分布式计算模型，其中数据可以高度分散于整个组织，当然也可以跨越整个企业。任何云、雾、霭节点都有一个共同点，即每个节点都具有计算能力（包括硬件和软件）、存储能力和网络连接。

混合部署数据地形包括以下内容：

- 云，例如公共云提供商。
- 雾，例如本地私有云。
- 霭，例如智能设备。

数据地形允许创建自适应的、灵活的、不依赖于集中计算部署的复杂解决方案。云 – 雾 – 霭分布式架构可以将分析和人工智能置于一个能够最大限度地减少延迟和数据移动的位置，从而将分析带到数据中。

云 – 雾 – 霭的范式遵循气象学的类比。在现实生活中，远离地面、高悬于空中的冷凝水可能使云变得膨胀而沉重。另一方面，雾的膨胀程度要小得多，比云轻得多。霭是非常局部的，是位于地面附近的一层薄薄的浮动水滴。

云计算遵循这种计量类比，云拥有巨大的计算能力，并且远离一般业务活动。雾计算发生在云下，在一个基础设施可以被控制得更严格的层面中。另一方面，霭计算发生在地面上，轻量级计算能力（如智能设备）在网络边缘运行，甚至可以在断开连接模式下临时运行，从而提供一定程度的韧性。霭还可能包括内置在智能设备中的传感器和驱动器。

数据地形、数据流和区域地图的设计的一个关键方面是韧性的概念。韧性架构由关键组件组成，这些组件在云、雾、霭中的断开连接模式下提供有意义的功能级别。

由于数据拓扑中的每个层或节点也都具有存储功能，因此独特的数据管理机会浮出了水面。在云、雾、霭的范例中，可以通过类似的气象类比实现和合理化不同的数据能力。如图 5-12 所示，如果云可以承载一个数据湖，雾可以承载一个数据池，那么霭可以承载一个数据水坑。每个数据位置将维护与地形中的图层相关的数据，并对其进行策管，以支持相关用户的需求。

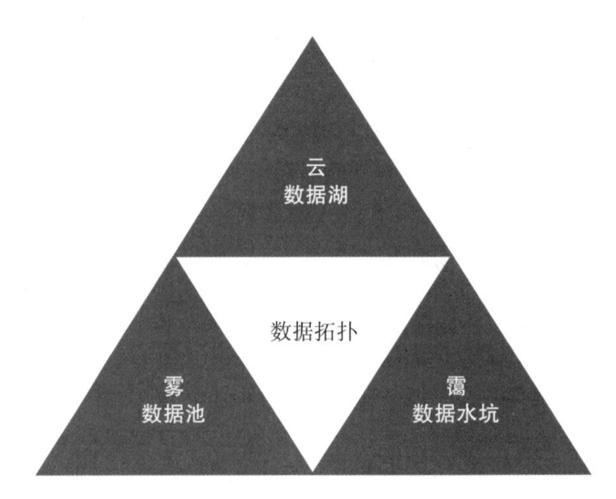

图 5-12 数据湖、数据池和数据水坑

数据水坑的特点是主要使用内存和闪存存储介质。这些数据往往是原始传感器数据，而分析和人工智能在本质上往往是原始的，比如由于对故障的预测性担忧而先发制人地关闭机器。霭受到数据可靠性的限制，无法做出某些复杂的判断。

数据池的特点是能够处理原始传感器数据、结构化数据和有限的非结构化数据。与数据水坑相比，数据池的分析能力更加广泛。改进的存储功能可容纳合理数量的历史数据。

相比之下，数据湖的特点是能够处理任何数据类型，并为混合和广泛的终端用户需求和其他接口设备提供有意义的、上下文相关的数据。分析功能扩展到所有形式的商业智能和人工智能，包括描述性、预测性、诊断性、规范性、感知性和认知性形式的分析。

通过灵活的数据地形和数据管理方法，必须建立规程来帮助扩展、添加、移动和删除数据区域。

被误导的原则

消除数据的多个副本并减少数据的移动通常是架构性的原则，它们只是对持续问题的下意识反应。数据拓扑当然可以通过几个数据存储（甚至单个数据存储）来实现，但是拓扑本身是一种放心且无忧的管理数据的办法。

数据拓扑可以帮助组织跨云、雾和霭计算节点管理一个或多个数据复制副本，这是管理数据的积极方面，有助于获取机会和取得成果。即使没有复制副本，也可以使用数据拓扑来协助控制复杂的数据分布。数据拓扑足以解决以下问题：组织需要使用分散的计算节点来运营信息技术工作负载，并且每个工作负载都具有专门的功能。

5.3　扩展、添加、移动和删除区域

不同的组织有不同的需求和优先事项，组织发现需求会随着时间的推移而变化。数据拓扑为建立信息架构提供了基础，因为数据拓扑可以识别与业务对齐的复杂数据分布，还可以解决必要的数据流以及安全性等问题。

区域地图是数据存储的一个聚类，数据拓扑部分是数据区域的聚类。聚类的目的是支持分析和人工智能的数据管理和治理更加容易实现。正如在本章开头部分所提及的，聚类（或分区）的目的是通过专业化提高敏捷性和灵活性。

例如，如果组织不需要暂存区域的严格性，那么应该从实施计划中删除该区域。如果你的组织拥有过多的视频，那么创建一个只是为了保存视频的区域可能是实用的。关于哪些区域是合适的以及哪些区域是不合适的决策，取决于数据用户的需求。

数据拓扑的区域地图部分还有助于对组织类型创建概念性描述，以满足组织的各种分析需求，从数据科学家到业务用户，再到可以共享所生成的洞见的扩展生态系统。

区域地图基于分类法构建，根据分类法，可以在不破坏整个区域地图的情况下对区域进行扩展。为根级别论域设置适当的范围很重要，因为它为包含在其中的区域提供了上下文。但是，如有必要，可以修改和扩展根级别的定义，以便构建成功的部署。

叶级别始终是数据库或文件的实例化。架构师可以建立这样一种情况：两个或多个叶级别区域包含完全相同的数据，但决定让相似数据的每个区域都使用不同的底层技术。例如，一个区域可以组织图形数据库（如 GraphDB）中的数据，另一个区域可以组织文档存储（如 MongoDB）中的数据。虽然一个区域可以包含多种技术，但是限制一个区域仅使用一种技术可以更轻松地进行数据管理。

但是，如果两个具有独立技术的叶节点紧密耦合，则可以使用非叶区域来图形化地对两个区域进行集群。聚类是非叶区域的一个重要功能，并且有助于传达意图和目的。

数据区域应始终被视为临时区域，因为可以添加新区域、删除旧区域、扩大现有区域范围，或者将一个区域移动到区域地图的独立部分。时间方面是启用区域的基础属性。

叶区域

在叶级别，如果可以将区域的管理局限于单个位置的单个技术，则可以简化该区域的管理。此外，如果区域是为支持二进制访问控制的安全策略或模型设计的，则可以简化区域的安全访问：无论你是否具有访问权限。技术、位置和安全是指导如何在区域地图中定义一个叶的三个独立方面。

5.4 启用区域

任何区域的底层都是使整个数据拓扑成为可行的实现环境所需的一组功能。这些必需的功能包括管理和监视环境、管理元数据、管理数据质量、为用户提供数据目录以及确保地形数据环境的安全。

此外，叶区域应以简化的方式定义，使叶区域仅限于单一技术和单一地形层。叶区域还应该支持简化的手段来实现安全模型，以确保数据隐私和安全。

启用该区域的初始方面是能够将数据引入该区域。

5.4.1 摄入

建立受管理的摄入进程允许对数据进行控制。这种控制有助于建立所需的治理、沿袭和起源，以便更深入了解数据的来源、数据到达的时间以及数据存储在数据拓扑中的位置。

使用受管理的摄入功能的一个主要好处是，组织可以在潜在引入问题出现之前对其进行故障排除和诊断。数据摄入工具应该允许提前定义、跟踪和额外记录数据移动；启用的进程应该是可重复和可扩展的，并且超越在混合或多云地形环境中导航的能力。

在区域地图中包含非结构化数据是实现数据拓扑所能提供的许多好处的方法之一。视频、图像、音频文件、博客文章、日志数据和合同都提供了从收集数据中获取额外业务价值的机会。与传统数据仓库的模式对 Schema-On-Write 进程相关的一些限制，意味着环境中包含的非结构化文件很少，而完全分析则更少。

虽然受管理的摄入机制是一个基本的先决条件，但要通过存储可用于分析的非结构化数据来存储负责制造（创建）的任何系统中的数据，则可能需要进行一些转换才能建立音频持久性、图像编码和缩略图创建等标准。

传统数据仓库的另一个行为副作用是倾向于推迟任何添加新数据项（字段）或新数据源的尝试。即使有一种固有的信念，即数据可以提供有价值的业务洞见，与数据仓库添加新数据相关的时间和成本也常常使得组织不堪重负。

对于数据湖，就不存在从新来源摄入数据的固有风险。任何格式的数据都可以可快速引入到数据湖中，并存储在 Hadoop 分布式文件系统（HDFS）或云对象存储中，直到数据准备好供分析使用。这种类型的范式消除了一些与可疑用途的数据相关的担忧。由于在数据湖中添加数据的成本和风险降低了，因此普遍存在对有用性的期望，而不是对无用性的期望。

在采用敏捷方法的组织的其他行为领域中，可以看到与数据的有用性相对于数据的无用性有关的心态，因为人们可能会认为工作本身是在创造价值，而价值并不是工作的结果。

在许多敏捷组织中，关于是否应该追求一个新的计划的讨论，是以“是”开始的，然后对话接着就是提出计划中的漏洞。更加规避风险的方法是从“否”开始，然后进行对话，以证明计划的价值（转向“是”）。敏捷方法说：“让我们继续并引入数据，看看它是否具有实用性。”更传统的规避风险的方法说：“现在让我们暂缓一下，看看人们要求这种类型数据的次数。”了解组织对风险有多大的容忍度，可以帮助你提出建议和确定工作范围。

通过受管理的摄入，应对数据进行适当的编目和存储，这是通过捕获元数据实现的。在传统的分析环境中并不能总是找到这样的能力。使用受管理的摄入，环境应该提供保护敏感信息的方法。当数据被摄入并移动到原始区域时，数据可以根据其对不同用户的可访问性来进行标记。

例如，零售商可能希望客户姓名和联系方式数据可供销售和客户服务方面的业务分析人员使用，但是要将更敏感的个人身份信息（Personally Identifiable Information，PII）数据限制为财务部门的业务分析人员使用。这样，当用户执行分析请求时，基于数据安全性和治理产生的规定，他们的访问权限可以限制其可见性。

摄入数据到数据湖的技术工具可能包括以下内容：

- BigIntegrate：BigIntegrate是IBM的一个产品，它提供了可大规模扩展、无共享、内存数据集成的引擎，该引擎可以在Hadoop集群中本机运行，从而分析环境带来的强大的企业功能。
- Streams：Streams是IBM的高级流处理平台，可关联海量连续数据流。Streams为应用程序提供了一个集成开发环境，一个可以在单个或分布式主机上执行应用程序的运行时系统，以及加速数据摄入开发的分析工具包。
- Flume：Flume是一种分布式服务，用于将日志流式传输到Hadoop。Flume可以收集、聚合并移动大量流数据到HDFS。YARN可用于协调从Flume和其他提供数据的服务中摄入数据。
- Kafka：Kafka是一个可扩展的、持久的、容错的发布–订阅消息系统。由于Kafla的吞吐量、可靠性和复制性，因此经常使用Kafla代替如Java消息服务（JMS）和高级消息队列协议（AMQP）等的消息代理。
- Storm：Storm是一个实时处理流数据的系统。Storm增加了可靠的实时数据处理功能。Storm可以与YARN一起用于需要实时分析、机器学习和持续监控运营的场景。
- Sqoop：Sqoop是一种用于在Hadoop和结构化数据存储（如关系数据库）之间传输批量数据的工具。Sqoop可以将数据从外部结构化数据存储导入HDFS或Hive和HBase等相关系统。

- ❑ **NiFi**：NiFi 是一个集成的数据物流平台。NiFi 基于 NiagaraFiles（NiFi 名称的来源），该工具可以自动地在不同系统之间移动数据。NiFi 可以提供实时控制，使任何来源和任何目标之间的数据移动更易于管理。
- ❑ **Airflow**：Airflow 是编排复杂计算工作流和数据处理管道的工具。Airflow 工作流设计为定向非循环图（Directed Acyclic Graph，DAG），这意味着工作流应被设计为独立任务来执行。
- ❑ **NFS 网关**：NFS 网关允许将 HDFS 作为本地文件系统的一部分挂载，从而实现以下功能：
  - ❍ 通过与客户端兼容的操作系统上的本地文件系统浏览 HDFS 文件系统。
  - ❍ 将文件从 HDFS 文件系统下载到本地文件系统。
  - ❍ 文件从本地文件系统直接上传到 HDFS 文件系统。
  - ❍ 通过挂载点直接将数据流式传输到 HDFS。

这些技术工具通过支持各种类型的数据传输协议来移动数据，这些协议可能因工具而异。除了收集、集成和处理数据之外，数据摄入工具通常可以通过允许在工具内修改，或者格式化数据，或者允许从工具中调用其他修复进程来协助进行分析和存储。

选择哪种工具更适合，可以部分根据摄入需求进行选择，如下所示：

- ❑ 基于已承诺的工作单元，连续实时输入或近实时输入。
- ❑ 是否能保证达到目标。
- ❑ 异步或同步交付。
- ❑ 在源和目标之间进行微批量或批量输入就足够了。

数据拓扑很可能必须能够支持多种摄入技术。为此，还必须将摄入机制视为数据治理计划的一部分。

5.4.2 数据治理

正如本章前面部分所提及，与数据拓扑（以及数据拓扑中的数据湖）相关的数据流的一个重要部分，是最初将数据放置到一个过渡区域：暂存区域。数据只有从暂存区域移动到原始区域，然后才能再移动到一个或多个其他数据区域。

使用暂存区域，可以在可能污染核心数据湖之前，丢弃来自内部或外部数据源的数据。尽管丢弃数据是统一数据治理的一个方面，但受管理的摄入进程有助于针对用于通用分析和人工智能的数据实施所有适用的治理规则。

丢弃数据的能力是维护整个数据拓扑完整性的能力。被丢弃的数据可能被推送到其独立数据区域，由任何指定的数据管理员进行评估。管理被丢弃数据以供审查的区域充当伪隔离区域（Demilitarized Zone，DMZ），因为数据未正式被包含（或排除）在分析使用的数据区域中。

统一的数据治理规则可以包括以下任何或全部内容：

- **加密**：如果数据需要加密保护，则应在数据进入数据区域前对数据进行加密。
- **数据起源和数据沿袭**：作为数据沿袭和数据起源，应对数据如何通过区域地图（数据流）传输进行计划和维护。此外，保持对于与源数据创建相关的动态的洞见，也是管理数据整体健康和可信赖性的重要方面。例如，组织可能希望创建规则以防止数据源在无法验证其数据出处的情况下进入特定的数据区域。
- **元数据捕获**：受管理的摄入进程允许设置治理规则，该规则可以在数据进入原始区域之前捕获数据上所有的元数据。
- **数据清理**：设置数据质量标准，以便在摄入数据时，对数据进行应用或评估，这有助于确保只有处于合理状态的数据才能过渡到数据湖中，以供终端用户访问。

第 7 章将讨论数据治理的其他方面。

5.4.3　数据存储和保留

数据拓扑中的数据湖部分不是另一个数据仓库，而是提供以前所缺乏功能的以及经济高效的数据存储的机制。毕竟，对于数据仓库 Schema-On-Write 模型，数据存储效率相对较低，即使该数据仓库的数据存储在云中。

在数据仓库中，由于数据库页面布局与稀疏的表格相关的问题，可能会浪费大量的磁盘空间。例如，假设有一个包含两个不同数据源的电子表格。一个数据源使用具有 200 个字段的电子表格，另一个数据源使用 500 个字段的电子表格。为了合并两个数据源，需要将 300 个新列添加到具有 200 个字段的原始电子表格中。该原始电子表格的行将不包含 300 个新列的任何数据。该表的最终结果是，它包含许多空单元格。

使用某些技术，可以将浪费降至最低限度，而且即使在相对较小的传统数据库中，也可以用更少的空间存储大量数据。这是因为许多技术都基于能够将数据记录为授权属性（Attribute/Value Pair），例如遵循 JavaScript 对象符号（JSON）数据格式的技术，这意味着只需要写入具有实际值的属性。

在考虑将数据存储用于数据拓扑时，不应该忽略的一个方面是合并基于策略的数据保留，即使你的组织将保留目标设定为永远！例如，某些组织可以将数据拓扑的某些部分用作主动归档，而无须利用磁带管理系统就可以进行查询。

根据法律，某些组织有义务在最短时间内保留某些类型的记录。例如，在美国境内的医学领域，州法律和联邦法律要求医院必须强制保留记录，而不是由每个医师练习管理自己的保留能力。

医疗保险参与条件（Medicare Conditions of Participation，COP）要求医院将记录保留五年，但关键性的医院应当保留六年，而职业安全和健康管理总署（Occupational Safety and Health Administration，OSHA）则要求雇主为接触有毒物质和有害物质的员工保留三十年的医疗记录。美国《健康保险可携性和责任法案》（Health Insurance Portability and Accountability Act，HIPAA）的隐私条例要求，记录自创建之日起保留六年。

科罗拉多州立医学检查委员会第40-07号政策建议，自成年人最后一次治疗之日起，以及自未成年人达到成年年龄（18岁）之日起，医疗记录至少保留七年。加利福尼亚州医学协会建议保存期至少为十年，但希望所有的医疗记录都能无限期保存下去。

组织在保留期到期后决定删除数据的一个原因是，消除由于可能的诉讼而产生的任何风险或赔偿责任。或者，组织可以选择对超过正式保留要求的数据进行充分的编辑或模糊处理。

但是，如果存储空间成为组织的问题，就必须设置一个适当的流程，以便确定哪些数据可以删除，以及如果数据需要进一步存档，这些数据要存档在什么位置。通过这种方式，数据可以成为分层存档系统中的活动组件。存档功能将利用与启动区域集中指定的数据区域不同的数据区域，例如明确用于存档目的的数据区域。在数据拓扑中，存档数据区域也可以保存在不同的地形或地形层中。

例如，数据可以从一个云节点移动到另一个云节点，或者从一个雾节点移动到云节点。

数据存储技术可能包括：

- ❑ **Db2 Big SQL**：Big SQL是Hadoop的SQL引擎，它使用单个数据库连接同时利用Hive、HBase和Spark。Db2 Big SQL充当混合引擎的作用。
- ❑ **Db2 Warehouse**：Db2 Warehouse是IBM提供的关系数据库，使组织可以通过利用数据库内分析和大规模并行处理来获得洞见。
- ❑ **Cloudant**：Cloudant是IBM的NoSQL JSON文档存储，用于优化处理并发读取和写入的繁重工作负载。
- ❑ **HDFS**：HDFS是基于Java的文件系统，提供可扩展且可靠的数据存储。HDFS旨在跨越大型商用服务器集群。
- ❑ **Hive**：Hive是一个用于查询和分析存储在Hadoop中的大型数据集的数据仓库系统。
- ❑ **HBase**：HBase是一个以Java语言编写的非相关分布式数据库。HBase以Google的BigTable为原型。HBase在HDFS之上运行，并提供类似BigTable的功能。
- ❑ **MongoDB**：MongoDB是一个分布式数据库，将数据存储到类似JSON的文档中，这意味着字段可能因文档而异，并且数据结构可以随着时间的推移而改变。文档模型映射到应用程序中的对象。临时查询（Ad hoc queries）、索引编制和实时聚合用于数据的访问和分析。MongoDB旨在通过支持水平扩展和地理数据分布来实现高可用性。
- ❑ **PostgreSQL**：PostgreSQL是一个企业级关系数据库，支持SQL查询和JSON查询，这意味着它同时支持关系和非关系查询访问。PostgreSQL为高度稳定的数据库管理系统提供了高度的韧性、完整性和准确性。PostgreSQL可以用作多种类型的网络、移动、地理空间和分析应用程序的主要数据存储。

- ElasticSearch：ElasticSearch 是建立在 Lucene 之上的 RESTful 搜索引擎。ElasticSearch 基于 Java，可以搜索和索引不同格式的文档文件。

随着组织所持有的数据体量的增长，存储必须是可扩展的、可靠的且具有成本效益的。数据可以分布在整个数据地形上，以提高韧性，最大限度地减少延迟，并允许数据驻留在数据处理的位置附近。

5.4.4　数据处理

虽然数据可以在原始状态下提供，但当数据转换并统一标准化时，大多数业务用户仍然能够得到最佳服务。与传统的数据仓库相反，数据湖中的任何转换或标准化都可以主动地推迟。在许多情况下，转换可以在读取时发生。此时，业务用户可以使用各种工具来标准化或转换数据。

不同的业务用户可以根据其独特需求执行不同的标准化和转换。与传统的数据仓库不同，数据湖的用户并不局限于与 Schema-On-Write 方法相关的企业模型的一组标准化和转换。

例如，销售部门的业务用户可以把 NYC 转换为 New York City，法律部门的业务用户可以把 NYC 转换为 the City of New York，旅游部门的业务用户可以把 NYC 转换为 JFK。

进程可以在利用流的批处理或近乎实时的用例中发生。批处理用例可以利用 Pig、Hive、Spark 以及 MapReduce 等技术，而流处理用例可以利用 Spark-Streaming、Kafka、Flume、Storm 或者 Streams 技术。通过设置工作流，可重复的数据处理成为可能。

用于将数据处理到数据湖中的技术可能包括以下这些：

- Streams：Streams 是 IBM 提供的一个高级流处理平台，用于关联海量连续数据流。Streams 提供了应用程序所需的编程语言和集成开发环境，可以在单个或分布式主机集上执行应用程序的运行系统，以及可以加快开发速度以摄入数据的分析工具包。
- MapReduce：MapReduce 是一个编程模型及其相关的实施，用于在集群上使用并行的分布式算法来处理和生成大型数据集。
- Hive：Hive 提供了一种机制，用于将架构投影到大型数据集上，并使用类似 SQL 的 HiveQL 语言查询数据。
- Spark：Spark 是专门为大规模数据处理和分析而开发的引擎。
- Storm：Storm 是一个实时处理流数据的系统。Storm 为数据湖增加了可靠的实时数据处理能力。Storm 可以与 YARN 一起用于需要实时分析、机器学习和持续监控运营的场景。
- Drill：Drill 是一个支持大规模数据集交互分析的数据密集型分布式应用程序的框架。

暗数据是永远不会被访问的数据。缺乏访问的原因可能是因为数据未能适当编目，并且由于无法轻易发现数据进行处理而被隐藏。暗数据也可以指由于数据已不再为组织提供价值或效用而被忽略的数据。

但是，无论数据拓扑中实际存储的数据量如何，数据都必须适合并面向提供使用和访问的价值和实用性。

5.4.5 数据访问

访问数据有多种方式：查询、基于工具的提取，或者需要通过 API 提取。某些应用程序需要为执行分析或其他下游转换而获取数据源。应用程序对数据的访问，是通过 API、消息队列和数据库访问提供的。

可视化数据是处理数据的重要途径。可视化数据可以像使用基于文本的值一样简单，也可以涉及更复杂的内容，可以使用图表和其他形式的图形来帮助理解和使用。业务用户也可以使用仪表板。仪表板是可视化类型的一种，用于提供相关 KPI 的概览视图。

仪表板可以显示静态或动态数据。对于静态数据来说，数据值是创建仪表板时存在的数据值。对于动态数据来说，数据在仪表板上不断实时更新。例如，仪表板可以显示过去、现在和未来的时间范围内的详细信息。

例如，在制造过程中，仪表板数据可能与生产力相关，如每小时生产的零件数量或未通过质量检查的次数。同样，人力资源部门使用的仪表板可能显示与员工招聘、留用和组成相关的数字。

数据访问的技术可能包括：

- Cognos Analytics：IBM 的 Cognos Analytics 是一个自助服务分析平台，继承了最初为沃森分析开发的包括人工智能和机器学习在内的认知计算技术。该平台采用认知技术进行自动化数据准备，并且系统可以随着时间的推移了解数据。Cognos Analytics 能够生成有关数据连接和可视化的建议，并且旨在作为一个一体化平台来提供从创建仪表板到报告和探索的各种分析功能。
- Brunel：Brunel 是一种高级语言，利用可组合的操作来描述可视化效果。Brunel 驱动用于执行实际渲染和交互的 D3 可视化引擎。
- R：R 是用于统计计算和图形的一种高度可拓展的语言和环境。R 提供了丰富的图形技术和统计技术，例如线性和非线性建模、经典统计检验、时间序列分析、分类和聚类。
- RESTful APIs：这是一种使用 HTTP 请求获取、输入、处理和删除数据的 API。
- API Connect：IBM 的 API Connect 是一种集成的 API 管理功能，它可以执行 API 生命周期中的所有步骤和操作，包括创建 API、运行 API、管理 API 和保护 API。
- Kafka：Kafka 是一个可拓展、持久的、容错的发布 – 订阅消息的系统。由于 Kafka 的吞吐量、可靠性和可复制性，Kafka 经常用于替代 JMS 和 AMQP 等消息代理。
- Java Database Connectivity (JDBC)：这是 Java 编程语言的 API，它定义了客户端如何访问数据库。

虽然分析环境的目标是促进出于分析和人工智能目的对数据的访问，但访问不能不受束缚。访问必须适当且有目的。因此，必须管理和监控环境以及其访问。

5.4.6 管理和监控

统一的数据治理有助于确保持续满足业务用户和数据科学家的需求。数据治理可以帮助跟踪数据沿袭和数据访问，并通过通用元数据来利用企业的数据资源。数据治理包括管理数据摄入、数据清单、数据充实、数据质量、元数据管理、数据沿袭、工作流和自助服务访问。

数据治理方法可以将自顶向下的方法与自底向上的方法相结合。自顶向下的方法采用组织的数据仓库经验中的最佳实践，并尝试从数据引入区域地图的那一刻起实施治理和管理。自底向上的方法允许用户以一定程度的流动性和灵活性探索、发现和分析数据，这些通常是通过自助服务功能表现出来的。

采用自顶向下的方法，数据治理策略由首席数据官办公室集中定义，并由数据拓扑中的所有功能强制执行。这些功能包括数据质量和数据安全实践，这些实践同样涵盖了数据和元数据；发展规程，以识别和分类用于供应数据的系统及其更新频率（可以并入运营元数据的管理中）；捕获和维护所有元数据（包括业务元数据、技术元数据和运营元数据）；注释关键数据元素；以及建立可以由授权的和接受的数据权限驱动的进程（包括弃权或分配进程）。

在自底向上的方法中，来自组织用户的集体输入有助于确定哪些数据集是具有价值的、有用的且拥有高质量数据的。这些数据集通过协作软件与其他对等参与方共享。

为了帮助通过数据治理实现管理和监控，元数据的收集和管理对于你的工作至关重要。

5.4.7 元数据

正如第 2 章所述，元数据通常被分为以下三种：业务元数据、技术元数据和运营元数据。然而，其他形式的元数据也存在，这些元数据用于提供格式化、帮助导航决策树、提供业务流程指南等。

实际上，大多数业务数据本身就是元数据，因为除了几乎只存在于虚拟世界的加密货币，绝大多数业务数据都包括物理世界中某物的描述：一个人的姓名、一个人的身高、一份采购订单、一件物品等。这些数据实际上是有关现实世界某物的数据。因此，这使得数据成为另一种形式的元数据。

将数据视为元数据，可提供开发一组实践和程序的机会，以管理任何类型的数据的质量和完整性，而不论其分类如何。

实用的数据治理策略要求你拥有正确的元数据。借助准确且具有描述性的元数据，可以设置政策和标准来管理和使用数据。例如，可以制定政策以强制用户从某些地方获取其数据；识别哪些用户拥有某些数据集并因此对数据负责；识别哪些用户可以访问数据；如何使用数据；以及如何保护数据。

统一的数据治理策略还必须具体说明需要如何审计数据，以确保满足合规性和监管需求。由于可以组合和转换不同的数据集，因此数据的沿袭和来源具有额外的价值。

白盒、灰盒、黑盒

组织是定制系统和预制方案的混合体。虽然组织可能对一个系统（白盒）具有完全的可见性和控制力，但其他系统将限制已知的范围（灰盒和黑盒）。无论组织最终对数据资产拥有多少控制权，区域都可以进行标识、利用和执行。

5.5 本章小结

为了启用数据区域，掌握一系列规程的能力和方法是至关重要的：

- 为重复供应和一次性供应摄入数据。
- 提供数据治理实践。
- 存储大量数据。
- 淘汰和删除不再需要或对组织承担责任的数据。
- 修复和处理数据。
- 通过一系列功能实现对数据的访问。
- 管理和监视所有访问，以确保数据的使用和访问始终适当。
- 拥有所有相关元数据。

但是，在启用数据区域之前，必须先建立多个区域的使用。更重要的是，必须创建一个数据拓扑，以生成包含和识别所有必要数据流的适当区域地图。此外，由于现代商业世界的复杂性，必须定义数据地形，因为不是所有组织的数据都可能存在于一个地方。

具有多个数据区域意味着所有数据都没有单一版本或单一源。在所有的可能性中，由于拥有众多业务线和部门的复杂组织结构，永远都不会有单一版本的真相。因为跨组织和企业边界的所有独特需求，因此没有唯一的企业真相来源。

当需要将事实与业务需求保持一致时，就会显示出对多个数据区域的需求。根据每条业务线并基于每个特定需求开发的数据拓扑作为信息架构的一部分，成为让组织从人工智能受益的一部分，而非整体。

虽然数据拓扑是用于分析和人工智能的数据管理初始计划的一部分，但在构建和维持人工智能环境时还需要考虑其他因素。其他的一些主题，例如 DevOps/MOPs、DataOps 和 AIOps，将在下一章中进行讨论。

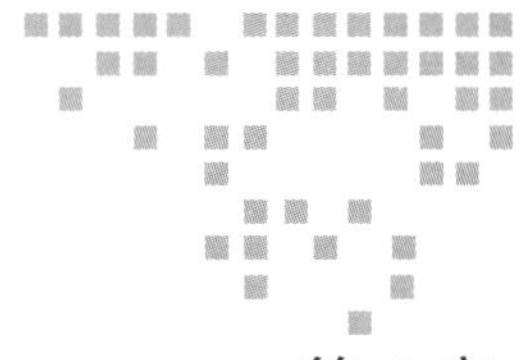

第6章 Chapter 6

人工智能阶梯的运营准则

“不仅没有银质子弹 ”

——Frederick Brooks，《人月神话：软件项目管理之道》

本章探讨组织在利用人工智能进行预测、自动化和优化的过程中可能遇到的场景。

在各种 xOps 方法的上下文中都可以看到这些场景，以此作为实现持续经营改进的手段。

xOps 是一种用于指示各种类型的操作规程的简便方法，这些操作规程有助于以敏捷和可持续的方式管理人工智能和其他形式的强大分析平台。这些操作规程如下：

- DevOps 和 MLOps——开发和机器学习运营
- DataOps——数据运营
- AIOps——信息技术运营的人工智能

DevOps 和 MLOps 将软件开发实践与信息技术运营结合起来，以帮助缩短开发和发布软件，以及机器学习 / 人工智能模型投入生产的时间。DataOps 专注于提高分析速度和准确性的进程，包括用于人工智能的数据访问、质量控制、自动化、集成和模型部署。AIOps 将 DevOps 与机器学习和人工智能相结合，有助于更快地进行根本原因分析，并缩短平均修复时间。AIOps 使用纵向运营数据来帮助识别可能表明负面情况的信号。

每个 xOp 都将采用其自有的、具有细微差别的方法。人工智能阶梯可以适应多种专门方法的使用，但集群应该是互补的，以避免优先事项和驱动因素相互冲突。脚手架和梯子都可以用来攀爬，但是如果不适当地配合使用，它们就可能造成冲突。因此，通常可以用多种方式或方法达成目标，但是采取一致的解释和方法，可以提高持续取得成功的机会。

本章中提到的挑战旨在进一步强调对基础信息架构的需要。

6.1 时光流逝

为解决业务问题而创建的绝大多数基于信息技术的解决方案，也都需要提供一定的规模经济。解决方案必须能够持续地、连续地、日复一日地执行。注入人工智能的解决方案也不例外。时光流逝显现出一个具有挑战性的困境。随着时间的推移，数据可能会衰退，产品和服务可能会发生变化，社会偏好也会随之改变。时光流逝不仅仅停留在过去的问题之中，也同样适用于未来的时间。

IBM 360 计算机之父 Frederick Brooks 在他的软件工程著作《人月神话：软件项目管理之道》(Addison-Wesley，1975 年）中写道，“银质子弹”的缺失已经过去了几十年，你不太可能找到“解决难题的快速解决方案”。一个神话的月是一个工作完成的假设时间跨度。它表示一个月（或者用敏捷术语来说，是一个冲刺）可以完成的工作量。Brooks 发现了在严格的时间间隔内测量计算机项目的输出时存在的缺陷。

虽然现代的敏捷性和精益实践被认为能够提高效率和效力，但从务实的角度来说，它们仍然可能无法最终快速解决一个难题。即使与更快的机器、更高级的语言、自助服务工具、生产力工具和 Schema-Less-Write 相结合，在《人月神话：软件项目管理之道》出版几十年后，从业者仍然发现自己明显地与相似的战斗做斗争：在复杂和分布式的技术基础设施中快速交付更有效、更有能力的应用程序，并实现更高水平的质量控制的需求。此外，还意味着数据拓扑必须补偿并解决导致组织分析环境步履蹒跚的许多方面的问题。由于可以包含的组织数据的潜在扩展性，数据拓扑可能有自己需要解决的问题，尤其是在缺乏良好信息架构规程的情况下。

当许多组织跌跌撞撞地尝试创建一个数据存储库来支持组织报告、分析和人工智能时，组织仍在寻找替代方法来帮助取得成功。支持分析的组织成功也可能会因开发分析以支持记录系统，而不是通过参与系统为分析提供支持的需求而受到阻碍。

记录系统通常是一个大型软件应用程序，以容纳一个或两个年度版本，用于增加功能或增强能力。这些应用程序往往相对可靠，通常设计来支持大量事务性工作负载。虽然从表面上看，这些系统在功能上似乎是稳定的，但组织往往有一些积压的、无法迅速进入系统的更改。

随着智能设备和移动通信的普及，以及基于网络的应用程序的发展，记录系统正得到参与系统的补充。在参与系统中，用户（并非传统的终端用户）能够随时访问系统以便与业务进行交互。专为参与交互系统设计的应用程序必须易于使用，以至于不需要基本常见问题列表以外的用户培训手册。参与系统还必须是高性能的，并且需要合并快速的变化，以满足不断变化的业务需求和不断变化的市场力量。

各组织必须准备好应对预期或过去引起关切的开发和运营问题。数据拓扑可以提供一个概念框架，用于思考如何跨复杂的多云环境（包括雾计算和霭计算）组织、存储和访问大量不同的运营数据。

生成报告或执行一些描述性分析的能力对于希望实时了解其业务或寻求主动感测并调整实时需求的组织来说已不再足够。感测不仅仅涉及传感器和执行器的使用，还促进了一门称为意义构建（Sensemaking）的学科的发展。根据组织理论家 Karl Weick 的说法，“当人们遇到难以置信的事件，以至于由于担心自己不被相信而对举报该事件犹豫不决时，意义构建将受到极端考验”（*Sensemaking in Organizations*，Sage Publications, Inc.，1995 年）。

Weick 的意义构建概念断言，组织在混乱和不断变化的环境中运行，人们通过注解和突破特定信息来发展对其环境的可信的解释。“突破”就是在已知上下文的情况下定位不熟悉的事物（“Organizing and the Progress of Sensemaking”, *Organization Science*, vol. 16, no. 4, 2005 年）。

通过增强智能的使用促进人工智能与员工之间的合作伙伴关系，可以创造出重大的机遇。增强智能包括这样一个概念，即机器和员工都被包含在决策循环中，以帮助进行有序的解释和更好的理解。如果你通过增强智能使用意义构建，在有模棱两可的元素的情况下，你更有可能有意义地处理这种情况。

对事物的理解总是受到干扰，因此必须不断进行重新评估。在实时环境中运行的关键是能够不断地解决更智能的数据科学问题，例如“发生了什么？”以及“我们能够做些什么？”

危机情况、强迫改变、适应变化和促进以客户为中心的基础，可能会令人不安。人类往往对不熟悉的情况做出不安的反应。在这些情况下，人工智能可以在决策中扮演伙伴的角色。在人工智能和员工之间的角色增强中，两者都必须接受公平操作的培训，并且都必须以透明的方式进行操作，以便可以平等地跟踪、充分理解所有决策，并吸取经验教训。

分析不再是一个孤立的后台功能。将高级分析作为一项普遍存在的功能移植到组织中需要时间进行调整。组织的员工将不得不以一种新的方式对他们的工作进行思考，然而这种新的方式可能没有一个参考点来促进调整。

信息架构的发展可能通过试验和错误构建，因为在过渡阶段，技术专家寻求对组织进行补充的方法。当然，现代组织可能仍然处于某种过渡阶段。

信息架构必须能够处理高度分散且在很大程度上碎片化的部署环境，但信息架构还必须满足每个人的工作需求。因此，人工智能支持预测和诊断以及其他形式的自动化和优化的能力是至关重要的。

随着组织学着适应数据供应链、数据价值链和数据生命周期，数据拓扑可能会遇到挑战。有关在数据拓扑中创建、执行和运行分析功能相关的挑战，请参阅图 6-1。

数据拓扑的使用寿命（数据湖可能是该拓扑的组成部分），很可能与组织在努力推动价值时克服所遇到挑战的能力有关。这包括创建和执行新的活动，以及实现由高级分析产生的业务价值。

跟踪数据拓扑中的所有数据是最难解决的挑战之一。需要采用敏捷流程是势在必行的，但审慎和掌握数据管理的所有方面也是当务之急。如果没有一种对数据拓扑进行整体管理的方法，数据可能会变得破碎和分裂，并促进使用独立的数据筒仓。

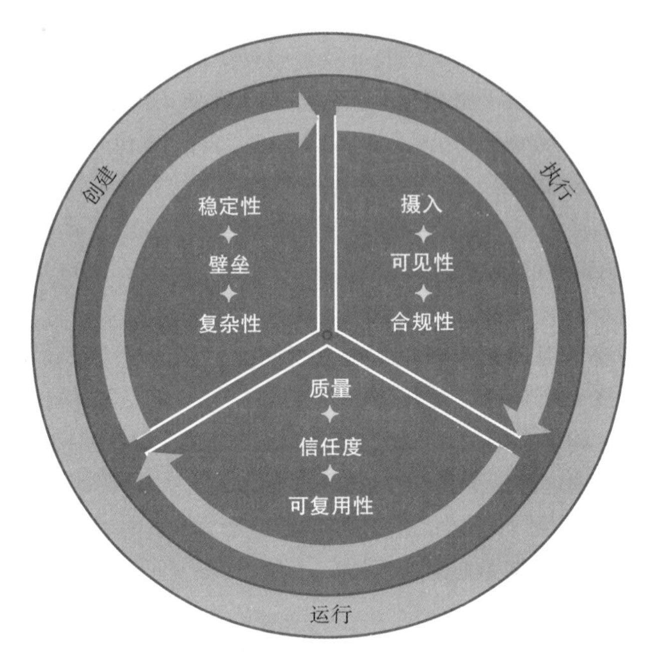

图 6-1　挑战

敏捷过程促进了改进的协作和实践，这些协作和实践通常遵循轻量级框架。敏捷规程可以帮助组织运行并保持对快速交付的关注，同时帮助最小化风险。

迭代设计和接收反馈的使用是开发数据拓扑和构建信息架构的重要组成部分。首先，信息架构必须及时、一致地为需要数据的所有应用程序和人工智能模型提供充分的服务。

与敏捷过程相关的一些一般原则包括以下内容：

- 帮助策管数据，以便系统、人工智能模型和终端用户获得他们所需的数据。
- 使用适当的设计摘要，以方便更改。使用数据资产处理变更的目标，是能够在接近零的时间内，以接近零的成本合并新的或修改过的数据。
- 专注于提供自动化和精确的编目及沿袭配置文件，以促进所有数据资产的发现。
- 架构师、开发人员和商务人士必须始终协同工作，创建一个可持续的数据拓扑和功能分布式部署环境。
- 支持数据拓扑的工具多种多样，所使用的底层技术也各不相同。应该为架构师提供一个能够支持广泛的组织需求的工具套件。
- 虽然协作软件很有用，但面对面的交流往往是团队之间传递信息的最佳方式，尤其是在需要明确方向或讨论的要点时。对于成功的部署来说，细节常常是问题所在。
- 安全的、可访问的和精确的数据是进展的主要度量标准。
- 敏捷进程将促进可持续的数据实践的发展。

- 持续追求技术卓越将提高敏捷性。
- 追求简单性来创建完整性。
- 自我组织的团队通常会产生能够迭代的发展，以适应新需求的设计。
- 团队应该定期反思不断发展的敏捷实践，并相应地微调其方法和行为。

如前所述，不能随意选择以下功能：从内部数据源或外部数据源中提取数据，提供数据治理实践，成功地移动和存储大量数据，修复和处理数据，通过一系列功能实现对数据的访问，管理和监视所有访问以确保数据使用和访问始终是适当的，并充分拥有可以驱动所有实现需求的基础元数据。人工智能的信息架构以及从设计到实现所需的相关规程，是一个全有或全无的命题，这样才不会出现零碎且不平衡的部署。

在敏捷性和团队协作的上下文中，创建能力实际上是关于与协作创建（协同创建）的能力。执行能力是协作执行（协同执行）的能力，而运行能力是协作运行（协同运行）的能力。协同创造意味着通过创意和设计帮助展望未来并为其铺平道路的能力；协同执行意味着对下一个最低可行产品进行迭代；而协同运行就是解决扩大成果以满足市场需求的需要。

最低可行产品（Minimum Viable Product，MVP）是指在交付下一个 MVP 以添加现有功能之前，具有足够的功能来满足客户短时间内需求的产品。

创建、执行和运行每个都共享七个基本实践，如图 6-2 所示。

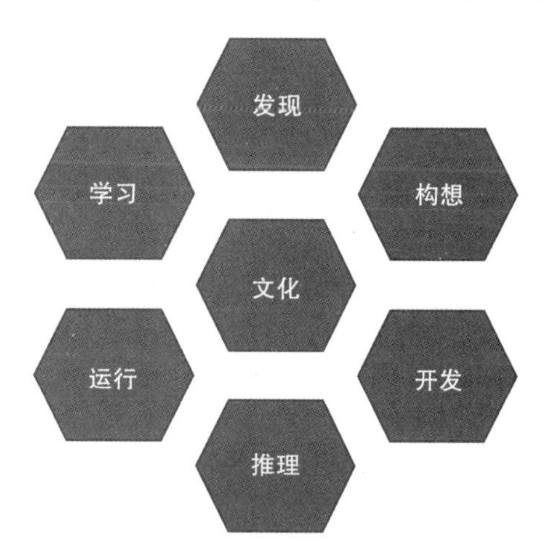

图 6-2　七种实践

- **文化**：通过结合业务、技术和流程创新来改造组织，帮助团队从市场经验中学习。
- **发现**：深入到存在商机的领域。重要的实践是帮助大家在共同目标上保持一致，并找出可以消除的潜在问题和瓶颈。
- **构想**：利用设计思维和相关设计实践，逐步交付数据和人工智能功能，以建立一种可重复且快速提供创新的用户体验的方法。

IBM 的设计思维是一个可扩展的框架，用于帮助团队持续实现理解和交付。设计思维始于团队的有意识承诺，即优先考虑业务问题。为了快速行动，设计思维鼓励建立一个全面发展的、博学的团队，赋予他们实时提交或拒绝想法的权利。设计思维还鼓励将一切都视为原型。利用设计思维，可以鼓励团队不停地重新发现和重新思考如何解决问题。

- **开发**：生成高质量的代码和模型来支持数据，你可以放心地用来获得洞见。通过利用持续集成、连续发送和自动化来交付经过全面培训和监控的人工智能模型，可以加快产品上市时间。
- **推理**：构建一个强大的信息架构，以帮助将数据转化为知识和可操作的洞见。人工智能模型也应该被考虑集成到可以扩展系统能力的解决方案中。
- **运行**：通过持续的人工智能监控、高可用性和快速恢复实践，确保公平性、问题识别和解析度，从而实现卓越的运营。
- **学习**：持续不断地进行实验，以测试或评估假设，使用明确的测量方法为决策提供依据，并推动发现。

适应性优先于敏捷性

具有适应性与具有敏捷性不同。在处理时间对组织的影响时，实现价值的时间是至关重要的措施。能够在下个月做出回应是有价值的，下周能够回应更好，当然最好能在当天回应。实时响应是黄金标准。缩短时间需要适应的能力，而不是敏捷的能力，尤其是在更改信息技术资产方面。

Gary Hamel 在 2007 年出版的 *Harvard Business Review* 上的“管理的未来”一文中写道：“要想在瞬息万变的世界中蓬勃发展，公司必须在战略上适应其自身运营效率。”参考数据是信息技术如何使用适应性实践的一个示例。可以根据需要向系统添加新值（自适应方法），而无须为系统编写新代码（敏捷方法）。

当参考数据与有效日期和到期日期相关联时，可以提前填充概念（或值），并根据需要自动生效。相同的值也可以自动停用或弃用。

6.2 创建

创建是通过定义商业计划来规划未来，这些计划可以使用分析和人工智能对现有的想法产生新的洞见，或者帮助建立全新的事物。

在协同创建的过程中，需要探索和合理化如何利用跨数据拓扑的数据资产的宽度来获得洞见。对某些数据资产进行民主化的需求或者策管新数据资产的必要性可能会实现。然而，由于许多组织现在使用开源资产，维护稳定的环境可以呈现移动的目标。

6.2.1 稳定性

数据拓扑可能会混合多种数据库技术，从智能设备上运行的技术，到支持高可用性事务系统的技术，再到使用 Hadoop 的技术。一切都必须提供稳定性。例如，Hadoop 生态系统是庞大、复杂且不断变化的。试图跟上开源社区的最新发展可能会花费大量的时间。每个组件都在不断发展，新的工具和解决方案也在不断涌现。

拥有如此多的技术可以选择，组织应当小心谨慎，不要采用过多的技术，以免当组织不再具备支持该技术的适当技能时，遭遇障碍。

6.2.2 障碍

随着技术的出现，需要高级技能来创建和维持整合在信息架构中的资产和平台。信息架构从来不是独立开发的，信息架构的部署并不意味着架构活动已经结束。支持分析和人工智能是开发人员、数据科学家、数据分析师和架构专业人员的持续活动。

虽然金钱、企业文化、业务协调、技术的适当使用、业务变化的速度以及业务关系都可能成为成功的障碍，但技能差距仍然普遍存在，信息架构应解决这一问题。信息架构的每个迭代都应该是组织能够完全支持的。

尽管信息技术部门应始终督促自己为组织增加价值，但由于固有的复杂性，他们应避免远超出其支持能力的情况。

6.2.3 复杂性

信息架构是通过产品汇编实现的。硬件、软件和应用程序集成所涉及的复杂性是无法回避的，与各级集成相关的活动成为许多组织的代办事项。即使使用具有已知发布兼容性的基于云计算的 SaaS 平台，集成工作仍然存在，尤其是围绕每个互连组件的安全性。

一旦环境可行，就可以开始开发资产。

约简

随着收集的数据量不断攀升，如何最好地可视化并从数据中做出推论变得越来越令人费解。能够有条不紊地减少模型中特征或维度的数量，可能成为必要。

约简可以通过以下措施实现：

- ❑ 保留源数据集中最重要的变量。特征约简与特征选择相反。
- ❑ 寻找一组较小的新变量，其中每个变量是输入变量的组合，并且包含与输入变量相似的信息。这种技术被称为降维。

以下是实行约简的好处：

- ❑ 减少存储数据所需的空间量。
- ❑ 减少训练模型所需的时间。

- 减少计算值的时间。
- 提高性能，因为某些算法在维数较少的情况下表现更好。
- 避免只能产生相同预测水平的多重共线性变量。
- 增加可视化数据的能力。

6.3 执行

执行就是通过使用一系列最低可行产品（Minimally Viable Product，MVP）来构建一个完整的解决方案。MVP 必须始终是 100% 完整度的产品或能力（无论其功能数量多少），并且不同于建立增量。图 6-3 说明了增量式构建的解决方案与通过一系列 MVP 构建的相同方案之间的区别。

图 6-3 构建 MVP

因此，如果迭代或冲刺不直接与可移动到生产并由用户社区、人工智能模型或应用程序体验产生的结果相关联，则该迭代或冲刺与 MVP 不同。迭代和冲刺是与解决构建能力的增量式交付技术相关联的术语。

在图 6-3 中，增量式构建的结果是生产一辆可使用和驾驶的汽车。但是每个迭代的创建并不是 100% 可用于最终使用者。最初的轮子无法使用。由车轴连接的两个车轮无法使用，甚至底盘也不能完全使用。只有当所有的东西都组装好了，才会有 MVP 或消费者可以使用的生产版本。

另一方面，MVP 式构建在每个实例中都可以由最终使用者完全使用。虽然滑板不是汽车的终极状态，但是滑板确实代表了一个最低限度可用产品（如果消费者认可和同意的话），具有实用性。每一个 MVP 都会增加功能，直到生成最终版本。其目标是始终为消费者提供一个完全可用和可行的版本。

任何构建的核心初始需求都是通过这样或那样的方式整合数据。

6.3.1　摄入

摄入是将数据移动到数据区域内的数据库的过程。部署一个有助于管理摄入的解决方案是至关重要的，因为数据可以来源于许多不同类型的技术，包括来自传感器或事务系统的流数据、已经落在边缘节点的文件，甚至已经通过用户界面输入的数据等。

数据的输入点是执行数据质量检测的最佳之处。由于数据质量通常与业务规则相关，并且由于新的市场需求、监管要求等原因，业务规则可能会发生变化，因此，数据质量可能会随着时间的推移而变化。作为数据来源的一部分，理想情况下，应该捕获有助于实例化的规则版本。

数据拓扑中存在的数据的可见性会使得人们意识到，对于组织来说，没有任何数据的价值和效用是相同的。治理规则需要考虑到不平等性，以便具有灵活性，并且基于要整合到数据拓扑中的数据类型。

某些数据应在组织内部被认证为准确和高质量数据。其他数据可能不够精确和准确，因此应使用不同的治理规则。如图 2-3 所示（见第 2 章），可以为数据质量建立基本的评分标准。菱形网格图案表示数据质量不足。斜条纹图案表示数据质量中等，这意味着信息可能不可靠。方形网格图案表示高质量、可靠的信息。

例如，当可能需要确切的出生日期和国家标识符时，可能使用不同的治理规则。但是可以允许一个人的身高、体重和头发颜色与其代表的值近似。

将数据输入数据拓扑时：

- 确保从业务角度定义传入数据。
- 记录传入数据的上下文、沿袭和频率。
- 即使触发了业务规则也要结合数据起源，以确保数据的业务可行性。
- 对传入数据的安全级别按照公共、内部、敏感、受限进行分类。
- 记录适用于传入数据的创建、使用、隐私、监管和加密业务规则。
- 识别被摄入数据的数据所有者或发起人。
- 确定负责监视特定数据集运行状况的数据管理员。
- 持续测量数据拓扑每个区域的数据质量。

虽然数据可以分配给内部所有者，但实际上数据拓扑中的所有数据并非都归组织所有。例如，员工或客户记录可能与国家标识符相关联。但是，如果现行的国家政府改变国家标识符的性质和格式，组织必须相应地更改其数据以做出响应。通过这种方式，组织是其数据的管理人，但不一定是其所有者。

组织必须使用数据治理和数据编目来管理数据资产各个方面的可见性，包括所有权。

6.3.2 可见性

如果没有适当的工具，组织可能会缺乏数据拓扑的可见性和透明度，而且无法了解如何有意义地复制数据以支持超个性化的体验，而是错误地制造数据筒仓。理想情况下，解决方案是应在数据到达时进行组织和编目。对于每个复制或移动副本的所有数据实例，必须建立用户友好的搜索机制，以便适当保持发现能力，并确保适当的安全级别。

6.3.3 合规性

企业的数据通常是敏感的，必须满足一系列的合规性需求。合规性需求可能与隐私、行业法规或政府命令等有关。屏蔽和标记敏感数据，如国家标识符、出生日期和电话号码都可以是重要的功能。

保护数据，使信息只能由授权账户查看，并解决越来越多的隐私规则和法律问题，只能通过预先考虑来完成。在建立信息架构时，不应将管理组织的风险暴露作为事后考虑事项。

就其本身而言，数据是一种惰性资产。数据总是需要软件代码或人工智能模型，其中的算法本身就是软件代码，以便完成任何任务。确保代码可以对数据进行操作有助于维持数据质量、构建信任并提高可复用性。因此，合规性必须考虑软件、模型和数据，以确保从整体上看待合规性。

MVP

衡量什么是可行的，可能需要考虑上下文。MVP 的替代方法包括：

- ❑ 最低可销售版本（Minimum Marketable Release，MMR）。
- ❑ 最低可销售产品（Minimum Marketable Product，MMP）。
- ❑ 最低可销售特征（Minimum Marketable Feature，MMF）。
- ❑ 最低期望产品（Minimum Desirable Product，MDP）。

其他可使用的最低限度类型包括可爱的、令人愉快的、令人敬畏的，等等。但是，无论你追求的是哪种 MVP 风格，可接受程度都是由他人的需求决定的，而不是你自己的解释。

6.4 运行

运行是能够在生产环境中处理大量 MVP 的能力。生产环境的可靠性和易于监视性是至关重要的。持续集成和持续交付（CI/CD）的使用可能意味着大多数生产环境正在迅速发展。CI 指的是针对开发人员的自动化过程，意味着定期构建、测试新代码更改并将其合并到共享存储元库中。CD 通常是指连续交付（Continuous Delivery），但首字母缩写也可以意味着持续部署（Continuous Deployment）。连续交付和持续部署均指生命周期管道中后续阶段的自动化。

持续交付通常意味着开发人员的更改正在自动测试缺陷或故障，然后上传到诸如 GitHub 之类的存储元库。在那里，运营团队可以将代码部署到实时的生产环境之中。持续交付有助于促进开发团队和业务团队之间的沟通，以帮助加快新功能的部署。

GitHub 基于一个名为 Git 的开源版本控制系统。Git 有助于组织对软件代码所做的更改。GitHub 在 Git 之上提供了一个更简单的界面，以帮助存储软件项目的源代码，并提供其他能力，例如允许讨论和共享有关给定项目的材料。

持续部署可以指将开发人员的更改从存储元库自动发布到生产环境中，并在此生产环境中执行代码。持续部署解决了操作团队超负荷使用手工流程的问题，手工流程可能会减慢向生产环境交付新能力的速度。通过自动化生命周期管道的下一阶段，持续部署建立在持续交付的基础之上。

如果 CI/CD 未能得到充分应用，数据质量可能会受到负面影响。

6.4.1　质量

数据质量问题与业务影响有关。数据质量作为一门学科通常被描述为具有多个维度。

- **完整性**是一种判断是否缺少某些数据点的方法。
- **一致性**是对表示形式统一的理解。
- **连续性**是表示一个概念的数据值正在重复的证明。
- **精确性**是数据值与其现实世界的表示之间的关联。
- **整体性**是可以在数据集和数据源之间关联数据的一种手段。

理解关键数据质量维度是建立数据质量改进计划的第一步。能够按照维度或分类隔离数据缺陷，使数据科学家和数据架构师能够应用数据质量改进技术。通过使用数据质量工具，可以建立改进信息的目标以及创建和运行信息的进程。

数据可能会衰减。随着时间的推移，曾经正确的数据可能不再正确，导致数据质量级别的下降，即使数据本身并没有发生改变。衰减的数据会对人工智能和被认为可以指导预测模式的洞见产生巨大的影响，例如为不再拥有的资产提供再融资。

数据衰减是指数据质量的逐渐损失，并会影响任何类型的数据，包括客户的联系信息。数据衰减是数据过时的结果。过时的数据通常是无效的，对数据质量水平产生不利影响。随着人类创造的世界的各个方面的不断变化，数据也不能幸免于这种变化。数据只能可靠地反映其摄入的时间点。

6.4.2 依赖

可重复的进程和对治理实践的坚持是解决衰减的频率和重要性的第一步。正如前面提到的，并非所有数据都是平等的，这也意味着衰减的影响会因情况而异。

强烈依赖信息技术部门执行许多日常数据治理功能，这表明人工智能模型可能无法产生业务预期的必要效用。数据和元数据均受质量水平差异的影响，并且都应受到业务部门某种程度的监督。

在处理数据质量的衰减和其他方面时，所有进程都应该被设计为在适当的时候和适当的位置利用可复用性。

6.4.3 可复用性

自动化与数据摄入、存储和处理相关的许多方面，会产生一组可重复使用的资产。如果没有可复用性，维护和监督整个数据拓扑中的数据所需的许多步骤，都将不断进行重构（就像 CI/CD 上的文字游戏）。随着整体数据拓扑和使用注入式人工智能模型的应用程序数量越来越多，不仅在数量上，而且在数据源方面，通过自动化设计可复用的进程，对避免与复杂数据环境相关的一些挑战至关重要。

信息架构应该能够指导单个规则或政策如何表现为构建整个工作流，例如，为给定数据区域内的内部应用程序预配数据的步骤或工作流。在这种情况下，应检查每个工作流，以确定如何在不同数据集和不同数据区域之间重复使用资产。

要实现人工智能和数据拓扑的协同创建、协同执行和协同运行，需要 xOps 的开发规程。

自适应的

在解释奇怪的人工智能结果时，缺乏理解不能成为一个可以容忍的借口。人工智能透明度的缺乏，会让用户对他们的结果的有效性和准确性产生怀疑。当人工智能项目令人无法理解的时候，可能是模型的错误，也可能与数据有关。底线是，对人工智能结果进行故障排除可能非常困难。

为了帮助对抗人工智能的黑盒问题，数据科学家可以使用开源算法和其他专有方法进行探索。

- LIME（本地可解释的模型——不可知论的解释，Locally Interpretable Model-Agnostic Explanations）：LIME 是华盛顿大学开发的一种开源算法，旨在通过将解释与易于解释的模型进行比较，帮助解释人工智能系统做出的预测。
- MACEM（模型不可知对比解释方法，Model Agnostic Contrastive Explanations Method）：MACEM 是 IBM 开发的一种专有方法，用于识别数据中存在的和不存在的相关特征，从而构建对比解释。

随着社会开始规范人工智能和机器学习中使用的算法，获得解释的权利决定了某些模型的建立方式。迈向可解释人工智能（Explainable AI，XAI），是为了使你的组织和客户能够理解、适当信任和管理他们的参与。

6.5　xOps 三重奏：DevOps/MLOps、DataOps 和 AIOps

DevOps 以及其相当于机器学习的 MLOps，是业务驱动的软件交付方法，它们利用精益和敏捷的方法，让组织中不同部门的人进行有意义的协作。企业所有者与来自开发、运营和质量保证部门的团队一起工作，以持续集成和持续开发的方式交付软件。快速集成到生产环境，使企业能够迅速抓住市场机会，并且能够帮助减少收集客户反馈所需的时间。

随着许多组织利用多种技术、数据库和分析工具，并采用多云部署策略，DevOps 可用于管理依赖于广泛和异构技术领域的业务运营。有关新功能或增强业务功能的想法，可以从设计思路一直带到生产部署，以高效的方式为客户提供业务价值，并在客户使用每种功能时获取反馈。除了软件生命周期管道的利益相关者和其他相关团队的积极参与，信息架构还必须容纳 DevOps 和 MLOps，使人工智能具有可持续性和影响力。

由于用户直接使用参与系统，这种类型的系统需要侧重用户体验的设计和开发工作，但设计和实时体验可以通过使用人工智能的实时分析来加强。此外，参与系统必须包含各种手段，以大大提高功能交付的速度。因此，参与系统所需要的特征必须是精益和敏捷的，并且自然地指向了采用一个强大的 DevOps 方法。

参与系统的设计应考虑到互操作性，因为许多系统需要与记录系统集成。对参与系统的改变可能会产生连锁反应，要求对记录系统进行更改。DevOps 可以帮助实现快速的跨系统创新交付。

创新可以由新兴的技术趋势驱动，比如多云计算、移动应用、大数据、社交媒体和人工智能，因此需要在整个软件供应链中应用敏捷和精益的原则。当 DevOps/MLOps 处理软件供应链时，DataOps 解决了整个数据价值链中的敏捷和精益原则。

6.5.1　DevOps/MLOps

DevOps 是一种严格的方法，用于帮助改进企业向客户、供应商和合作伙伴提供价值的方式。它是一个必不可少的业务进程，而不仅仅是信息技术能力。MLOps 是 DevOps 的必然结果，可以为以业务为中心的应用程序开发机器学习和人工智能模型。DevOps/MLOps 可以帮助驱动这些领域的实用程序：

- **提升客户体验**：为了建立客户忠诚度和增加组织的市场份额，DevOps 可以用来提供持续改进、差异化和引人入胜的客户体验。为了切实改善体验，组织必须获得反馈并对其做出响应。

- **提高创新能力：** 精益实践中的一种做法是 A-B 测试，它涉及一个组织与一小群用户合作，对两组或多组具有不同功能的软件进行测试和评价。性能更好的功能集将推出给所有用户。DevOps 进程适应了现实的 A-B 测试实践，因为在图 6-4 中，提供了高效且自动化的机制，其中 DevOps 强调将某些操作移动到软件交付周期的前端。创新能力的一部分是减少与软件设计和构建相关的废弃和返工。

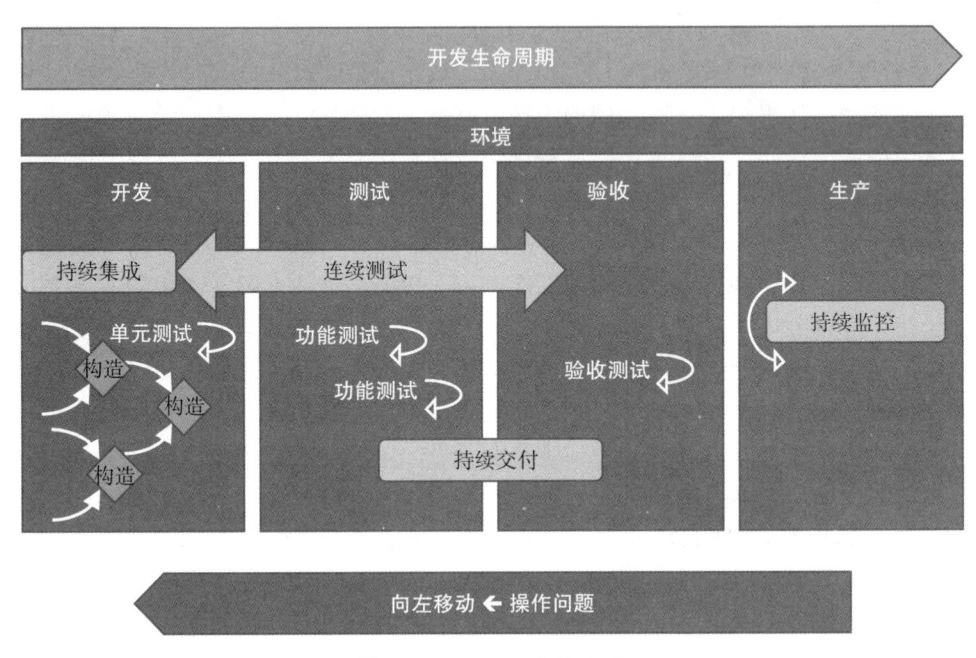

图 6-4　DevOps 左移方法

- **加快实现价值的速度：** 优化实现价值的时间涉及自动化、互补文化的发展以及一系列实践，以适应向生产环境中快速、高效和可靠地交付软件。

左移一词是指软件开发中的一种实践，在这种实践中，团队专注于质量，并致力于预防问题而不是发现问题。左移需要两个关键的 DevOps 实践，即持续测试和持续部署。这些实践也适用于需要解决概念漂移和检测任何不适当偏见的机器学习。

图 6-5 有助于说明 DevOps 和 MLOps 必须配置的核心功能。

DevOps	MLOps
计划和措施	计划和措施
开发和测试	特征选择和模型训练
发布和部署	注入模型部署
监控和优化	模型管理、监控和结果说明

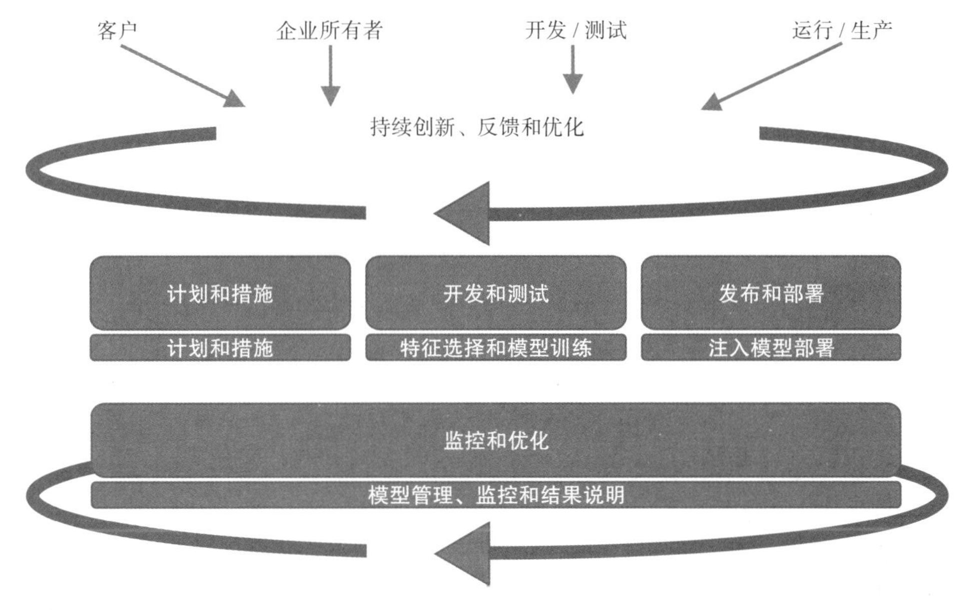

图 6-5　DevOps 和 MLOps 的核心功能

在规划和衡量中，组织利用客户反馈来测试和调整业务愿景或价值。为了帮助实现组织目标，使用关键绩效指标（Key Performance Indicator，KPI）来确定客户真正需要什么，从而使组织能够相应地更新其业务计划。

开发和测试的实际目的是将质量保证（Quality Assurance，QA）能力注入每一个有形的可交付成果之中。通过使用协作开发，关键各方可以参与到跨职能团队中，持续测试有助于确保代码与其他组件集成，以确保预期的结果。

发布和部署是一个软件交付管道，其建立是为了以高效和自动化的方式促进持续部署，而监测和优化涉及向所有跨职能团队提供数据和相关指标。通过使用反馈，系统可以得到优化和调整。

6.5.2 DataOps

虽然 DevOps 主要关注的是软件而不是数据，但是数据是通过一种称为 DataOps 的实践来处理的。DataOps 的目的是加速数据和分析管道的创建，实现数据工作流执行的自动化，并提供满足组织需求的分析解决方案。使用 DataOps，通过结合使用自动化、测试、编排、协作开发、容器化和持续监控的方式交付数据和分析。

DataOps 源于与 DevOps 相关联的底层思想。通过使用 DataOps，将整个企业的利益相关者聚集在一起，如图 6-6 所示，这些利益相关者包括数据科学家、架构师、分析师、工程师和信息技术运营人员。DataOps 用于驱动这些利益相关者之间的协作，并帮助他们与组织对数据和分析的需求保持一致。

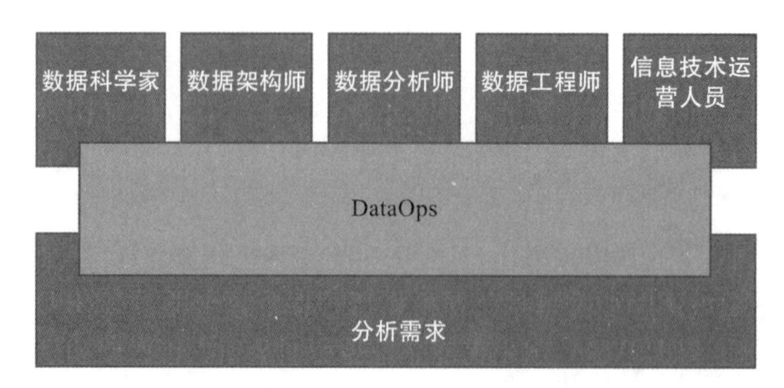

图 6-6 识别 DataOps 的各利益相关者

有时，利益相关者的活动和兴趣会有所不同，所以成功实现 DataOps 需要以下条件：

- 营造一种所有利益相关者愿意共同努力并感到对整个 DataOps 进程负责的文化氛围。
- 整合一系列定义明确的进程、角色、指导方针和衡量标准，以增强目标和目的。
- 利用软件工具和基础设施支持自动化、测试和编制，以及所有利益相关者之间的协作和交流。

像 DevOps 一样，DataOps 大量借鉴了敏捷和精益实践。DataOps 强调使用具有业务参与的自组织团队，以及交付经过验证的资产的短期开发冲刺。版本控制系统和代码元库用于提高效率，以及代码和模型重用。DataOps 的原则可以包括以下内容：

- 认识到数据本身并不是目的，而是一种提供洞见的手段，这种洞见为业务增加和驱动价值。
- 从错误中吸取教训，不断审查和更新进程。
- 在分析生命周期的每个阶段，共享知识并提供反馈。
- 尽可能实现自动化，并且重复使用现有工件，以避免不必要的返工。
- 数据、架构、软件工具和软件代码在整个信息架构和数据拓扑中进行编制。
- 通过 MVP 在短周期内进行迭代，以快速适应新的和不断变化的需求。
- 人工智能模型和数据可视化等数据工件通常被视为代码，因此可以利用版本控制、自动测试和持续部署。
- 质量和测试是优先事项，因此不会将未经测试的资产投入生产。
- 进程监控是提高性能和价值的一种手段。

许多数据管道遵循一个有序的进程，其中包括以下内容：

- 从各种来源收集数据，然后验证并将数据加载到数据区域中。
- 通过清理、丰富、集成和建模来组织数据，以支持目标数据区域。
- 分析数据，优化和打包数据模型，以帮助提升组织洞见。
- 在应用程序中注入人工智能，以帮助进行预测，并促进优化和自动化。

通过解决跨越云、雾和霭计算的复杂数据拓扑，DataOps 可以在以下方面做出贡献：

- ❑ 通过深层次的自动化和测试提供简化的数据分析管道，从而加快进程并提高质量。
- ❑ 通过采用严格的进程，提高数据和分析的价值主张。
- ❑ 建立持续改进和协作的文化。
- ❑ 支持数据拓扑中数据流的管理和编制。
- ❑ 实施数据科学，提高人工智能对业务的价值。

DataOps 是一种务实的方法，用于帮助组织更高效地利用数据和进行分析，并为不断改进以驱动价值和支持自身必须不断发展以保持生存能力的组织铺平道路。由于软件、数据和分析必须在生产环境中始终保持可访问，因此 AIOps 的实际应用可以帮助满足可用性需求。

6.5.3 AIOps

AIOps 与之前讨论的 MLOps 不同，它涉及使用机器学习和人工智能以及大数据，来利用数据驱动的洞见来自动执行信息技术运营决策制定。AIOps 使用机器学习来检测实体之间的关系并处理数百万个事件以检测可能与操作异常相关的模式和序列。

AIOps 可用于提高生产率并帮助降低运营成本。例如，基于具有业务影响的重复事件的顺序，AIOps 可以检测到重复模式并预测在给定的时间点可能会发生业务中断。由于信息技术环境可能具有分散在公共云和私有数据中心（雾计算）之间的动态工作负载，因此机器学习和人工智能技术适合处理各种运营活动。图 6-7 显示了一些对于 AIOps 至关重要的增量式构件。

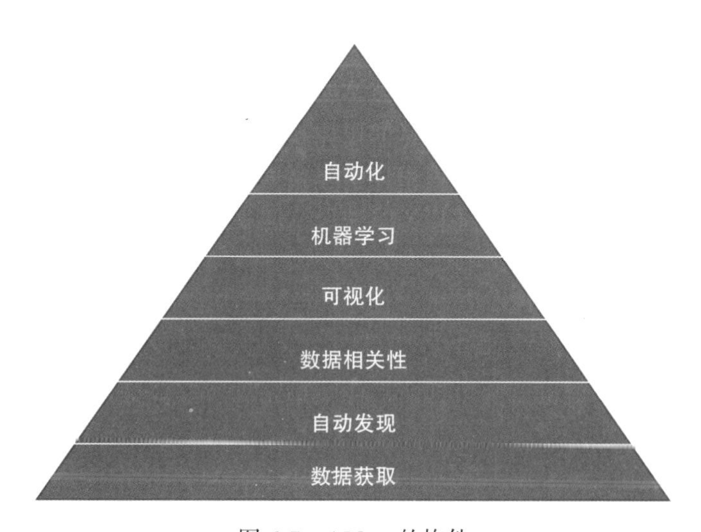

图 6-7　AIOps 的构件

AIOps 可以包括以下类型的活动：

- ❑ 从数据源收集数据和遥测信息，包括性能指标、日志警报、故障凭单等。数据应该可以被访问，以建立信息技术环境的准确和实时视图，该环境包括云、雾和霭计算节点上的所有地形层。

- 由于信息技术环境的动态特性，自动化数据发现进程可以帮助跨所有基础设施和应用程序域收集数据，包括本地计算、虚拟计算和云部署的数据。
- 数据必须是相关的，以确定应用程序及其基础架构之间以及业务交易与应用程序之间的任何关系。
- 数据必须以易于使用的可视化格式呈现，以帮助查明需要采取纠正措施的问题。
- 发现问题的根本原因是 AIOps 的一项必要能力，这也是确定重复发生的模式和预测未来事件的必要能力。AIOps 旨在利用监督式和非监督式学习模型来确定时间序列事件的模式。
- 当检测到异常时，应执行一系列补救措施来解决这种情况。
- 自动对未来进行预测，例如用户流量在给定时间点可能发生的变化，然后以适当的方式做出反应。
- 为了充分支持运营，必须及时对所发出的任何警报进行处理。
- 在进行闭环补救时，使用自动化优于使用人工操作。
- 机器学习模型用于检测来自预期行为和阈值的异常，并预测中断和信号潜在性能问题。
- AIOps 有助于自动化运营性信息技术任务，通过减少维修时间来帮助提高客户满意度，这是一项维护指标，用于衡量对故障设备、网络或应用程序进行故障排除和维修所需的平均时间。作为计算，修复的平均时间用于反映组织对计划外的故障或失败的响应速度。

AIOps 的功能可以跨前面描述的创建、执行和运行流描述的一般进程。

- **创建**：将确定潜在的数据源，并计划通过近实时数据发现，收集这些数据源，以便能够发现可用作洞见的模式。发现算法的设计应该具有从基础架构元素中提取有意义的数据的能力，以及从虚拟机、容器和管理程序中提取应用关系的能力。
- **执行**：需要跨关键运营域构建编制服务，这些运营域可能包括多云环境，并涉及资产管理、变更管理和事件管理。通过利用环境和环境状态的配置信息，可以构建 AIOps 来更新配置管理数据库。
- **运行**：AIOps 应使用机器学习，来以自动化方式清理日志文件、释放空间或在必要时重新启动应用程序。自动化也可以用于例如根据需要更改路由器上的应用程序流量策略。

在支持云、雾和霭计算的复杂多云环境中，应对不断发展的信息技术生态系统，就需要使用机器学习和人工智能来切实帮助信息技术运营，尤其是必须将信息技术基础架构视为高度动态的基础设施。通过认识到人工智能在业务应用程序中的使用只会不断增长，DataOps 的使用填补了 DevOps 留下的以数据为中心的空白。所以这三个 xOps 是人工智能成功的基础，并且必须在信息架构中予以考虑。

自适应的

变化可能很难处理，因为它可能与恐惧有关。改变恐惧症是一种承认对变化的恐惧症。DevOps/MLOps、DataOps 和 AIOps 都基于持续性的变化，这种变化将成为我们日常工作的一部分。由于自动化是 xOps 的核心部分，因此使用强大的工具和经过定义的进程，应该有助于解决与团队成员可能经历的不断变化相关的恐惧症。

6.6　本章小结

随着应用程序从记录系统变成参与系统，组织需要对人们如何应用程序进行交互更为严格。使用人工智能帮助改善用户体验，以及跟踪用户体验，成为人工智能如何响应用户需求的一个重要动态，并作为意义构建的核心分析。

在使用云、雾和霭计算向云原生模式迈进时，组织必须进一步研究敏捷和精益实践，并在 MVP 的下一次迭代的基础上协同创建、协同执行和协同部署成功的应用程序。

DevOps/MLOps、DataOps 和 AIOps 的组合使用可促进软件开发和以数据为中心的应用程序的自动化和交付速度，这些应用程序利用机器学习和人工智能作为整个组织部署的分析功能的一部分。由于组织可能具有复杂的地形，因此使用人工智能有助于通过预测性故障和自动修复使环境在操作上可行。

下一章以本章概述的规程为基础，开始探讨为在运营和分析环境中使用人工智能提供充分支持所需的能力。

Chapter 7 第7章

最大化运用数据：以价值为导向

“啊，但你认为是谁制造了混乱？”

——Grady Booch

《面向对象分析与设计》

多年来，一种被称为“单一版本的真相”（Single Version of Truth，SVOT）的学说渗透到组织如何基于分析的实现进行数据部署。2004年，Bill Inmon写道：

单一版本的真相如此吸引人的原因有很多：

- 有和解的基础。
- 新的分析总是有一个起点。
- 较少的冗余数据。
- 数据的完整性等。

单一版本的真相的吸引力是有效且强烈的。这对于世界各地的组织来说都是一个有价值的目标。

“The Single Version of the Truth”

虽然SVOT并不意味着组织必须只实现单个数据存储，但它确实意味着多个数据存储不应包含相同或重叠的数据。在识别组织的不同需求时，SVOT并不总是与业务的运作方式保持一致。本章将深入研究需要多个数据版本支持的驱动程序，即使数据可能与SVOT的理想相冲突。

管理多个版本提供了更好的能力，以支持组织的需求，并为在运营和分析环境中使用人工智能解决业务问题提供必要的上下文。对信号和触发事件的认知，对于确定人工智能模型中使用的正确特征集是至关重要的，特别是使用人工智能来支持实时情况。

更广泛的认知使人们了解应该获取、维护和访问何种类型的数据，以便最终影响信息架构和组件的创建，这些信息架构和组件也必须通过架构来处理。

7.1　迈向价值链

数据和信息在组织内通常是可以互换使用的词汇。但是，在处理组织的数据策略时，术语数据和信息是不同的。著名的管理顾问彼得·德鲁克（Peter Drucker）曾将信息描述为“具有相关性和目的性的数据”（“The Coming of The New Organization”，*Harvard Business Review*，1988 年 1 月）。Drucker 进一步表示，“因此，将数据转化为信息需要知识。而知识，顾名思义，是专业化的。”组织理论学家 Russell Ackoff 指出，数据和信息之间的区别是“功能性的，而非结构性的”（*Ackoff's Best*，John Wiley & Sons，1999 年）。

图 7-1 显示了数据、信息和知识如何形成推理效用的渐进层次结构。层次结构的发展是由 Ackoff 的数据、信息、知识和智慧（DIKW）金字塔捕获的丰富过程。数据是基础。拥有信息比仅仅拥有数据要好。同样，拥有知识胜于拥有信息，拥有智慧胜于拥有知识。

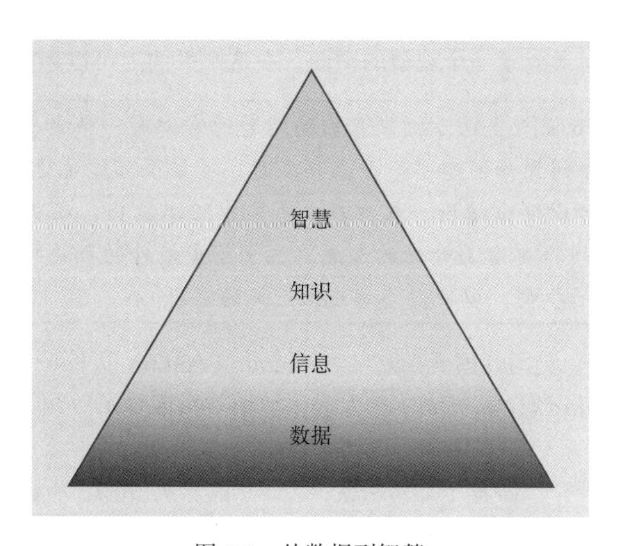

图 7-1　从数据到智慧

在 Drucker 和 Ackoff 之前，诗人和词曲作者已经推测出信息、知识和智慧之间关系的存在和重要性。1979 年，创作歌手 Frank Zappa 在一首名为“*Packard Goose*”的歌中写道：

信息不是知识，

知识不是智慧，

智慧不是真理。

Zappa 之所以建立起这种令人毛骨悚然、死气沉沉的观点，是因为这首歌与反乌托邦社会有关。如果这首歌是为乌托邦社会而写的，Zappa 可能会把这种情绪颠倒过来。1934 年，诗人 T. S. Eliot 也写到了关于未能从经验中学习而失去机会的相关内容：

我们在知识中失去的智慧在哪里？

我们在信息中失去的知识在哪里？

Collected Poems, 1909–1962. Harcourt Brace Jovanovich, 1991

经济学家 Milan Zeleny 通过将启蒙运动视为顶峰，从而扩大了 DIKW，他认为这是真理和洞见的顶峰。但 Zeleny 的清晰之处是将一系列已知标签与层次结构中的每一层相关联。除了任何固有定义外，每个标记短语还用于清楚地表示数据、信息、知识和智慧之间的不同方面：

数据 ⇨ 一无所知

信息 ⇨ 知道内容

知识 ⇨ 知道如何

智慧 ⇨ 知道为什么

这个过程揭示了为什么将构建信息架构定为目标，而不是将构建智慧体系结构定为目标。如何以及为什么（就标签而言，知道如何以及知道为什么）需要与生俱来的上下文关系，以便推进工作并产生价值。需求和环境需要帮助形成上下文，并且建立的上下文可以是无限的。因此，信息形成了一个观察的平面，在这个平面上可以添加上下文。

许多信息技术专业人士对于细微差别的问题通常都有一个老套的答案。答案是“视情况而定”。当问到如何建立一个上下文时，答案很可能是这样开始的：“这要看情况”。因此，可以得出结论，相对在上下文中组织数据，在脱离上下文的情况下组织数据可能是一个更容易开始的起点。从上下文之外的数据中创建上下文中的数据可以是可重复的模型，以便快速响应上下文的需求。

此外，在 1739 年，美国开国元勋之一 Benjamin Franklin 以 Poor Richard 的笔名在《穷理查年鉴》（*Poor Richard's Almanack*）中发表了谚语“只因少了一颗马蹄钉”（For want of a nail），以证明这种关联：

因为少了一颗马蹄钉，而掉了那马蹄铁；

因为掉了那马蹄铁，而失去了那匹马；

因为失去那匹马，而缺了那个骑兵；

因为缺了那个骑兵，而输了那场战役；

因为输了那场战役，而丢了整个国家；

悔之晚矣：全是当初少了一颗马蹄钉。

在 18 世纪中期，Franklin 用这谚语警告殖民者不要过于自满和忽视他们的英国对手。这类似于 Eliot 的问题，“我们在知识中失去的智慧在哪里？”虽然这谚语的一系列关联开始于“少了一颗马蹄钉”，但缺少一颗马蹄钉可以被视为这种令人不快的结果的根本原因吗？这就是王国沦陷的根本原因吗？

请考虑：

因为缺少一个学徒，而少了一个铁匠；

因为少了一个铁匠，而少了一家商店；

因为少了一家商店，而少了一柄锤子；

因为少了一柄锤子，而少了一颗马蹄钉……

这些相关性意味着发现数据的手段是数据科学家在建立人工智能模型中所扮演角色的一个重要方面。特征选择和特征工程需要建立相关性和上下文的能力，以帮助推动理解。归根结底，这种理解应该被看作是整体的。

第 2 章讨论了 Rudyard Kipling “The Elephant's Child” 中的一首诗，他的观点是，一组六个英语疑问词构成了可以帮助人们形成整体观点的基元：

我养了六名忠实的仆人（我所知道的都是他们教的）：

他们名叫何事、何地、何时、如何、为何与何人。

随后，疑问词为 Zachman 建立其框架奠定了基础。Zachman 框架（也在第 2 章提到）被视为一种本体论，因为该框架表示在制定和演示一个完整的（整体的）理解时，“关于对象的结构化基本组件集的存在的理论，对此必须有明确的表达，甚至可能是强制性的”。

无论 Zachman 引用的对象是马蹄钉、马、骑兵、国家，还是其他东西，这些基本组件都沿着数据的价值链向前或向后导航。可以说，数据的价值链是在给定上下文中提供的事实的相关性。

为了提供沿数据价值链向前或向后移动的实用程序和指南，Zachman 框架为六个疑问词中的每一个提供了迭代元模型。数据科学家可以使用元模型来探究数据在价值链开端或价值链末端的叙述式。

每个疑问词的元模型如下：

- **对于疑问词何事**：关系—事物—关系。
- **对于疑问词如何**：输入—转换—输出。
- **对于疑问词何地**：链接—位置—链接。
- **对于疑问词何人**：角色—工作成果—角色。
- **对于疑问词何时**：事件—循环—事件。
- **对于疑问词为何**：目的—手段—目的。

每个元模型的迭代或递归方面意味着可以建立一个无休止的查询链，就如这样：

- **何事**：关系—事物—关系—事物—关系—事物……
- **如何**：输入—转换—输出 / 输入—转换—输出 / 输入……
- **何地**：链接—位置—链接—位置—链接—位置……
- **何人**：角色—工作成果—角色—工作成果……
- **何时**：事件—循环—事件—循环—事件—循环……
- **为何**：目的—手段—目的—手段—目的—手段……

除了元模型的递归属性外，它还包含分形属性。因此，对于与对象关联的每个二元关系，相关性都可以更改方向。方向的变化在某种程度上类似于与商业智能分析相关的向上钻取、向下钻取或跨钻取功能。

向上钻取有助于将给定对象与更高级别的对象或概念相关联或链接。向下钻取有助于关联或探索将对象分解为对业务有意义的较小对象（在这种情况下，对业务的意义始终通过建立上下文来定义）。最后，跨钻取有助于将对象与对等对象相关联。

从一个对象钻取到另一个对象的向上钻取的示例是笔记本电脑中使用的CPU。向下钻取的示例可以是CPU包含给定数量的内核。跨钻取可以是指笔记本电脑与外部连接的存储设备相关联。

无论与给定对象关联的粒度如何，元模型都保留其分形性质。探索对象的元模型模式始终保持一致。由于组织仅管理可量化的数据量，因此元模型向前的和向后的递归性质都可能具有有限数量的端点。但是，通过可以在可量化数据点执行的外推和内插进程，组织可以研究探索无限端点的手段。

就粒度而言，销售交易记录的单笔金额可视为细粒度。给定年度的所有交易记录销售额的金额（或总和）可以视为粗粒度。

7.1.1 通过关联链接

为了发现或探索可能超越那些可能不言自明或经验衍生的相关性，元模型提供了指导探索的基础。对于每个数字资产，“何事”元模型表示可能存在与另一个数字资产（元模型中的“事物”）之间的关系。如果不存在或找不到与另一个数字资产的关系，则数字资产表示价值链中最早发现的值，并且可能是与任何根本原因分析或诊断相关的值。此外，这些关系有助于数据科学家对模型特征选择的方法。

在进一步探索这种关系时，数字资产本身可能依赖于另一个数字资产（元模型的递归性质）。如果没有其他相关的数字资产，价值链就可能处于当前端点。

“当前端点”是对时间点的引用。使用“当前”这个词意味着，未来的事件可能会产生额外的数据点，从而使数字资产不再是实际的端点——而不是与时间相关的时间点上下文中的端点。

如果通过探索向前和向后的关系而获得的信息和知识似乎讲述了一个不完整或完全不同的故事，则数据科学家可能会推断需要考虑其他可以进一步关联数据的数据源。

“如何”元模型将直接或间接与数字资产关联的已知转换和进程关联。通常，转换和进程在如审计日志、运营元数据和参数化数据等数字资产方面会保持自己的痕迹。

“何地”是形成与几何相关联的基础。几何这个术语的使用将包括数字或通信网络、数据中心以及任何类型的位置——无论是固定的还是移动的、真实的还是虚拟的、地球上的还是外太空的。“何人”与参与创建工作成果的角色相关，无论是人还是机器。“何时”意识到事件之间的时间存在。时间方面代表一个给定的周期。最后，“为何”元模型通过关联广泛的结果和因果关系来帮助理解动机：目的和手段。

因此，每个原始元模型都是检查“只因少了一颗马蹄钉”的每个方面的基础，即聚合检查是整体的。但是，每个元模型都可以与一个或多个其他元模型组合使用，以建立一个复合元模型，可用于开发复杂的查询和理解线路。例如，结合“何人”和“何时”可以随着时间推移提供工作成果的相关性和理解。

对于数据科学家来说，原始元模型提供了一种通过分析来理解数据的手段，而复合元模型则提供了一种通过综合（Synthesis）来理解数据的手段。而综合是利用一个以上的理解观点来形成额外相关性并构建或建立上下文的手段。

人工智能是可从基础信息架构实现的上下文进展的一部分。人工智能可以与知识层的一部分相关联，知识来自从人工智能模型已被赋予可见性和访问权限的数据中发现的模式。知道为什么，在Zeleny的知识标签模型中引用的智慧，可能会在一定程度上需要反馈，信息架构必须能够在捕获时对其进行保留。

信息是数据的组织，通过使用定义、关系和来源来丰富数据。正如前面提到的，数据是惰性的，但信息也是如此。数据和信息都不是自组织的，也不具有自我意识。使信息具有可操作性需要计算机程序或模型。人工智能可以同时提供这两者，也可以根据给定的上下文进行推理。

7.1.2 启用操作

任何通过使用机器或个人所采取的行动都反映了一定程度的观察，从而认为该行动是适当和相关的。例如，如果人工智能模型根据发现一种模式计算分数，那么计算机程序可以基于该分数执行下一个适当的步骤。分数和下一步骤是与知识相关的行为。

因此，人工智能提供了附加价值，并超越了信息本身的价值。普通的数据，比如销售数据和客户留存率，如果仅仅作为独立数据进行分析，可能是毫无意义的。但是，一旦数据通过与其他数据结合而得到丰富，就可以转换成具有更高价值的东西（例如信息）。人工智能是一种创造价值（目的）的工具（手段）。

一个月的销售数据并不能为组织提供任何关于该组织实际运作情况的重要知识。通过提供一些历史上下文，例如包含前几个月的财务数据，这些信息具有实用性。这种实用性使组织能够发现洞见并采取适当的行动。

人工智能模型能够关联和组合不断增加的数据量，从而产生更深刻的洞见。底层信息架构增强了使数据可以被发现和以驱动相关性的方式组织数据的能力。

发现成为一个重要主题，因为没有一个组织能够使用单一数据库来处理企业的数据。此外，任何组织都不可能只有一个数据库来存储企业的数据。

一个组织的需求，当与现实世界相结合时，使得寻求单一版本的真相（单一事实的单一数据库）成为一种错位的理想。如果单一版本的真相是可能的，那么信息架构就没有必要了。因此，信息架构的基础取决于以下事实：存在多个版本的数据，而且实际上需要支持多个版本的数据。信息架构的关键用途是帮助实现完整性，特别是因为无法实现单一版本的理想。

单一版本的真相概念依赖于在组织内实现一个不容置疑的源，以提供运营业务所需的所有关键数据和信息。关键数据可能包含客户详细信息、供应商详细信息、产品信息、服务合同等。通过使用单一版本的真相，感知控制得以实现。

单一版本被认为是可靠的，可以用于每个部门和业务线。单一版本并不针对特定业务的任何一个部分，这就是问题所在：无法直接为个性化需求提供支持。个性化是第 3 章中的一个主题。

缺乏或不追求单一版本的真相可以认为是促进组织分裂和混乱主张的一种手段。但是，在设计解决方案的能力中，存在着固有的机会来有意义地管理和维持解决方案，以避免任何不利的副作用和结果。因此，信息架构提供了管理真相的多个版本以及随着时间的推移维持一个可行解决方案的能力。

虽然为本应是相同的数据部署多个数据源可能会导致混淆和错误，但结果并不一定如此。那些试图根据多个版本的真相来管理部署的组织不会公开创建替代事实，无论是有意还是无意。

7.1.3 扩大行动手段

多个版本的真相包含了数据价值链，并且认识到并不是组织中的每个人都需要以完全相同的方式使用数据。专业数据资产为提高效率提供了将信息与个人工作联系起来的机会。例如，当信息被组织到图形数据库中时，某些任务可以变得更加容易，比如欺诈检测，而图形数据库不一定是适合所有类型的分析的存储库。

采用架构方法构建多版本数据拓扑可以使数据科学家发现和探索与每个数据实例化相关的特征，因为采用多版本真相方法并不要求每个版本都必须是一个完全一致的镜像。每个版本代表的数据均与在价值链中的数据位置一致，并按照特定的模式进行组织。一个版本中的模式可能是完全非规范化的平面文件，另一个模式可能使用围绕第三范式形式原则组织的关系模型，而另一个模式可能基于维度模型、图模型、文档存储等。

考虑一下数据科学家为组织的营销部门以及与营销开支相关的会计部门准备模型的方式。为营销部门构建的模型可能是面向与营销活动效果和营销支出相关的预测。为会计部门构建的模型可能侧重于预测现金流量和预测实际需要支付发票的时间的特征。

营销部门和会计部门的模型得出的结果是不同的，这种差异并不意味着其中一个或者两者不正确。拥有面向特定部门所需特征的数据存储，可以帮助数据科学家构建模型，并帮助查询数据存储的个人进行自助分析。

在 DIKW 金字塔的上下文中，单一版本的真相和多个版本的真相都代表信息。然而，由于知识和智慧代表了利用数据和信息获得的更高水平的成就，多个版本的真相范式可以帮助组织更接近其上下文使用的数据和信息。因此，信息架构的构建可以帮助架构师思考通过设计概念来管理多个版本的真相，而多个版本的真相可以成为建立上下文版本的真相的实用工具。

通过使用面向上下文应用的多个版本，从数据到智慧的路径为创建以数据为中心的价值链提供了一个视角。从专用数据存储中产生的洞见可能大于各个部分的总和。能够策管数据是构建支持相同数据的多个版本的信息架构的核心实践。策管并不是收集尽可能多的信息，而是提供足够的信息来驱动知识。而且，知识需要上下文。策管提供了一个通用的界限范围，使搜索知识变得实际。

一切信息技术都只是元数据

为业务目的捕获的绝大多数数据反映了现实世界中的一些情况。因此，数据被用来描述业务感兴趣的问题。用于描述或表示其他事物的任何数据都是元数据（关于数据的数据）。因此，你可以得出这样的结论：在业务上下文中，数据并不真正存在。它们都是元数据。

意识到数据只是元数据的一种形式，可以帮助你理解价值链上下文中的数据。从根本上说，能够限定数据（或者，在本例中是元数据）在描述现实世界中的实体、对象或事件的代表性如何，可以提供对于其丰富性、深度或价值的感知。在从价值链中的一个点移动到下一个点时，数据（元数据）应该提供可量化的丰富知识，或者提供有关实体、对象或事件如何变化的充分洞见。

在许多组织中，信息技术部门设置了一组用于管理数据的实践和一组用于管理元数据的单独实践。理解一切都是元数据可以帮助简化和整合所有数字资产的管理。

7.2　策管

策管是一个努力领域，涉及组装、管理和随后呈现某种类型的集合。为了策管，你通常需要某人或某事物作为策管人，因为如上所述，数据不是自我组织的（自我组装、自我管理或自我呈现）。

例如，博物馆的馆长将研究、选择和获取该机构的收藏品，并监督翻译、展示和展览。当一个人参观一个博物馆时，并不是所有展出的东西都代表了博物馆已经获得的或者可能获得的一切展品。总的来说，策管是一种尽职尽责地选择和有意义地安排的能力。

为了不造成不堪重负或误导的情况，选择一组经过策管的数据。经过策管的数据可以激发兴趣、增进理解和提高效率。经过策管的数据不是随机放置和分散的数据。由于成本、存储和处理器速度方面的限制，以及组织更倾向于创建通用用途的同类数据集，数据策管是一项历来被忽视的活动。

拥有为分散的利益共同体策管数据的能力，有助于避免为每一段数据建立一个逻辑或物理上的中央大熔炉（神话般的单一版本的真相）。“逻辑”是指数据本身可能分散在多个位置和跨越多种技术。

利益共同体是指在某一专业领域内有着共同目标或使命的一群人或团队。

数据是一种数字资产。就这样，它很容易复制，而且不会损失任何精确度。因此，数据拓扑中的相同数据资产可能出现在多个数据区域中。这是一个本质上不同于博物馆馆长所面临的任务，作为博物馆馆长，他只需要选择一个地方来展示有形的艺术品。数据策管和数据拓扑并不局限于为单个数据片段找到最佳归宿，而是找到最佳归宿（最适用的数据区）来放置数据，从而最大限度地通过人、代码段或模型发挥数据的潜在价值。

经过策管的数据使用户能够访问已汇编和管理的数据，以实现广泛的用途，同时专注于支持用户的需求——创建一组支持个性化工作体验的数据。例如，策管是一个过程，可以使原始数据与经过清洗的和标准化的数据分离，对于数据科学家来说，这是可重复且直接的。如果数据科学家只需要当前的生产记录，那么可以从包含历史记录的数据存储中策管这些记录。如果数据科学家需要供应链的端到端视图，可以进行端到端视图的策管，使导航变得更简单和可靠。如果数据科学家需要寻求观察以帮助提高对了解客户（Knowing-Your-Customer，KYC）的支持，则可以将无关数据从经过策管的数据集中分离出来。

在一组特定的面向数据的技术的功能中，数据拓扑促进数据策管以支持企业视野、业务线视野、部门视野、组视野，甚至单个业务人员的离散视野，其中每个视野都代表一个个性化子集。

建立数据拓扑是允许数据策管的起点。正如在第 5 章中所讨论的那样，数据拓扑是围绕数据区域组织的，并且包括一系列数据流和数据地形。数据区域共同构成一个区域地图，非常类似于博物馆地图，其中包含所有围绕主题和专题的不同查看室。每个数据区域都具有主题，并为组装、管理和展示数字资产提供了基础，这是数据或信息在没有帮助的情况下所无法实现的。

数据区域是根据业务兴趣区域创建的。数据区域表示合理地与关注区域对齐但是足够宽松以免限制洞见的数据子集或集合。

数据策管是控件的一种练习。可以将控件视为构建用于业务关键情况的可信数据的基础。控件通常通过使用数据管理和数据治理来添加。例如，假设一家银行希望将不同业务线的风险数据聚合到一个符合巴塞尔银行监管委员会（Basel Committee on Banking Supervision，BCBS）239 标准的通用风险报告平台上。数据需要高度准确，并伴有正确的数据沿袭，以帮助确保所有的报告都是可靠的。银行依靠其能力来生成合规报告，以进行有关融资规模的关键决策。如果没有数据沿袭，实际上几乎无法保证数据是准确的。策管数据可以帮助满足用户的需求，并有助于确保合规性。

通过使用数据治理和集成的数据管理功能，组织可以管理、自动化和执行运营任务，这些运营任务可以在个性化水平上提供经过策管的数据，从而使员工的工作更容易执行，效率更高。

符合目标

当你发送邮件给纽约市的某人时，在数据集中，首字母缩写 NY 就足以表示该城市的名称。然而，公司内部法律顾问部门的某人可能想看到这个城市的法定名称：纽约市（the City of New York）。公务出行的人可能更喜欢使用机场代码之一（如 JFK 或 LGA）代替城市名称。

在策管数据时，必须考虑符合目标的元素。符合目标意味着数据质量足以用于其预期用途。由于一个组织由许多参与者组成，正如我们前面所讨论的那样，怎样的数据质量才是足够好的，将会有所不同。策管数据可以涉及从一般的角度包含内容，然后从更具体的角度进行表示。

纽约市的例子表明，许多不同的部门可以使用一个地址（一般视角），但是这些部门的个人如何最好地利用这些信息可以有所不同（具体视角）。经过策管的数据集考虑到了对数据的需求以及该数据的表示形式。

7.3　数据治理

如第 3 章所述，数据治理是组织数据的一个基本要素，可用于提供进行必要监督的机制，以确保数据被适当用于决策。为此，数据治理既是一个基于工具的进程，也是一个基于人的进程。某些人工进程可以像将数据管理员或数据监护人分配给新的数据集一样简单。

数据治理实践可以通过创建数据治理委员会来正式化，该委员会可以建立数据定义和标准，并确保在设计数据拓扑时考虑到组织的需求。

在这里，数据治理工具还可以通过记录充当数据管理员的指定人员或团队，向数据委员会提供仪表板以及通过认知分类利用基于人工智能的自动化来帮助制定标准。

在考虑数据治理举措的目标时，应考虑以下因素：

- **质量和一致性**：能够确定数据的质量和一致性水平，使数据在做出重要发现和决策的同时，对业务用户和数据科学家都很有用处。
- **政策和标准**：确保政策和标准能够充分说明，以便摄入、转换和使用数据，并随后在整个组织内统一遵守或执行这些政策和标准。
- **安全性、隐私性和合规性**：即使是在数字民主的情况下，也限制了有需要和有正当理由的人的访问。
- **数据生命周期管理**：规定将数据外置（存档或硬删除）以及内建。此外，这包括能够理解数据如何随时间衰减，以便访问适当的数据集。

第 3 章中的图 3-5 说明了组织如何主动或被动地应用数据治理。这里列出的因素可以合并到图 3-5 的控制生命周期中：确保、保证、保险和再保证。

数据治理的有效性取决于治理机构如何决定对组织内的文化环境做出反应和适应。为此，数据治理可能不得不不断调整其操作方式，或帮助影响组织行为的变化。无论哪种情况，数据治理都必须操纵或调整其运营。在图 7-2 中，这种调整称为拨号。

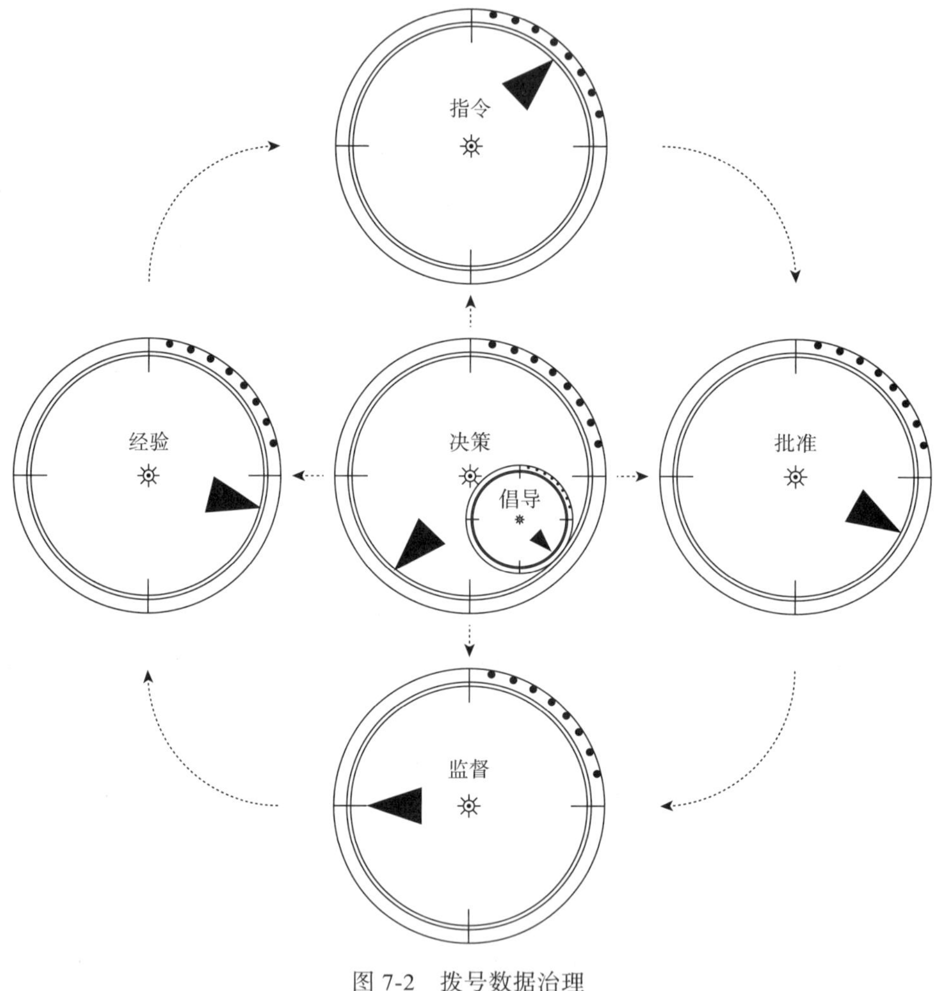

图 7-2　拨号数据治理

图 7-2 中的模型概述了数据治理操作调整过程。该过程由五个主刻度盘和一个子刻度盘组成。刻度盘的命名如下：经验、指令、批准、监督、决策和倡导。

刻度盘的集合标识了可以调整的核心操作，以满足组织内部数据治理的文化风格和目标。

- ❑ **经验**与对已部署解决方案的运营经验进行的评估有关，旨在确保质量和完整性得到维护和保持。此外，还应满足合规性和监管要求。

- **指令**包括制定政策和指导方针，以及解释其他内部和外部影响来源。
- **批准**可包括发放许可证或证明数据存储是可以信任的，并按预期使用。此外，还应授权数据消费者和数据提供者，以便维护清单，以帮助跟踪所有数据的出处。
- **监督**涉及必要的活动，以确保实现和维持完整性、合规性和一致性。
- **决策**是通过对与数据有关的问题进行研究，召开会议以解决利益群体可能存在的任何担忧，以及与本组织内其他治理机构合作以确保决策平衡。
- **倡导**是将组织取得的成功推广到整个组织。倡导成为数据治理的促进手段。

随着数据治理机构努力通过评估需求和确定风险来改进这五个方面的进程，刻度盘会受到影响并进行调整。在数据治理中，风险将不合规的可能性与不合规的后果结合起来，最终，还将结合在发生不合规时如何以最佳方式缓解问题。

在许多情况下，部署的环境为数据治理提供了上下文，使意图和实践之间的协同作用或结果完全合理化。因此，数据管理基础对于数据治理实践极具重要。

豁免

建立成功的治理实践的一个重要组成部分是避免落入专制式的陷阱，即试图强迫你接触的所有东西遵守自我强加的规定。有时候，不那么严格的管制是有道理的。开发一个管理豁免的进程应该作为一个重要的治理能力。

豁免程序被用来提供偏离首选行动方针的豁免。正式的豁免程序成为一种预防措施，防止某些管理人员采取主动行动使其成为隐身模式：隐身飞行以及躲避监督。对于治理实践来说，没有什么比不了解组织中正在发生的事情危害更大了。

无论是为了满足一个关键的短期期限，还是为了利用即将被淘汰的数据库技术，抑或是为了使用一个来自已被弃用的人工智能库的模型，豁免程序都可以授权那些本来会被视为在内部不合规的活动。当然，该程序还应该有能力拒绝请求并支持上诉程序。

除了授权豁免，治理协议应该包括与利益相关者一起制定一个计划的工作投入，以根据时间、成本、资源和获取技术的路径，使豁免努力纳入合规性。

7.4 集成数据管理

在本章前面关于价值链的讨论中，使用了渐进的层次结构 DIKW 来说明，如何选择组织业务事实对于这些事实在使用时是否有用有着重要的影响。事实如何从洞见驱动行动的有用性，通过 Zeleny 的知道标签得到了说明，特别是知道如何和知道为什么这两个标签。如何以及为什么知道标签与 DIKW 层次结构中的知识和智慧相对应。

为了说明数据示例，我们可以使用一个人的生命体征，这些生命体征代表人体基本功能的衡量标准，比如心率。其他生命体征包括呼吸频率、体温和血压。血压是一个有趣的数据点，因为它由两个独立的事实组成：收缩压读数和舒张压读数。根据你的设计偏好，你可以选择以多种方式存储血压读数，包括使用单一特征还是两个特征。

收缩压是衡量心脏跳动时血管压力的指标，而舒张压是衡量心脏在跳动之间休息时血管压力的指标。如果收缩压和舒张压读数存储在单个特征中，那么对于大多数使用者来说，收缩压读数出现在舒张压读数之前是必要的。血压通常以毫米汞柱（mmHg）为单位来衡量，但也有可能使用其他测量单位。

血压可以被储存为单个数值，如“120/80”。可能的替代方法包括“120 80”“120 | 80”“120-80”“120/80 mmHg”以及“120/80 mm Hg”。通常，数据的元数据将包括关于如何解释读数的描述。但是，如果数据是从多个来源收集的，那么格式可能是非标准化的。标准化完全不同的格式和元数据将是生成信息的一种方式（相对于 DIKW 层次结构）。如果你将血压读数存储为两个独立的、不同的值，特征或元数据的名称应该清楚地说明哪个读数对应的是哪个值。

如果个人生命体征代表数据，那么信息就是将措施与可识别的个人和其他相关事实相联系的结果。如果随着时间的推移收集一系列生命体征，作为个人纵向比较的一部分，这些信息可以进一步丰富。

通过添加上下文，如果从业者或模型能够综合数据点，以了解是否可能需要某种形式的干预，则将产生知识（按照 DIKW 来说）。而智慧（按照 DIKW 来说）就是选择适当干预措施的准确性的证明。此外，准确性应该被纳入作为反馈循环的一部分的附加数据点，并进一步支持智慧的各个方面。

理解价值，以及在业务过程中使用事实的上下文，将对你的设计选择产生重大影响。实际上，你需要以多种形式提供数据，这也是为什么在构建企业规模的人工智能信息架构时，必须将数据策管和数据治理视为重要的考虑因素。

价值识别 / 生成、策管和治理活动在很大程度上是可选的，而数据管理活动可以被认为更为主流。关于价值、策管和治理的每个决策点或每个设计点，都将利用数据管理活动集。

使用集成平台来管理数据拓扑的所有方面通常优于将一系列不同点的产品拼接在一起。当数据被摄入时，元数据就可以被捕获。随着数据的转换，数据也会得到优化。随着数据的流动，数据沿袭可以被自动捕获。

可以应用规则来检查数据的质量，以便无论有什么数据可供使用，信息都经过一系列数据质量检查，例如数据的可感知准确性和数据代表其实际推论的精确度。其他数据质量检查可以包括数据的合法性、有效性、可靠性、一致性、及时性、相关性、完整性、全面性、可用性和可访问性、粒度以及唯一性。

为了行之有效，数据管理平台需要数据。在这些数据可以被使用之前，必须首先获取或摄入这些数据。由于数据采集可能并不总是像从 SVOT 中提取数据那样简单，因此集成的数据管理功能必须与数据治理实践紧密协调。

7.4.1 载入

受管理的数据摄入进行有助于简化新数据集的载入进程，随后，可重复的进程对新用例和应用程序的开发具有积极的影响。受管理的数据摄入还可以作为跨数据拓扑的所有区域中定义良好的数据管道。

将数据合并到数据区域有多种选择。这些选择可以基于以下信息：是否通过完成交易而从内部获得，是否通过数据流从外部获得，以及是否简单地通过从一个数据区域移动到另一个数据区域，等等。以受管理的方式合并数据意味着你可以控制实际摄入什么数据、数据从何而来、数据何时到达以及数据存储在区域地图中的位置。

使用数据区域的概念意味着某些数据被有意地复制。这个特征被认为是受控冗余，因为使用数据治理可以提供类似数据位置的洞见。受控冗余是创建多个版本真相，并得到充分管理以确保完整性的手段。

受管理的摄入进程可用于引发通知和捕获日志条目，以便在摄入进程失败时可以充分诊断环境。这些功能可以帮助补救和帮助重新启动进程。

此外，随着时间的推移，流式工作负载可能会越来越多地用作数据提要。通过策略的服务级别协议（Service Level Agreement，SLA），可以来确定流有效负载是否表现出可接受的行为。SLA 是在多方之间制定明确可接受的条款和条件的工具。通常情况下，一方提供某些东西，另一方接受某些东西。双方都可能是一个组织的内部成员。SLA 通常概述用于识别或解释故障状况的条件以及补救故障状况所需的行动。

无论向任何数据区域显示的数据如何，都需要通过批处理进程或流式处理进程捕获元数据。批处理进程是数据交换，通常根据计划在规定的时间发生。流式处理进程是连续的交换。数据质量检查也是流式数据的必要需求。需要酌情验证记录格式的正确性，以及内容值是否符合范围检查、特定值或引用完整性检查。

数据区域遵循规定的数据流来分配和移动数据。虽然数据流本身对于数据的组织是不可知的，但是接收数据区域接收给定的目的数据，而这个目的通常需要数据进行组织。

7.4.2 组织

在存储数据时，可能需要考虑对数据进行加密以增加安全性。此外，可能需要对数据进行编校（屏蔽）或模糊处理（标记化），然后使用适当级别的访问控制进行保护。

诸如安全性之类的服务的含义是，它们需要在整个区域地图中提供企业范围内的服务，并且必须对多个业务组提供内在的支持。

多个业务组需要共存，并获得对其业务数据的编目方面的访问权。虽然这可以有效地完成，但是必须花费时间确保治理团队完全理解所需的权限级别。

例如，按照法律要求，医疗保健行业运营的组织需要对受保护的健康信息（Protected Health Information，PHI）进行隐私控制。违反者（不尊重 PHI 的组织）可能会受到经济上的惩罚。第 2 章中提到的欧洲《通用数据保护条例》(GDPR),不仅强制要求保存哪些信息,还强制要求如何使用这些信息。

本章稍后将进一步介绍的数据准备阶段,通常就是处理敏感数据(如财务和健康信息)的阶段。敏感数据或隐私数据可以通过称为编校或屏蔽的进程完全删除。

另外,敏感数据或隐私数据可以在一个称为模糊处理或标记化的进程中转换为无害值。模糊处理的技术应该是单向的,不应该受到逆向工程技术的影响。单向模糊处理通过确保数学进程无法发现原始值来对数据进行保护。

必须考虑确定存储数据的最佳格式。数据可能需要以原始格式保存,即数据首次在数据拓扑中收集的格式。根据用户群体的不同,原始格式并不总是会使自己处于随时可用的状态,这是本章前面讨论个性化(第 3 章)、多个版本真相以及受控冗余时所涉及的主题。

例如,数据科学家以及公民数据科学家(其主要工作职能不属于统计领域,但能够创建或生成机器学习模型或人工智能模型的个人),可能需要以某种方式组织的特征,以补充正在使用的算法。一个例子是从电话号码中分离(解析出来)嵌入的县代码。(电话号码 +1.212.555.1212 将成为两个特征:+1 和 212.555.1212。)

在柱状数据存储上执行的分析查询通常比使用传统的面向行数据存储的查询更快地返回结果。当存储大量数据时,数据压缩也是另一个需要考虑的因素。许多非基于文本的非结构化数据集可能以已经压缩的格式进入数据区域,例如用于音频和视频的数据集。

例如,可能需要自动化数据生命周期管理过程的各个方面,以帮助解决支持特定查询的 SLA 需求。如果对 30 天以内的数据可能需要快速数据访问,则可能需要常驻内存的数据存储。

此外,对于管理 31 至 90 天时间段内的数据的场景,可能允许响应时间稍微慢一些,并且可能需要使用固态闪存驱动器。超过 90 天,SLA 可能会容忍更慢的数据访问时间,并且数据可能会迁移到更慢的商用磁盘上并保存长达 7 年的时间。7 年后,可能需要将数据物理删除或存档到已明确指定用于归档目的的数据区域。

指定的存档区域也可以映射到数据拓扑中数据地形的另一部分,其中预存档区域与本地雾计算节点关联,存档数据区域与公共云提供商关联。

由于可以跨区域地图进行数据管理,因此需要为数据拓扑建立索引机制。许多索引功能被整合到了数据编目之中。

7.4.3 编目

编目帮助数据科学家和业务用户快速发现可以访问、分类和共享的数据资产。数据资产可以包括业务数据,也可以包括分析模型。

作为数据治理的功能之一的编目可以帮助用户理解数据拓扑中存在的内容。用户还需要知道数据的属性、沿袭、来源、摄入历史、数据质量级别,以及与数据生命历史相关的其他 KPI。

数据科学家和其他数据专业人员经常会遇到这样的情况：在解决问题的过程中，他们的时间不成比例地被消耗掉。他们没有处理核心问题，而是花费了大量的时间来寻找和准备适当的数据。因此，数据科学家可能会感到压力，从而匆忙完成重要的活动，如模型构建、可视化和报告。

信息架构的核心部分包括控制数据并防止数据变得不可见或不受管理的能力。通常，组织会遇到这样的情况：添加到数据拓扑中的数据越多，数据就越难进行查找、存储和管理。为了防止任何潜在的问题，编目成为一个重要的工具。数据科学家或业务分析师必须始终能够确定以下事项：

- 组织的数据到底在哪里？
- 数据真正代表了什么？
- 数据来源于何处？
- 数据的准确性如何？
- 数据是否可信，以用于数据所需的目的？
- 数据是否可用于数据原本意图之外的其他目的？
- 应该如何访问数据？
- 我有权查看数据吗？

数据的配置文件，包括业务元数据、技术元数据和运营元数据的元三重属性，应该是易于访问的。需要对这些信息进行抽象，以便用户能够理解它并有效地使用这些数据获得洞见。这是数据拓扑中的数据目录的作用。

数据目录需要是可搜索的，无论是对于源系统、架构属性、主题区域还是时间范围。认知搜索对于业务用户来说是必不可少的，这样才能以快捷和灵活的方式最大限度地利用数据拓扑。

使用数据目录，用户可以发现已经经过策管的数据集，这样他们就不必花时间重新清理和准备数据。能够选择模型构建所需的数据集，而无须让信息技术部门参与，可缩短分析时间。

虽然编目可以提供许多特征，但组成目录的信息是元数据。

7.4.4 元数据

元数据对于有效管理数据拓扑非常重要。元数据有助于避免数据转储，在数据转储的情况下，持久化数据会导致磁盘空间的消耗，而又无法提供任务业务价值。

元数据对于确保最大限度地利用数据至关重要。无论数据是在摄入过程中手动收集还是自动创建的，元数据都允许用户定位其需要分析的数据。元数据还为未来的用户提供线索，帮助他们理解数据集的内容，以及如何利用和重复利用基础数据。

随着数据拓扑的增长以及更多信息跨区域地图的流动，元数据的使用成为日常业务和决策制定的内在要求。元数据成为一项重要的资产。

元三重由业务元数据、技术元数据和运营元数据组成。

- 业务元数据用于捕获数据对分析用户的含义的定义，包括业务名称、描述、标记、数据质量度量和屏蔽规则。
- 技术元数据用于捕获每个数据集的形式和结构，包括文本、JSON、Avro 等数据的类型，以及就其字段和类型而言的数据结构。
- 运营元数据用于捕获数据沿袭、数据质量、配置文件和来源，包括数据的源位置和目标位置、数据集大小、记录数量以及与所有数据流相关联的数据沿袭。

如果不创建和主动策管所有这些类型的元数据，数据拓扑可能会导致失败的信息架构。元数据还可用于捕获数据区域内数据的上下文使用情况。因此，元数据可以为组织和丰富数据的数据驱动的数据准备方法提供基础。

7.4.5 准备

虽然原始数据具有有效性和实用性，但术语“原始”意味着精炼后的数据必须存在或是必需的。数据准备精炼了数据，使业务用户更容易访问。理想情况下，可以在不需要依赖信息技术来执行活动的情况下进行精炼。

虽然原始数据的访问是至关重要的，但数据科学家也可以从访问已准备好的数据中获益。作为将上下文数据资产传递给组织内部每个业务团体的一部分，数据准备是有必要的。不可避免地，数据可能会以各种类型的错误、损坏的格式或重复数据的形式进入数据区域。通常情况下，不完美的数据在上下文中与下一系列数据点相关联，这些数据点与价值链相关联，应该对其进行补救。

充分准备和清理数据是必要的，并且应该在理解数据安全性、数据质量和数据可见性的情况下完成。

数据准备活动可包括以下内容：

- 数据标记，以帮助搜索和组织数据。
- 转换数据格式，使查询更易于创建，并且可能更快地执行。
- 完成复杂的工作流，以集成更新或更改的数据。

数据准备应作为准备工作的副产品，生成用于数据沿袭、转换和执行的查询的元数据。此外，从任何原始数据生产精炼数据时，应创建数据来源字段。数据来源有助于从数据沿袭到源对单个记录或字段进行追溯。此外，作为数据准备工作的一部分，可能需要格式转换，例如将数据从按行组织转换为列数据格式。

还可能出现其他问题。源系统不是不可变的，它可能会随着时间而变化，可能还会频繁变化。数据集可能需要在一段时间内作为时间序列进行管理。

并非每个数据存储都是事先计划好的。某些数据存储是动态预配的，但是数据仍然应该为使用做好准备。

7.4.6 预配

自助服务使用可能是成功的数据拓扑的一个重要组成部分。不同类型的用户以不同的方式使用数据，并寻找不同的东西。基于组织内存在的不同工作角色和职责的数量，以不同的方式访问数据的需要应该是不言而喻的。总体而言，预配允许授权用户收集自己选择的数据，并意识到不同的用户可能希望以不同格式处理来自各种数据源的数据。

以评估公司季度收入的简单活动为例。首席财务官办公室可能希望查看财政季度的实际收入，即存入公司银行账户的资金或被提取的信用额度。销售部门可能希望看到该季度收到的采购订单的收入，而市场部门可能希望看到与该季度业务渠道相关的收入。每一种需求都以不同的方式寻找可比较的东西。但是每个用户，甚至数据科学家都更愿意以自助的方式访问数据，而不需要信息技术的正式帮助。

某些角色归属于数据拓扑的分析用户。

- **高级经理**可能会寻找趋势或汇总来做出重要的业务决策，也可能会查看数据科学家根据历史和分析模型来做出的销售预测分析。在数据拓扑中，数据可以从包括流数据和批处理数据在内的众多数据源中获取。这些数据将作为一系列的数据流通过数据区域进行处理，以帮助生成一个最终以可视格式呈现的洞见的数据集。
- **数据科学家**通常利用数据来开发和构建模型。通过执行发现或探索性即席分析（Ad Hoc Analysis），数据科学家可以在他们的模型上迭代来证明或反驳一个假设。建立和测试他们模型的数据科学家可以从他们感兴趣的价值链的相关部分，访问完整的数据集。数据科学家可能会用 Python 或其他适当的语言编写脚本，以进一步处理数据并生成工程特征。
- **业务分析人员**可能会尝试将多个数据集关联在一起，以生成场景的聚合或整体视图。物化视图可以使用过渡性商业智能方法或其他可视化工具进行切片和分割。借助自助服务功能和工具，业务分析人员可以获得一个数据区域，以便根据他们的需求进行数据策管，并控制他们自己的需求。例如，业务分析人员可能需要调查恶劣天气对预计销售的影响。基于来自公共数据集的历史数据，并结合来自数据拓扑的内部数据集，业务分析人员可以搜索数据目录，查看哪些数据集已经过清理和标准化，然后对这些数据运行查询。
- 另一种角色类型是**下游系统**，例如通过数据提取或 API 接收原始或精炼数据的应用程序或其他平台。例如，如果下游应用程序是一个数据库，那么数据区域可以将最终的聚合数据发送到下游系统进行后续处理。

7.4.7 多租户

对于组织中的许多角色类型，多租户（单一软件程序为多个客户服务的架构）允许在主要软件之上创建和执行一个或多个逻辑软件实例。多租户可以让多个角色同时在一个软件环境中工作，每个角色都有自己独立的用户界面、资源和服务。

一个经过管理的数据拓扑方法，可以帮助避免需要单独的业务部门来支持离散的业务部门所拥有的数据拓扑环境。应该从一开始就建立数据拓扑，并考虑到多租户。多租户拓扑将展示能够通过沿袭、上下文使用/理解、元数据和已经应用的任何转换来解决总体完整性的特征。

- 跟踪加载到数据拓扑中的任何数据的源和沿袭提供了可追踪性。沿袭可以帮助组织确定数据来自何处、数据何时进入数据拓扑、数据中包含多少记录，以及数据集是否从其他数据集创建。这些细节有助于建立问责制，并可用于对数据进行影响分析。
- 如果数据收集的目的是通过采用任何抽样策略或业务术语表条目来进行跟踪和扩充，则上下文可以归因于数据。收集来源和上下文可以在分析生命周期期间提供有效的替代类型的洞见，因为用户希望从实际数据中获得洞见。
- 每次从同一来源将新数据加载到数据区域时，都应生成一个运营元数据条目。运营元数据也可作为一种手段，用于记录通过更新引入的原始数据的任何更改。如果一个大型组织有许多零售商店，每个零售商店都有许多销售终端，那么任何升级都可能需要几天或几周的时间。在转换期间，数据区域可以接收混合格式的数据。其中一些可能与旧终端相关联，另一些可能与升级的终端相关联。跟踪版本和元数据是日志记录的一部分。
- 在发生更改时，运营元数据应该跟踪数据何时更改、由谁更改以及通过何种方法完成更改。
- 通过使用元数据（例如使用决策表的技术）来驱动转换可以显著帮助简化。转换可能涉及将数据从一种格式转化为另一种格式。例如，在处理完全非规范化的记录时，机器学习算法更容易装配。
- 虽然在生成精炼数据时，必须执行转换，但随后应该可以发现转换的类型。跟踪数据沿袭还应该公开各个字段的转换方式。
- 管理所有元数据需要独立的元数据存储。数据存储应该能够管理所有形式的元数据，包括业务元数据、技术元数据和运营元数据。

在一个综合数据管理平台内，多租户可以使升级软件更加容易，因为可以更新中央应用程序或代码库，而无须更新多个实例，并且所有用户可以立即使用更改。还可以合并其他层，以提供自定义功能，同时仍然维持一个对所有用户都保持不变的基础代码库。多租户也可以受益，因为在升级之后不需要重新配置专用资源。

特征工程

综合数据管理是迭代的。有些事实是后来推导出来的。在人工智能中，特征工程是一个事实的示例，只有在原始数据被编目、组织、准备、预配等之后才能确定这个事实。

在特征工程中可以使用许多不同的技术，可能包括以下技术：

- 插值与外推
- 分箱
- 对数转换
- 独热编码
- 分组和聚合
- 拆分
- 缩放

插值和外推技术涉及在数据点之间生成附加值或缺失值，可以帮助避免删除整个记录。添加缺失值会影响机器学习模型的性能。对于插值或外推值，确定是否希望保持统一的分布、使用可接受的最小 / 最大值或使用最常出现的值都是你可以考虑的选项。

通过分箱，创建数据以帮助改进数据分组，从而避免小的观测错误。分箱可以使模型更加稳健，防止过度拟合。对数转换是特征工程中常见的一种数学转换，因为它有助于处理偏斜数据的问题。日志转换还有助于减少异常值对模型的影响。

独热编码是一种将存在于单列中的值分散到多个标志列，然后分配值为 0 或 1 的标志列的方法。二进制值用于表示分组列和编码列之间的关系。例如，如果一个列包含正确和错误的值，则将创建两个标志列，每个标志列对应列中的一个值。分配给标志列的二进制值将唯一地与原始值关联。

当数据集是有序和一致的时候，它们可以被称为是整齐的，并且与第 4 章有关第三范式的讨论相关联。由于事务值是离散的，许多事务数据集可能不整齐，而且数据的组织往往是为了帮助数据的收集而不是为了数据的分析。分组和聚合的使用可以帮助使某些事实符合并改进机器学习结果。

通过提取离散部分来拆分特征，有利于机器学习。拆分特征可以改善分箱和分组，并通过发现隐藏信息来帮助提高模型的整体性能。通过将日期拆分为月、日和年特征，以及将时间拆分为小时、分钟和秒特征，拆分对于日期或时间也是有用的。

数据集之中的数值特征不应该具有一致的范围。对于一个人的年龄和收入来说，有这样的范围是不正常的。通过应用一个缩放进程，这个范围可以和机器学习相媲美，而且很有用。

有关整齐数据集的更多信息，请参见 2014 年 8 月第 59 卷第 10 期的 *Journal of Statistical Software* 中 Hadley Wickham 的“Tidy Data”一文。

7.5 本章小结

本章确定了数据、信息、知识和智慧的金字塔如何提供逻辑来理解数据和信息之间的分离，以及随后的知识和智慧的必要上下文。金字塔有助于认清为什么被开发的是信息架构，而不是智慧架构的原因。

为了支持知识和智慧，多个版本的真相的使用有助于提升经过策管的数据存储的个性化和组织效率。但是为了确保完整性，需要数据治理来使信息架构变得合理。

综合数据管理平台的使用还必须提供一个实用的环境，用于部署信息，同时考虑到载入数据、数据准备、数据编目、元数据支持、资源预配和组织数据以及对多租户的支持。数据应当有意识地组织起来，以便尽可能多地将数据转化为信息。信息成为洞见、推动以知识为基础的决策制定和以智慧为基础的行动的天然基石。

在下一章中，我们将介绍各种组织需求，以便处理民主化和非民主化的数据，从而实现支持预测、自动化和最优化的分析和人工智能。

第8章 Chapter 8

通过统计分析评估数据并启用有意义的访问

“有成千上万的方法来搞砸或破坏一个软件项目，只有少数几种方法可以很好地完成它们。”

——Capers Jones

Applied Software Measurement: Global Analysis of Productivity and Quality

一个商业组织并不是为了平等而建立的。当然，当涉及工作场所的社交互动时，我们应该始终对每个人表示尊重和礼貌。但是在组织上，不同的角色和职责领域要求设定界限。关于数据访问，组织边界为每个员工规定适当的权限和特权，确定哪些可以知道，以及可以执行哪些行动。

本章介绍了数据访问由角色和职责决定的方法。这包括那些已经被重视和有意民主化的数据，或者那些设计上并不打算作为民主化资产使用的数据。执行分析和人工智能驱动对访问数据的需求，这些数据直接支持组织对预测、自动化和最优化的需求。

8.1 派生价值：将数据当作资产进行管理

虽然在第7章中讨论过的数据、信息、知识和智慧（DIKW）解决了价值链的形成问题，但是每个价值链中的每个点都应该是可测量的，以便展示价值。如果要将数据视为资产或作为资产，则需要对该资产应用某种类型的度量。价值链中的每一点本身就是一种资产。投资回报率（Return On Investment，ROI）通常是衡量组织价值的默认指标。

计算投资回报率的目的是衡量每个期间的投资或花费的资金的货币收益率。在休闲商务对话中使用投资回报率通常是一种证明质量效益优于量化指标的方法。投资回报率的计算可能比较松散，这反映了一种观点，即投资回报率表达的是一种概括性指标，而不是一种确定性指标。

投资回报率的计算方法如下：

（投资现值 – 投资成本）/ 投资成本

例如，假设在一些机器学习算法上投资了 1000 美元。一年后，这些算法带来了 1200 美元的新客户销售额。为了计算投资回报率，利润（1200 美元 –1000 美元 = 200 美元）将被投资成本（1000 美元）相除，得到 20% 的投资回报率，或 200 美元 /1000 美元。

或者，2000 美元可以投资于人工智能模型中的监测和偏差补救。三年后，监控和补救帮助客户产生了 2800 美元的额外销售额。监控和补救软件的投资回报率为 40%，或（2800 美元 –2000 美元）/2000 美元。

虽然第二种投资的回报率较高，但是按年平均计算，回报率为 13.3%（40%/3 年）。这将使第一笔投资更有价值。当忽略时间框架和其他间接成本时，以这种宽松的方式使用投资回报率。

另一种衡量方法是资产回报率（Return On Assets，ROA）。资产回报率是一个可以用来表示资产帮助产生收益的效率的指标。资产回报率的计算方法是将一个组织的年收入除以其总资产。与投资回报率一样，资产回报率是以百分比的形式表示的。

在这个高级分析的时代，组织将希望通过预测结果，提供自动化，进一步优化资源，增加收益，或扩大存在或市场份额，来获得利用数据提高效率所带来的切实利益。这说明从数据中得出的值应在度量中形式化。数据资产回报率（Return on Data Assets，RDA）就是这样一种度量方法。

数据资产回报率可以用来衡量一个组织从其数据语料库或数据清单中产生收益的效率。因为数据是惰性的，所以数据无法派生自己的价值。如果没有刻意为组织提供可对（价值）采取行动的洞见，则数据无法与价值创造产生关联。

数据拓扑中未访问的信息或已变得无法访问的信息的术语为暗数据。暗数据是组织的成本，不会产生任何价值。此外，并非所有数据都是平等的。这意味着某些被保留的事实比其他被保留的事实对结果的贡献更大。例如，客户最近一次下订单的日期可能比客户名字的中间首字母对组织更有价值。

计算数据资产的价值可能比较复杂，可能因为并非所有数据都是平等的这一事实，也因为数据的价值可能沿着其价值链发生变化，而变得更加复杂。公开正式的数据价值链可以作为建立数据资产价值（以及数据附带的元数据）的良好开端。

在数据价值链中，数据是生命周期的一部分，生命周期中的每一点都代表着组织的有形资源。评估数据的价值是一回事，但是知道如何提升这个价值又是另一个组织上的挑战。虽然数据具有价值，但数据也是一种成本，并将持续产生成本。

数据与原油之间经常使用的类比说明了如何将这两种材料用于多种用途，因为这两种材料经过提炼，其价值超过基本原材料的原始价值。这一比较还表明，与石油一样，数据也需要被视为一种有形资产，并以此进行衡量。

为了创建价值，数据通常要经过许多步骤，从摄入到集成，从关联到使用。在使用方面，数据和石油之间的类比是站不住脚的，因为数据是一种资产，不会因为使用而耗尽。数据是一种不会在使用时耗尽的资产。数据可以是永恒的，虽然组织可能能够控制数据寿命的某些方面，但数字衍生品可以持续存在，而不会在组织的主持下和控制之外造成代际损失。

代际损失是后续数据副本之间数据质量或原子性的下降。诸如聚合和压缩等技术在产生衍生副本时会降低粒度或整体质量，但代表精确副本的衍生物不会遭受生成损失。

作为一种资产，数据是完全可复用的，而不是可耗尽或可再生的。但是，随着时间的推移，数据可能会出现某种衰减，这意味着在当前上下文中，这些值不再具有代表性。在所有情况下，数据作为资产的可复用性使得数据能够参与价值链。理解价值链对于构建信息架构至关重要，该信息架构为组织提供了以敏捷性、可扩展性和人工智能不断解决业务问题的能力。如图 8-1 所示，更智能的数据科学逐步增加了数据的价值，数据价值链中的每一步都是至关重要的。虽然数据的质量不一定是原始的，但缺乏质量可能会对价值产生负面影响，甚至否定所有价值。

注意细节

例如，1999 年美国宇航局（NASA）的火星气候轨道飞行器的故障和最终的毁灭就是由于数据质量问题造成的。一个工程师团队使用英制单位，而另一个工程师团队使用公制单位。这种差异导致的结果是零值。

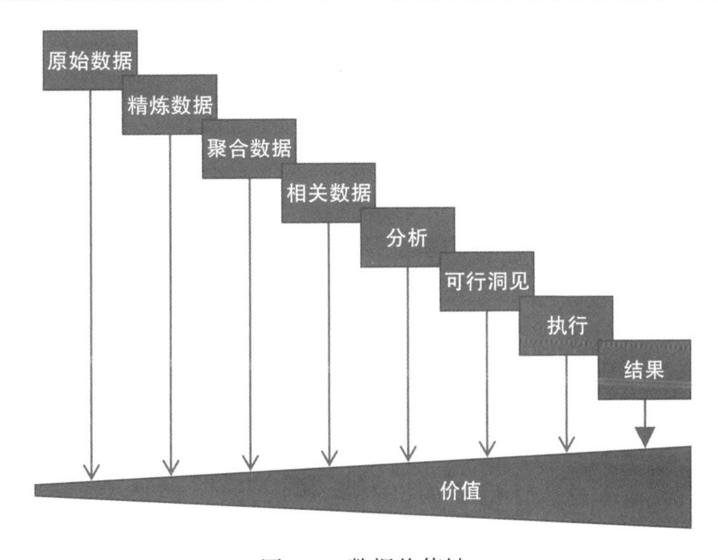

图 8-1　数据价值链

作为一种原材料，数据的一个耐人寻味的方面是，价值可以从另一个组织的数据（原材料）中产生，并且在某些情况下，无须购买使用权或与内部数据生成所产生的正常成本相关联。

使用数据拓扑可以帮助为价值链提供一个通用地图（相对于区域地图）以进行覆盖。正如刚才所解释的，并非所有的数据区域都必须是组织内部数据资产。例如，数据区域可以覆盖组织虚拟化的外部数据。在这里，虚拟化的使用确保外部数据保持在适当的位置，并且不会被正式拷贝或复制到另一个数据区域中。

虚拟化数据是可以从源访问的数据，无须先重新定位数据。

价值链意味着，通过收集和处理可重新利用的数据，价值将进一步提升。因此，来自原材料的衍生数据产品可能是物化的，这些物化资产很可能被纳入组织内部的数据区域。

所有的数据源，无论是内部的还是外部的，都需要对成本、覆盖范围和质量进行发现、定位和评估。摄入管道或者数据流，对于在整个数据拓扑中实现可靠的操作是非常重要的，特别是当数据从一个数据区域流向另一个数据区域时。需要考虑不同的文件格式和网络连接，以及有关频率和体量的注意事项。

在进行摄入操作之后，可以对数据进行精炼。精炼可以对数据进行调整，并通常使其可用于组织。然后，还可以将数据转换为便于重复使用的格式，或者可以采用通过个性化为整个组织的个人或团队提供效率的方式对数据进行策管。

分布式存储提供了许多在数据拓扑上保存数据的选项，以及在叶区域中选择格式或数据库技术。格式或技术的选择常常受到价值链中数据可能驻留和使用的位置的影响。例如，选择某些格式和技术用于运营用途，而不是用于分析和人工智能的用途。

增加数据的价值通常可以通过将各种数据源组合在一起，以寻找新的或以前模糊的事实或洞见来实现。集成是价值链中一个重要但有价值的步骤，它使相关进程得以发生。分析依赖于价值链中的每一个其他步骤。

数据科学家经常在价值链的早期阶段花费更多的时间，因为数据没有为他们的活动做好准备。高级分析的结果和向组织用户公开的数据代表了从数据中获得中间价值的最后一个时间点。由于数据本身没有被耗尽，因此该值不必消失。

时间可以改变数据的价值。例如，实时股票价格具有一定的时点价值。价格的即时性可以被人工智能模型用来立即做出买入或卖出的决策。同样的数据点（价格），如果一年后使用，在做出买入或卖出的决策时并不具有相同的权重（价值）。这就是为什么历史股票价格数据只反映了某一天的开盘价、收盘价、盘中高点和盘中低点。所有其他价格不再与它们反映实时时间点时保持相同的价值。

每个洞见都可以被评估和采取行动。行动的结果还会产生数据点，这些数据点可以反馈到链中，以进一步提高数据资产的价值。

不采取行动的决定也是一种可以被记录下来以供反馈的行动。不采取行动的反馈可以用来理解为什么没有采取行动。数据点对于未来的理解和优化很有用。

随着组织数据产业的增长和人工智能能力的增加，必须对资产价值进行评估，以确保组织能够加快提高数据价值的手段。制定标准的数据资产回报率指标可以证明是一个有用的措施。

数据产业是一个宽泛的概念，它可以表示数据存储位置的集合，这些位置本身出现在云、雾和霭计算的数据地形上。

数据评估链有助于阐明原始数据在收集、处理、集成、关联和转换上下文的过程中如何产生许多中间形式，以产生可操作的洞见，从而可以导致具有可识别和可衡量的结果的行动。

不精确的科学

由于多种原因，数据资产的估值可能是一门不精确的科学。数据的价值可以随着它在数据评估链中的移动而增加或减少。例如，知道客户的家庭地址可能有一定的价值。但是，如果客户不再居住在那个家庭地址，而且当前的家庭地址仍然未知，那么数据的价值可能会减少。如果旧地址和当前地址都是已知的，那么通过更好地理解客户的纵向信息，可以获得额外的价值。

纵向数据提供了随着时间的推移跟踪或了解一个实体（如一个人）的观察的能力。这可能包括一段时间内一个人的家庭住址。地址是保持不变，还是变更了？

在这方面，数据是根据可采取的业务行动的潜在价值，在基于价值的系统来衡量的。随着数据在链中的传递，价值随着行动能力和最终产品价值而增加或减少。数据的估值可能取决于数据实际在链中的位置。将数据资产的中间值与完整链的整体价值分离可能因链而异。关联多个数据集的价值可能远大于它们各自值的线性总和。

机器学习或统计模型可以成倍增加数据源的价值，但是评估此类分析的价值还必须基于行动的类型和预期的结果。

必须完成对链的估值，以帮助从数据中实现价值。在经济学中，商品可以被描述为具有竞争性，因为消费一种商品可以阻止其他人消费同样的商品。由于数据没有消耗，数据本身是非竞争性的。

制造数据作为原材料的初始成本可能非常昂贵，但是随着数据精炼和跨越数据拓扑的流动，边际成本可能会下降。当任何最终的业务行为和结果的价值都不确定时，从数据中获得价值可能会带来风险。量化数据价值的风险也可能十分困难。

相同的原始数据可能是多个价值链的共同起点。与原油的类比一样，石油经过价值链，旨在生产出可行的产品。然而，原油的可能最终产品数量相对较少，这些产品的市场价值定义明确，并受到全球市场供求关系的驱动。

原始数据有可能具有无限数量的可能最终产品用途。数据的每个最终产品可能取决于用户，以及可以应用数据的意图和目的，所有这些都可能随着时间的推移而频繁地发生变化。

一个零售商可能决定使用聚合全球定位系统（GPS）信息来确定门店扩张计划所使用的位置，但随后可能使用相同的 GPS 信息来确定向客户提供送货上门服务的效率。这可能导致难以通过基于收入的方法对数据进行货币化评估。数据的可能用途数量（因此，与数据相关的潜在收入）可能会发生巨大变化。

最终，估值链可能会以没有产生任何价值而告终。在经济学中，商品被认为是透明的，因为买家通常在同意购买商品之前就知道他们会获得什么。数据和其他信息商品可视为体验商品。对于体验商品，价值可能在商品使用后才能完全确定。

可以从相同的初始原始数据建立许多不同的数据链。正如前面所提到的，持久化数据不是一种会被耗尽的资源，此外，数据是非减少性的。非减少性的是指数据的使用不减损其他的用途。你可以将同一数据源用于许多不同用户的多种形式的分析和决策。因此，数据的价值在多种用途之间可能具有极大的变化。

虽然《通用数据保护条例》（General Data Protection Regulation，GDPR）等法规可能限制甚至阻止数据访问用于后续业务目的，但许多数据资产可以继续传播，以便做出其他决策。

不同的估值链可能需要不同的数据质量水平。数据质量是多维的，可以采用准确性、完整性、广度、延迟、粒度等不同手段进行度量。不同类型的分析可能对每个维度要求不同的质量水平。在一种用途中被认为是高质量数据的数据，在另一种用途中可能被认为是低质量数据。例如，对于长期金融建模师来说，经过清理并删除异常值的股票交易数据可能极具价值，但对于从事欺诈检测领域工作的数据科学家来说则不适宜。

来自完全不同来源的原始数据可以提供相同的洞见，并导致相同的业务操作。虽然数据为关键的业务进程和决策提供支持，但实际数据来自何处通常不如实际提供的洞见重要。电话服务供应商汇总的 GPS 数据可以提供有关人口密度的信息，从而指导有关新门店位置的决定，但卫星照片也可能提供类似的信息。

来自数据源的可派生值不仅取决于其潜在的最终用途，还取决于是否可以提供替代数据源。替代数据源也可能具有不同的成本因素。

为组织提供分析的目的是通过为组织的分析代表提供服务，从而为业务提供价值。从分析型用户的角度来看，了解或发现以下因素非常重要：

- 可访问的内容类型。
- 有关可访问数据的数据质量水平。

- 可访问的数据配置文件。
- 与可访问数据相关的业务元数据、技术元数据和运营元数据。
- 提供自助服务以丰富、清理、增强和聚合可访问数据的手段。
- 注释和标记可访问数据的手段。

在这种情况下，可访问数据意味着单个用户有权使用的数据范围。可访问的数据因用户而异，能够理解或发现前述的每个项目取决于信息架构，以及统一的数据治理和适当的安全规则的预配。

从最开始

乌龙指（Fat Finger），即当你错误地按下键盘上的一个意外之键时发生的情况，已经导致不少人产生了毁灭性的错误。在这样的一个事件中，日本政府谴责了东京证券交易所和日本最大的证券经纪公司之一——日本瑞穗证券。因为瑞穗证券的一名员工犯了一个乌龙指错误，导致该公司在股票交易中损失超过 400 亿日元。乌龙指的连锁反应导致日经指数大幅下跌，并迫使东京证券交易所总裁辞职。

麻烦始于瑞穗证券以 1 日元的价格卖出 61 万股股票。这名瑞穗证券的员工原本打算以 61 万日元的价格出售 1 股。该错误表示一个比已发行股票数量大 41 倍的卖出指令（Martin Fackler，东京证券交易所总裁辞职，纽约时报，2005 年 12 月 21 日）。

尽管瑞穗试图取消指令，但证券交易所制定了不得取消交易的政策，即使交易执行错误也是如此。然而，如果在数据输入过程中使用一组合理的控件，就可以更好地管理数据以避免负面后果。将数据作为资产进行管理，从创建数据的那一刻起就开始了。

8.2 数据可访问性：并非所有用户都是平等的

在前面的章节中，我们注意到并不是所有的数据都是平等的，特定的数据会比其他数据为组织带来更多的好处。不平等的方面也适用于其他组织资产，包括员工。因为组织指定给每个员工不同的角色和职责，我们可以推断每个员工的数据特权也可能因员工而异，并不是所有员工都是平等的。

由于每一个独特的角色和职责，员工有权查看或操纵哪些信息以及无权查看或操作哪些信息，都可能会发生转变。正如第 7 章所讨论的那样，经过策管的数据存储可以作为一种手段，确保员工不仅接收他们有权使用的数据，而且还以提高工作效率的格式接收此数据。

此外，哪些数据可以由一个用户访问，哪些数据可以由另一个用户访问，这些都会影响得出的洞见。虽然很容易理解，通过实施的安全措施，单个用户应该只看到他们有权看到的内容，但业务成果如何受到影响可能会更微妙一些。

假设一个数据区域有三个数据集：数据集 A、数据集 B 和数据集 C。如果一个用户可以访问所有三个数据集，而另一个用户只能访问其中的两个数据集，则可能根据访问权限获得或失去不同的结果（或洞见）。如果两个用户都需要关联数据，一个场景可以以这种方式进行：

- 用户 1 有权访问数据集 A、数据集 B 和数据集 C。在数据集 A 中是 Eminem 的记录。数据集 B 有 Marshall Mathers 的记录，数据集 C 有 Slim Shady 的记录[⊖]。当三个数据集相互关联时，数据集 C 具有必要的数据点，可以将所有三个人合并为单一个体。结果是具有三个别名的单一个体的记录。
- 如果用户 2 没有访问数据集 C 的权限，则将失去关联数据集 A 和数据集 B 之间某些数据的能力。结果是两个不同的个人的记录，没有已知的别名。现在有一个真正具有讽刺意义的问题："真正的瘦痞子是否可以站起来？"

尽管对数据的可访问性始终取决于安全性和权限，但可访问性还具有另一个方面，即信息是否以你的名义访问，或者数据是否可以自我访问。

隐藏的必要性

安全需求可以推动建立人工智能混合框架模型管理的需求。对于某些员工，该模型将作为白盒模式进行管理，并且每个特征都是可识别和可观察的。对于其他员工，该模型将作为黑盒模式进行管理，在这里，只能观察到其输入和输出。

默认情况下，黑盒模式不具有风险，但黑盒可能引发治理和道德问题。无论公司组织结构图是围绕功能主题、部门主题、矩阵形式还是扁平形式设计的，并非所有信息都始终得到完全共享。例如，上市公司在发布公告之前，将仔细保护与季度业绩相关的数据，以防止内幕交易。同样地，一个模型可能会使用一些特征，而这些特征在广泛共享模型中无法广泛使用。

8.3 向数据提供自助服务

自助访问或自助服务意味着技术专业人员或非技术业务用户可以访问和分析数据，而不需要信息技术部门的其他人参与。自助服务意味着所有用户，不论其工作职责如何，都可以访问数据，而无须信息技术部门的正式协助。数据科学家和公民数据科学家都对在组织内完成任务的工具充满信心。

在自助服务模型中，用户可以访问元数据和数据配置文件，以帮助他们理解数据集中的每个属性或特征。捕获的元数据应当为用户提供足够的信息，以便利用丰富和分析相结合的方法，从现有的数据格式中建立新的数据格式。

⊖ 著名说唱歌手 Eminem，本名 Marshall Bruce Mathers III。Eminem 于 1997 年底发行 *The Slim Shady EP*、1999 年发行 *The Slim Shady LP*，因此他也被称为瘦痞子（Slim Shady）。——译者注

数据目录是用户发现数据或发现机器学习模型的基础工具。用户还应该能够寻找任何类型的特征。案例包括在诸如 2 月 1 日至 2 月 28 日这样的时间段内进行搜索，以及在营销或财务等主题领域进行搜索。用户还应该能够根据所包含的特征定位数据集，例如查找包含 30 年期债券特征或包含某个百分比特征的数据集。

发现还应该包括根据分类、质量水平、数据沿袭、模型的出处、哪些资产已经充实或哪些需要充实等，来发现数据的手段。认知驱动的发现还可以推荐资产，从而进一步帮助用户推动洞见。

业务元数据、技术元数据和运营元数据的积累对于维护数据目录至关重要。用户可能希望查看所有摄入数据的历史活动。如果用户正在查看流数据，搜索可能会在没有数据进入组织的情况下进行数天。用户的意图是确保这些日子不包含在活动分析的代表性数据集中。总之，对数据沿袭的访问、执行质量检查以及查看摄入历史记录的能力，可以很好地理解数据，因此用户可以开始其分析任务。

目录对于最大化数据拓扑中的可访问数据至关重要。数据拓扑代表了一种企业级的数据管理方法，因为数据拓扑不一定局限于服务于组织的一个方面。为了支持自助服务，目录还需要提供企业级视野。当组织用户进行协作时，目录可以利用凭证，通过以数据编校或数据匿名保护敏感数据并且确保受控访问，来应用数据保护策略以保护敏感数据，从而使协作变得有意义。

避免模糊或模棱两可的元数据

元数据对于实现自助服务至关重要。为元数据创建的描述往往过于粗略和简单，可能会妨碍对元数据的透彻理解。模糊定义可能导致误用特征或忽略特征。

对客户的描述可以是“购买商品或服务的个人或组织”。虽然这种描述不一定是错误的，但它可能是不完整的。如前所述，该定义将客户的概念限定为实际购买商品或服务的人。在一个组织中，这可以是采购部门的一个人，他代表该组织安排采购。如上所述，这种描述忽略了实际消费商品或服务的个人或组织的方面。

一个组织可能既有内部客户，也有外部客户。有的客户采购商品，有的客户收到商品。有的客户提出需求，有的客户明确表达其需求。而有些客户将充当实际客户的代理人。

客户是人或组织之间的一种关系。这种关系的本质常常在一个简短的定义中遗失。元数据中记录的许多定义都有意进行简化，以便使其尽量对整个组织的每个派系都普遍正确。极端的概括会对那些寻求自助服务的人产生不利影响。

8.4　访问：添加控件的重要性

当向各种用户提供他们所需要的工具时，数据的安全性仍然是一个关键的能力。设置并持续执行安全策略，对于通过信息架构支持的数据的长期可行性至关重要。安全特征不应仅限于使用数据，还应包括可能专门用于数据准备和数据充实的数据区域。

因为数据科学家可能需要更多的灵活性，更少的正式管理，所以经常为他们建立一个探索和发现数据区域。一般来说，数据科学家必须具有丰富的敏感数据管理经验。数据目录应该能够指示敏感数据，但不要假定总是使用目录。数据必须始终受到严格控制。

有了安全策略，用户应该只能访问分配给他们的安全配置文件或特权级别的数据集。然而，由于提供给数据科学家的数据可能是不受限制或不受监控的，数据可能容易泄露。

数据泄露是指将私有或敏感数据分发给未经授权查看数据的人员。泄露数据的传递可能是无意的。来自探索和发现数据区域的数据可能容易泄露，尤其是如果数据科学家公开访问该数据。

入站和出站数据可能不遵循数据拓扑指示的数据流的事实，从而加剧了数据泄露。信息架构必须确保数据流不会不受监管和不受监控。

数据泄露事件的不良后果可分为直接损失或间接损失。直接损失通常是有形的，很容易定量衡量或估计。间接损失是相关的，在成本、地点和时间方面可能更难获得。直接损失可能包括违反规定导致组织被罚款、和解或客户赔偿费、涉及诉讼、未来销售损失、调查费用，以及补救或恢复费用。间接损失可能包括上市公司因负面宣传而降低股价、对组织的商誉和声誉的损害、剔除客户，以及知识产权的潜在风险。

访问控制还可以实现协作。例如，用户可能会发现一个对项目很重要的数据集，并能够与其他同事交互共享发现，而反过来，这些同事也会提供各种充实的信息。

虽然许多控制是通过安全性和数据治理自顶向下实施的，但有些用法也可以通过自底向上的方法获得。

说谎

人工智能模型总是能够访问大型语料库。最终，模型可以知道并进行推断。向一个聊天机器人提出这样一个问题："我是否正因为内部欺诈而受到调查？"那么，假设你实际上正在因有关欺诈行为的可疑行为而接受调查，那么答案应该是什么呢？答案应该是"是"吗？

作为受控访问的整体方法的一部分，教授人工智能引擎如何撒谎必须成为其能力的重要组成部分。如果答案提供了你无权查看自己的可疑活动文件的信息，那么从本质上来说，这个答案相当于一个"是"的答案。因此，聊天机器人存在上下文来提供与它所知道的相反的答案。

8.5 为了数据治理，使用自底向上的方法对数据集进行排序

自底向上的数据治理方法允许用户对给定数据集的值进行评级，从而对数据集的有用性进行排序。这样的排序可以极大地帮助认知驱动的发现功能，用于进一步推荐资产。

对数据集进行评级的能力利用了来自内部用户群的众包技术。基于内部的众包有助于建立访问数据的首选来源，而不是通过自顶向下的治理将其定向到来源。

需要使用工具来帮助从现有数据集创建新的数据模型。一个示例是使用客户数据集和交易数据集来创建基于总体客户终身价值（Lifetime Customer Value，LCV）预测的客户数据集。执行这些类型的充实和转换对于提供一个提供高级分析的整体框架非常重要，尤其是由公民数据科学家提供的高级分析，无论其相关行业如何。

应用数据质量

一个排序系统可以阻碍团队合作，并且有利于一个竞争激烈的工作环境。有些人可能会选择使用排序系统，通过将尽可能多的数据集进行排序，来展示他们的工作效率。有些人可能担心，如果不对资产进行排序，它们可能会被标记为表现不佳的资产。与所有类型的数据、信息和元数据一样，质量在排序中起着至关重要的作用。为排序收集的任何信息都必须接受数据质量评估。

8.6　各行业如何使用数据和人工智能

在第 7 章中，我们讨论了如何根据你对数据价值的理解和服务于不同业务点的价值链来影响设计选择，例如，订单接收、订单履行和订单完成等等。跨越不同的行业，同一个行业内，以及跨越不同的业务线、产品、服务和客户，关于什么类型的模型可以提供重大业务影响的方向可能会有所不同。

作为通用基础，信息架构可以证明为一种寻求从人工智能中获益的许多不同的垂直行业提供价值的促进因素。下面是一些示例：

- 医疗服务提供者可以为数百万患者维护数百万条记录，包括结构化、半结构化和非结构化数据的记录，这些记录来自电子医疗记录、放射图像和医生笔记。利用高级分析可以实现支付、减少欺诈行为、预测再次入院，并帮助构建未来的医保覆盖范围。原始数据有助于将数据保存在未被篡改的状态中，生命周期管理实践支持在规定的时间段后卸载数据。
- 金融服务机构必须根据其所在国遵守各种财政法规。数据区域可以帮助对账、结算和监管报告。
- 零售银行业务也有一些重要的使用案例，高级分析可以帮助减少第一方欺诈、反洗钱（Anti-Money Laundering，AML）和其他金融犯罪。
- 零售商可以通过将适当的产品定位于向上销售和交叉销售来帮助改善客户体验。可以使用高级分析来提供及时的优惠和激励措施。
- 政府可以通过确保公民在需要时得到其所需的服务，从而帮助改善公民的体验。
- 通信公司可以通过监控通话次数和通话持续时间，来减少流失，并了解某些地区的人口集中度。移动电话公司可以通过关联掉线呼叫来检测信号塔的问题。

- 制造商始终对提高效率非常敏感。通过使用指定的数据区域作为连接设备和物联网之间的网关，人工智能可以帮助提供连接工厂和优化供应链的预测分析。

在每个行业用例中，都可能存在异常值和特例。统计数据可以提供必要的洞见，以微调人工智能模型，或随着一系列集合模型的建立，从而创造一个理想的结果。

边界

每个组织都必须能够了解自己企业的边界，这可能会影响其所布局的信息架构和数据拓扑。企业的边界可能受到企业所处行业的影响，无论是出于监管、竞争还是其他原因。

在零工经济中，组织是否将员工队伍作为企业的一部分，还是仅仅作为更广泛的生态系统的一部分？生态系统应该紧密或松散地耦合到架构中吗？生态系统是否只代表企业的法律鸿沟，而不是运营的分歧？对于一个拥有许多子公司并且每个子公司都作为独立公司运营的组织来说，企业的概念是什么？一个企业是否可以分解到一个级别较低的另一个企业？企业的自然边界在哪里？

在任何时候，边界都会影响到什么是已知，什么是可知。边界会影响从业人员建立信息架构的方法。在为人工智能创建信息架构时，允许边界的变化应该是一个主要原则。

8.7 受益于统计数字

由于数据将在整个价值链中访问和使用，无论是由信息技术部门提供还是由自助服务提供，因此对数据进行统计解释可能是有益的。统计学不仅可以帮助你对数据资产进行排序，还可以找到更深入地了解数据赋值的方法。而且，根据你从事的行业，你可能会想采用特定的统计方法。

在统计学中，通常使用正态检验来确定数据是否可以被视为正态分布。有许多与人工智能结合使用的统计函数依赖于被视为正态或接近正态的数据分布。从统计学角度来说，有两种形状的数值度量可以用来检验数据的正态性。这些数值度量被称为偏斜度和峰度。

偏斜度代表一种对称性的度量，或者更准确地说，一种可以代表缺乏对称性的度量。如果数据点的图形的中心点的左侧和右侧看起来相同，则分布是对称的。峰度是用来衡量数据相对于正态分布是重尾分布还是轻尾分布。

如图8-2所示，存在正偏斜和负偏斜。完全对称分布的偏斜度为零，平均数、众数和中位数将具有相同的值。

平均数是通过将所有值相加后除以数值总数得出的平均值。所以，数值1、10、100和1000的平均值是1111/4，等于277.75。

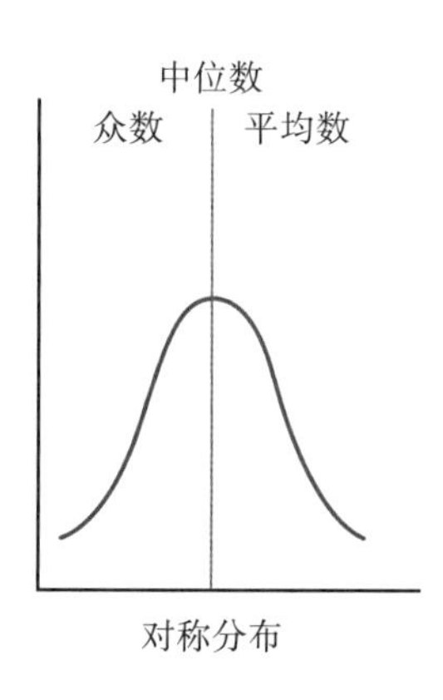

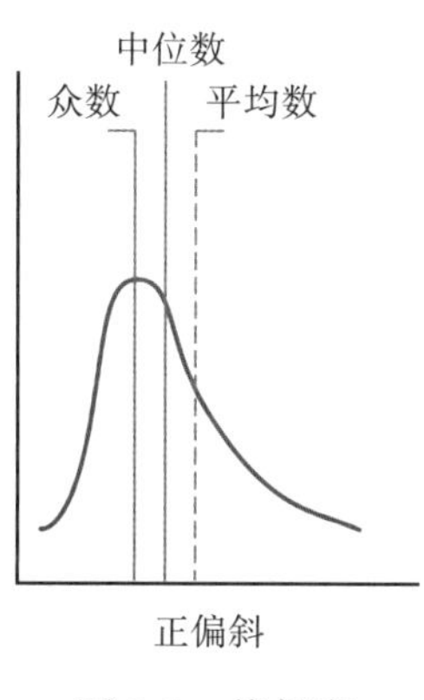

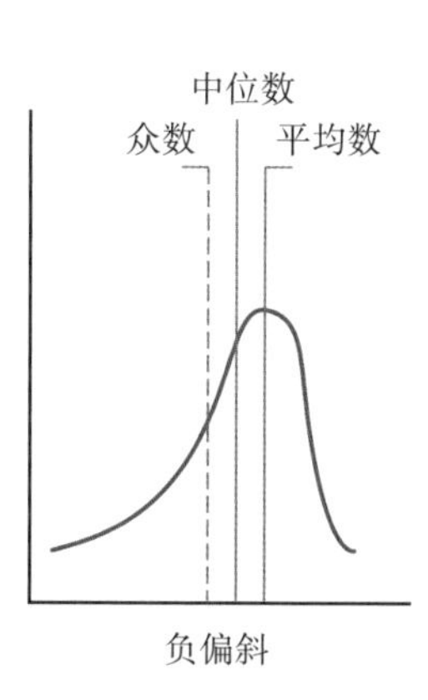

图 8-2 偏斜度

众数是一组数据中出现频率最高的数值。如果一个给定集合的数值为 1、5、2、6、2、8、2 和 34，则最常出现的数值为 2。如果按升序对数值进行排列，即 1、2、2、2、5、6、8、34，则可以很容易地看到数字 2 是最常出现的数值。

在一组经过排序的数值中，中位数是位于中间的数字。如果我们的数值为 1、2、3、4、5、6 和 7，则中间数字为 4。

正偏斜意味着分布右侧的尾部较长，并且众数小于平均数和中位数。对于负偏斜来说，分布左侧的尾部长于右侧的尾部，并且平均数和中位数小于众数。在计算偏斜度时，请了解以下内容：

- 介于 0 到 –0.5（负偏斜）之间的结果意味着数据是相当对称的。
- 介于 –0.5 和 –1.0（负偏斜）之间的结果意味着数据是适度偏斜的。
- 介于 –1.0 或更高的（负偏斜）之间结果意味着数据是高度偏斜的。
- 介于 0 和 +0.5（正偏斜）之间的结果意味着数据是相当对称的。
- 介于 +0.5 和 +1.0（正偏斜）之间的结果意味着数据是适度偏斜的。
- 介于 +1.0 或更高（正偏斜）之间的结果意味着数据是高度偏斜的。

假设房价从 10 万美元到 100 万美元不等，平均房价为 50 万美元。如果分布的峰值在平均数的左侧，这就意味着分布的偏斜度是正的。正偏斜表明，许多房屋的售价低于 50 万美元这一平均价格。

或者，如果分布数据的峰值位于平均数的右侧，则表示出现负偏斜，并且意味着有更多的房屋以高于 50 万美元这一平均价值的价格出售。

关于分布正态性的另一个度量是峰度。对于峰度，其结果值描述的是分布的尾部，而不是“峰值”。峰度用于描述极值，是分布中存在的异常值的度量。

数据具有高峰度值意味着数据具有重尾或过多的异常值。对于人工智能来说，高峰度可能需要一个独立的模型来处理异常值，以改进特定队列的处理方式。低峰度意味着数据具有轻尾或缺乏异常值。你可能会认为低峰度数据优于高峰度数据。

图 8-3 显示了三种类型的尖峰态、常峰态、低峰态。

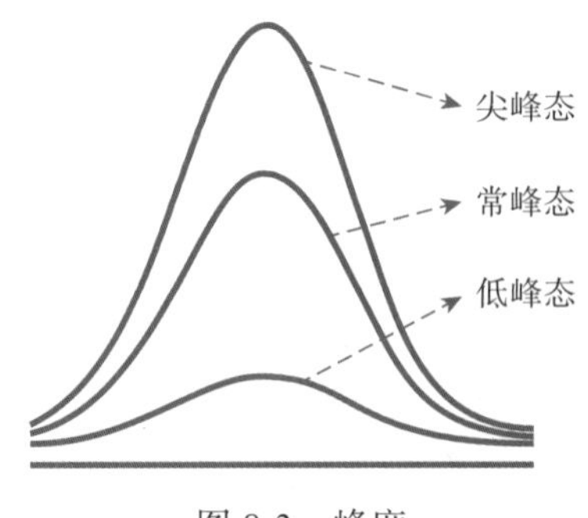

图 8-3 峰度

尖峰态曲线的峰度值大于 3。尖峰态分布较长，尾部较粗。另外，尖峰态的峰值比常峰态的峰值更高、更锐利，这说明数据是重尾的或者存在大量的异常值。异常值导致可视直方图的水平轴被拉伸，这使得大量的数据显示在一个狭窄的垂直范围内。

常峰态分布具有与正态分布相似的峰度统计，这意味着该分布的极值与正态分布的极值特征相似。常峰态分布呈标准正态分布，峰度值为 3。

低峰态分布更短，其尾部比正态分布更细。峰值比常峰态分布更低且更宽。低峰态分布意味着数据是轻尾的，并且没有异常值。在低峰态分布中没有异常值是因为其极值小于正态分布的极值。

由于能够计算偏斜度和峰度，数据科学家可以创建专门的模型来处理数据的某些部分，而不是使用单一的通用模型。偏斜度或峰度计算允许识别特定的数据点。图 8-4 绘制了一个包含一些极端异常值的数据总体。

理解偏斜度和峰度意味着数据科学家可以更容易地认识到，一个问题的答案很可能产生各种可接受的答案。在准备模型时，数据科学家不一定期待一个答案，而是期待一系列不同的选择，并且分布提供了一种潜在答案的趋势。在试图得出关于特定样本集中的数据总体的结论时，这尤其有用。

在探索模型的各种特征时，数据科学家必须使用统计学来对值进行推断。如果数据科学家可以访问一个完整的数据集，那么精确的平均值即真实的平均数就可以被计算出来。如果样本是随机选择的，而不是观察样本，那么预期的平均数可能偏离真实的平均数。抽样误差是样本平均数和真实平均数之间的差值。

标准误差指的是所有平均数的标准偏差。抽样误差显示了一组样本的平均数之间的差异有多大。

在图 8-4 中，列 B 名为“分布”，并且是名为“队列 B”的列中数据的正态分布值。分布与数据表示为图形时的形状相关。图中计算出的钟形曲线是一种比较广为人知的连续值分布。钟形曲线中的正态分布也被称为高斯分布。

图 8-5 中所示的 Python 代码可以创建一个理想化的高斯分布。

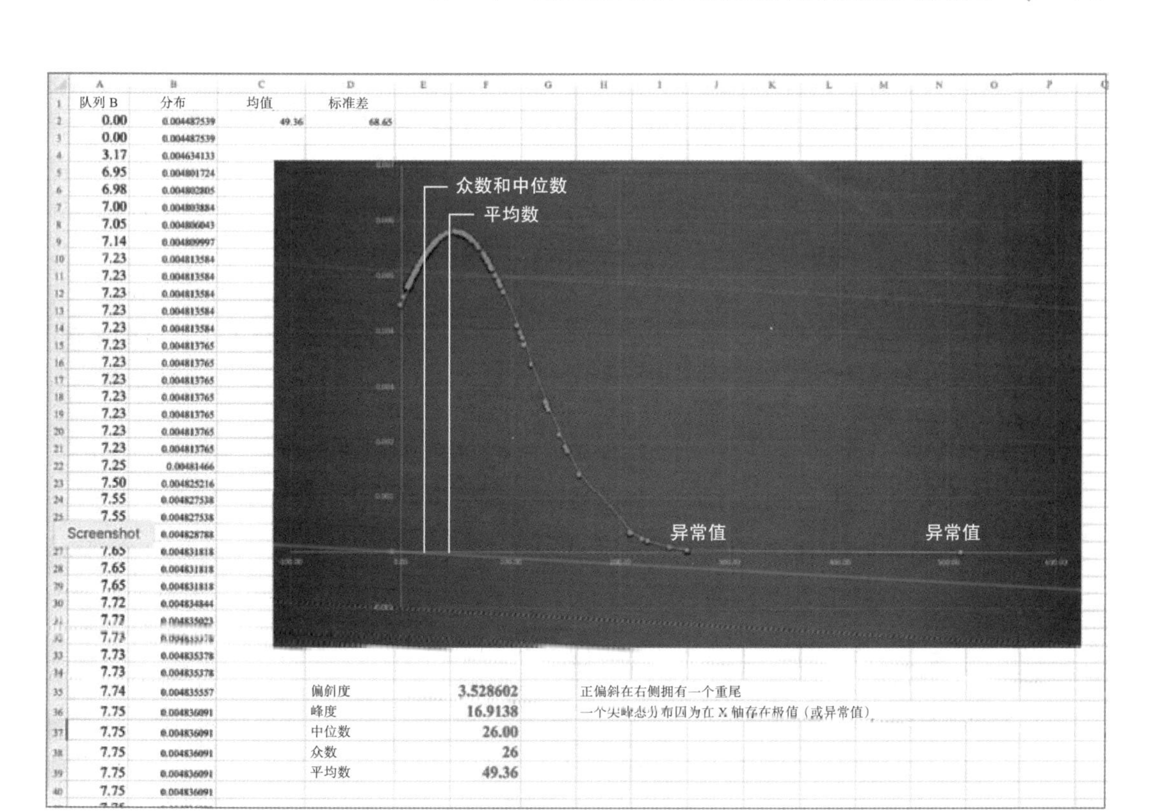

图 8-4　识别异常值

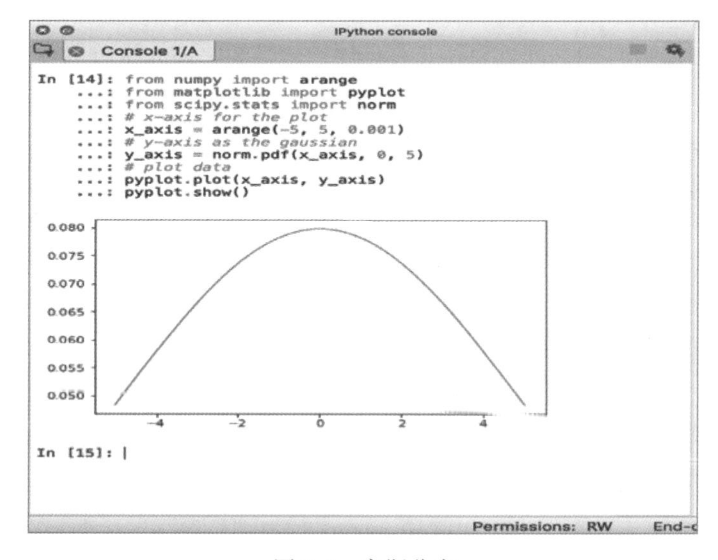

图 8-5　高斯分布

在图 8-5 中，x 轴表示观测值，y 轴表示每个观测值的频率。0.0 左右的观测值是最常见的，–5.0 和 +5.0 左右的观测值则很少见。

在统计学中，许多方法都是专门用于高斯分布的。在许多情况下，与机器学习相结合使用的业务数据往往能很好地适应高斯分布。但并不是所有的数据都是高斯分布的，非高斯分布的数据可以通过查看数据的直方图或者使用统计检验来进行检查。例如，数据总体中过多的极值会导致分布出现偏斜。

可以使用数据清理来尝试补救或改善数据。清理活动可能需要删除所有的异常值。异常值必须被确定为特殊原因，然后方可删除。正常分布的数据通常包含一小部分的极值，这可以被认为是正常的。并非所有的异常值都是由异常条件引起的。只有当极值出现的频率比正常情况下的预期频率高的时候，才应从数据中删除极值。

收集的数据称为样本，而总体是指所有可以收集到的数据的总称：

- 数据样本是来自一个群组的观测值的子集。
- 数据总体是来自一个群组的所有可能的观测值。

样本和总体之间的区别很重要，因为针对样本和总体会应用不同的统计方法。机器学习更典型地应用于样本数据。在机器学习中遇到的两个数据样本例子如下：

- 训练和测试数据集。
- 模型的性能分数。

在使用统计方法时，通常通过使用样本中的观测值来推断有关总体的判断。这里有些例子：

- 训练样本应代表观测值总体，以便可以拟合有用的模型。
- 测试样本应代表观测值总体，以便对模型技能进行公正的评估。

因为机器学习是针对样本进行处理并对总体进行推断，因此很可能存在一些不确定性。Python 中的 `randn ()` NumPy 函数可用于生成从高斯分布中抽取的随机数的样本。平均数和标准差是用来定义高斯分布的两个关键参数。

Python 中的 `randn ()` 函数可用于生成指定数量的随机数。图 8-6 所示的场景创建了 100 000 个从高斯分布中抽取的随机数字。平均数和标准差分别为 50 和 5。为了防止直方图显得过于块状，在直方图中添加了“bins = 140”选项。

非完美曲线的产生是由于数字是随机选择的，并且在数据样本中引入了一定程度的噪声。数据样本中通常会出现噪声。

分布的集中趋势是指分布中最有可能出现的中间值。在高斯分布中，集中趋势被称为平均数，是定义高斯分布的两个主要参数之一。一个样本的平均数是由样本观测值的总和除以样本观测值总数计算出来的。在 Python 中，平均数可以计算如下：

Result=mean(data)

从图 8-6 中的随机数据样本计算出的平均数为 50.026，这是对潜在高斯分布参数的估算。作为估算，这个数字是相当准确的，因为真正的平均数应该是 50。

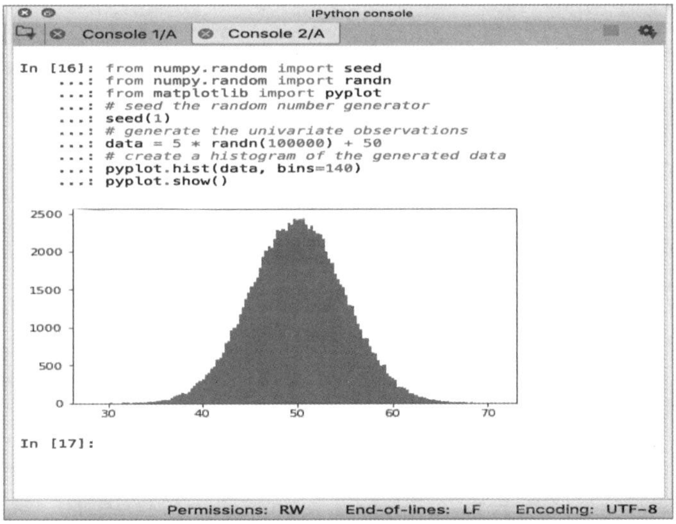

```
In [16]: from numpy.random import seed
    ...: from numpy.random import randn
    ...: from matplotlib import pyplot
    ...: # seed the random number generator
    ...: seed(1)
    ...: # generate the univariate observations
    ...: data = 5 * randn(100000) + 50
    ...: # create a histogram of the generated data
    ...: pyplot.hist(data, bins=140)
    ...: pyplot.show()

In [17]:
```

图 8-6　高斯直方图

平均数受异常值的影响，由此得到的平均数可能具有误导性。如果存在异常值或非高斯分布，则可以根据中位数来选择替代的集中趋势。通过将所有数据进行排序，然后定位样本中的中间值来计算中位数。对于奇数数量的观测值，这是相当直观的。如果有偶数个观测值，则中位数以中间两个观测值的平均值计算。在 Python 中，中位数可以计算如下：

Result=median(data)

根据图 8-6 中的随机数据样本计算的中位数为 50.030。结果与平均值没有太大的不同，因为样本是高斯分布的。如果数据具有非高斯分布，中位数可能与平均数大不相同，并且可以更好地反映潜在总体的中心趋势。

分布中的方差指的是观测值与平均数之间的平均变化或差异程度。方差衡量分布中的差异。低方差的数值分布在平均数周围，并呈现窄钟形。高方差的数值从平均数展开，并呈现宽钟形。

图 8-7 显示了具有低方差和高方差的理想高斯分布。较高的图形方差较低，其值在平均数附近分布，而较低的图形方差较高，且散度更大。在 Python 中，方差可以如下计算：

Result=var(data)

从图 8-7 中的随机数据样本计算的方差是 24.917。从高斯分布中抽取的样本的方差计算为每个观测值与样本平均数的均方差。

当对高斯分布进行汇总时，要使用方差的平方根。在这种情况下，24.917 的平方根是 4.992。这也被称为标准差，并且非常接近图 8-6 和图 8-7 所示的用于创建测试样本的数值 5。需要使用标准差和平均数来指定高斯分布。在 Python 中，标准差可以计算如下：

Result=std (data)

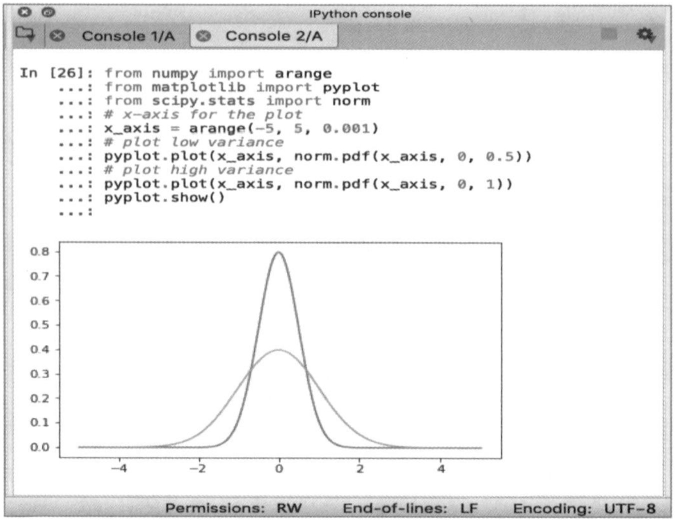

```
In [26]: from numpy import arange
    ...: from matplotlib import pyplot
    ...: from scipy.stats import norm
    ...: # x-axis for the plot
    ...: x_axis = arange(-5, 5, 0.001)
    ...: # plot low variance
    ...: pyplot.plot(x_axis, norm.pdf(x_axis, 0, 0.5))
    ...: # plot high variance
    ...: pyplot.plot(x_axis, norm.pdf(x_axis, 0, 1))
    ...: pyplot.show()
    ...:
```

图 8-7 低方差和高方差的高斯分布

在应用机器学习中，需要报告模型对样本输出数据结果的估计技能。该报告通常反映了 K 折交叉验证（K-Fold Cross-Validation）或其他重复抽样程序的平均性能。在报告时，模型技能反映了对技能分数分布的汇总。

交叉验证是一个重采样过程，用于在有限的数据样本上评估机器学习模型。重采样过程有一个名为 k 的参数，该参数表示给定数据样本可以拆分的组数。因此，如果 k= 10，k 折交叉验证将成为 10 折交叉验证。

除了报告模型的平均性能外，还应将中位数和标准差与样本大小一起包含在内。

误用

在 1907 年的《北美评论》发表的《我的自传》的章节中，马克·吐温帮助普及了这种情绪：“存在三种谎言：谎言，该死的谎言和统计数据。”

斯坦福大学的咨询教授 Sam Savage 已经阐明，像平均数这样简单的东西如何会导致误导性的洞见。使用一个假设的生命科学公司销售一种易腐抗生素的例子，Savage 描述了历史上平均每月需求为 5000 单位时产生的成本。

有一天，老板出现了。“给我一个明年的需求预测，”他对产品经理说，“我需要它来估算预算中的库存成本。”产品经理回答说：“每个月的需求都不一样。这样吧，让我给你一个分布图。”但是老板不想要“分布图”。“给我一个数字！”他坚持。“嗯，”经理温和地说，“平均需求是每月 5000 单位。所以，如果你只需要一个数字，那就 5000 吧。”

老板现在开始估算库存成本，计算方法如下：如果每月需求量低于库存量，则公司将承担每单位未售出产品 50 美元的损坏成本。另一方面，如果需求量大于库存量，公司必须空运额外单位，每单位增加 150 美元的成本。这是仅仅取决于预测准确性的两个成本。

老板开发了一个电子表格模型来计算与任何给定需求和库存量相关的成本。由于平均需求是 5000 个单位，他输入了 5000 个单位。由于该公司总是有 5000 台库存，因此电子表格尽职尽责地报告说，对于这种平均需求，成本为零：没有损坏或空运成本。

摘自 *Harvard Business Review* 中“The Flaw of Averages”一文

然而，使用月平均值可能会忽略波动的影响。平均成本并不会是零，随着抗生素需求的上升或下降，公司将产生成本。

8.8 本章小结

本章重点讨论了为数据提供量化价值的重要性和困难。如果一个组织希望将数据视为资产，那么就需要对该资产进行评估。数据价值链表明，价值不是静态的，而取决于数据是否处于原始状态、精炼状态或与其他数据资产相关联，价值可以发生改变。随着数据在数据价值链的移动，价值可能会增加。

数据并不总是完全民主化的，不同的安全配置文件意味着不同用户可以从数据中提取的价值也会给数据资产的评估带来复杂性。

数据需要是可访问的，而且为了可访问，数据必须是可发现的。通过使用目录公开的数据资产也有机会支持组织的自助服务需求。对数据集进行有用性评级的能力可以帮助引导自助服务，并进一步提高提供编目能力带来的益处。

作为组织的资产，数据总是需要得到保护和确保安全。数据科学家获得的信任会暴露安全计划的弱点，因为数据可能会遭到泄露。

以数据意识为核心的统计素养，有助于展示一些基本的统计知识，这些知识能够促进数据科学家对机器学习和深度学习模型的结果的认知。这种认知将来自识别和处理可能超出正态分布范围的数据。

在下一章将探讨许多有助于促进信息架构的长期可行性问题，以及更深入地研究数据素养的问题。

Chapter 9 第9章

长期构建

“不考虑变化的设计在将来会面对进行重大重新设计的风险。”

——Erich Gamma

《设计模式：可复用面向对象软件的基础》

关于人工智能阶梯的隐喻，涉及一个渐进的过程来磨炼自己的技能。但是，其真正目的是确保不会在策略上，独立地将人工智能项目作为一系列无休止的一次性实现来解决。数十年来，信息技术部门一直试图消除孤立的、独立应用程序和数据库的影响：那些未与其他信息技术系统集成、或不容易集成，甚至无法集成的应用程序。在成本和解决新业务需求方面，分解往往给企业带来负担。

如果数据和人工智能的努力在策略上被定义并部署为独立的工作，那么它们很可能会被剥夺权利并被破坏。它们最终将为企业带来另一个信息技术负担。人工智能的阶梯归根结底是一个技术连续性的旅程：从人工智能获得可持续的业务收益，从而实现短期收益和长期效用。

本章讨论许多可能抑制信息架构和人工智能长期可行性的问题。我们的目标是帮助你实现更智能的数据科学计划，并且随着时间的推移，这个计划可以持续支持关键任务进程。信息架构必须在整个企业范围内促进全面支持，以支持开发和驱动来自不同人工智能用例的任何类型数据的洞见。尽管用例可能不同，但部署的方式和方法应统一且可累加。

9.1 改变习惯的需要：避免硬编码

硬编码是一种编程技术，当外部世界的特征发生变化时，它通常需要更改程序的源代码。换句话说，程序代码与业务需求关联得非常紧密，以至于程序代码反映了将业务锚定在某个时间点上。当关联紧密耦合时，由此产生的连锁反应要求对程序代码进行更改。

硬编码编程技术在准备与前一章中讨论的数据价值链相关的数据的所有方面都十分普遍：数据摄入、优化、关联等。

例如，许多为美国用户编写的计算机程序及其相关数据存储都支持单一货币和基于九位数字的国家标识符。如果另一种货币被加入美国经济中，比如加密货币，或者国家标识符被扩展或修改以允许使用字母字符，许多程序可能会受到负面影响。

对计算机程序源代码的更改可以是新逻辑、新变量、新数值、新长度等等。编程风格和业务速度（关于变化）之间的亲和性或紧密耦合体现了其自身的蝴蝶效应。

蝴蝶效应与混沌理论相关，即复杂系统中的局部变化可以在别处产生巨大的影响。

硬编码被认为是一种反模式，你应该认为它是非常不受欢迎的。如今，经常在迫切需要满足交付日期要求的情况下，人们才会被迫使用硬编码编程逻辑。

反模式是对通常被认为无效的反复出现的问题做出的响应，而这种响应在短期和长期内都有可能适得其反。

虽然今天的从业者偶尔会钻研硬编码的黑暗艺术，但这种做法通常（而且理所当然地）令人不快。早在 20 世纪 70 年代早期，组织如历史可追溯到 20 世纪 40 年代的美国计算机协会（Association for Computing Machinery），就曾在杂志上发表文章，对硬编码技术的使用大加指责。

减少对硬编码的需求涉及某种程度的抽象以及对技术的使用，这些技术可以动态地使用一种方法来执行后期绑定的某种变化。

后期绑定或动态绑定是指在程序运行时发生的绑定。早期绑定或静态绑定是指在编译计算机程序时发生的绑定。

9.1.1　过载

为了减少与数据相关的强制更改，一些组织采用了过载的方式。例如，国际标准化组织（International Organization for Standardization，ISO）的货币代码标准：ISO 4217。正如人们可能希望在一个名为“货币代码”的国际标准中所见的那样，该标准提供了一个包含国家及其各自货币的列表。许多国际组织都在积极使用该标准。为了财务报告的目的，当收入以多种货币收取时，组织将使用货币汇率从一种货币兑换成另一种货币。为了消除汇率的不断波动，组织可以选择使用一种会计技术（如固定货币）来确定给定会计年度的固定汇率。

在编程中，过载是指使用单一标识符定义输入和输出参数不同的多个方法的能力。过载是一个用于避免冗余代码的概念，在这种情况下，同一个方法名称被多次使用，但具有不同的参数集。在数据存储中，过载是指当单个字段或特征具有多种含义的时候，其含义是通过确定适当的用途而得出的。

在 ISO 4217 标准中，美国被列为使用美元，美元的字母货币代码为 USD。每个字母货币代码还有一个附带的数字等效代码。USD 的数字等效值为 840。

萨尔瓦多国也使用美元。然而，在 2002 年之前，萨尔瓦多使用一种称为萨尔瓦多科朗（Salvadoran Colón）的不同货币。科朗被分配的货币代码为 SVC 和 222。英国使用英镑作为其货币。英镑的货币代码为 GBP（Great Britain Pound），数字等效代码为 826。德国、意大利、法国和荷兰都使用欧元，欧元的货币代码是 EUR，数字等效值为 978。到目前为止，一切顺利。

在 ISO 4217 中，有一个货币代码是 XXX，其数字等效 999。XXX 是一种正式的货币代码，碰巧不代表任何货币，也不代表任何国家 / 地区。另一个非货币代码是 XTS，它保留用于某种类型的测试。货币代码 XDR 和数字等效值 960 也并非货币，而是由国际货币基金组织（International Monetary Fund，IMF）用作交换某些资产。

XBD 是由已经失效的欧洲记账单位 17（European Unit of Account 17,E.U.A.-17）使用。但是，当 XBD 还在使用的时候，XBD 代表一个选定的货币投资组合，就像共同基金和股票之间的关系一样。

对过载计算机科学技术而言，有重要意义的是货币代码 XPT。XPT 代表一种金属：铂。铂不是一种货币，当然也不是任何主权国家的主要货币。ISO 标准之所以过载，因为它不仅仅代表了货币。ISO 确实保留了过载的附加规则，即过载的货币代码必须以 X 开头。作为一个反问，为什么货币代码表中的代码会过载呢？

如果加密货币比特币被赋予货币代码，那么这个代码是否应该以一个 X 或其他字母开头呢？非官方的说法是，比特币被指定的货币代码为 XBT。虽然 X 表示 XBT 并不是传统货币，但这个货币代码确实代表了一种加密货币形式的货币。

尽管比特币不是基于主权的货币（具有相关的风险缓解控制措施），但大多数人可能将比特币视为一种货币，这意味着 ISO X 的设定和隐含的含义可能显得有点一厢情愿。有趣的是，美国联邦税务局（U.S. Internal Revenue Service，IRS）出于征税目的认可比特币。美国联邦税务局对比特币征税，好像它是一种资产而不是一种货币一样。作为一种资产，可以对兑换货币实现的任何收益征税。

9.1.2 锁定

车辆识别码（Vehicle Identification Number，VIN）是全球通用的业务概念，可以用来显示与硬编码如何负面锁定你有关的难题。VIN 与汽车和卡车等公路车辆相关。现代的 17

位 VIN 可以唯一地标识特定车辆，但也包含描述车辆本身的信息。

汽车制造商、保险公司、政府机构、执法机构、汽车销售商、银行、身份验证和认证服务提供商等都在使用 VIN 这个全球性概念。

VIN 结构由国际汽车工程师协会（Society of Automotive Engineers，SAE）指定，目前由 ISO 控制。因此，VIN 不属于涉及创建或维护编号的实际业务操作的任何特定的社区。

纵观历史，VIN 结构从来没有绝对稳定过。在 1980 年之前，不同的制造商使用不同的格式，1980 年 10 月，汽车工程师协会发布了一个标准，以保证 30 年的唯一编号。为什么是 30 年？回到 1980 年，30 年和无限紧密相连，所以 30 年似乎是一个足够长的时间。今天，从业务的角度来看，生成一个寿命有限或受限的概念被认为是短视的。

简单的问题并不总是容易缓解

2000 年是涉及数据的硬编码崩溃的另一个结果，开发者选择保存公历年的最后两位数字，而不是完整的四位数字。做出这样的选择是为了节省磁盘空间，但单方面忽略了其他在不消耗更多空间的情况下保持年份完整度的替代方案。

不久之后的 2000 年，汽车工程师协会不得不重新制定其标准，因为从 2010 年开始，汽车制造商将能够生成重复的 VIN 号码。许多组织都不能接受重复的 VIN 号码，尤其是保险公司和执法机构。原因显而易见，在道路上拥有多辆相同号码的车辆对执法人员来说是个问题，这也是有安全隐患的。

1980 年的 VIN 标准是围绕一个 17 字节的复合字段组织的。复合字段意味着概念不是原子定义的。在探索修订 2010 年标准的方法时，汽车工程师协会发现延长 VIN 的长度不是一个可行的选择，甚至一个字符或一个字节都不可行。长度的变化被确定为无法克服的。

最初提出的计算机程序代码更改引起的连锁反应，阻止了更改在现实世界中的发生。相当多的组织面临着太多的系统需要更改。与补救措施相关的天文数字般的价格使得这一更改变得过于昂贵。

汽车工程师协会采用的解决方案涉及调整 17 字节复合字段的一些嵌入特征。这一调整仅将 VIN 的使用寿命再延长了 30 年。在信息技术的通用语言中，汽车工程师协会只是应用了一个“临时补丁”。最终，VIN 的问题仍然没有得到解决，这是一颗以技术为中心的定时炸弹，在 21 世纪 30 年代期间，它将会以相当大的代价扰乱世界各地的组织。

从历史上看，只要一个组织的数据管理小组或数据治理委员会愿意倾听业务对 VIN 之类的东西的需求，分析回应就会相当快速并且直接。

“那么，你说我们需要 VIN。这是一个标识符。17 个字节长。那好吧。这就是我们要做的。称之为‘VIN_ID’，并将其设置为 17 个字符的字符串。完成。下一项……”

其结果是一个具有硬编码特性的硬编码概念，一旦建立了以数据库为中心的系统，这两件事情事实上非常难以改变。数据科学家遵循这种类型的实践，将工程特征纳入机器学习模型之中。

9.1.3 所有权和分解

许多组织未能意识到许多业务概念（例如 VIN）不是由组织拥有或控制的。组织不直接控制的其他数据项包括人员姓名、位置地址、出生日期、国家标识符等等。这个列表很长。危险存在于设计组织无法明确控制的概念之中。这些是许多数据科学家、数据管理员、数据所有者和数据治理委员会都未能充分认识的问题。

加剧这一问题的是某些类型数据的可分解特性。一个人的名字可以分解为名、中间名和姓氏。尤其是姓氏，可以通过文化关联进一步分解为父系姓氏、母系姓氏，以及其顺序等。地址可以分解为门牌号、街道名称、镇、邮政编码、县、国家等。出生日期可以分解为日、月以及年。

如前所述，VIN 也是可分解的。事实上，VIN 有三个分解层次。VIN 的第一层级，即 VIN 的根级别，是整个 VIN 的所有 17 个字符。第二层级，即 VIN 的非叶级别，有三个元素：3 个字节的世界制造商标识符、6 个字节的车辆描述符以及 8 个字节的车辆标识符部分。第三层级，即 VIN 的叶级别，包括原产国、制造商、各种车辆属性、检查数字、车型年份、装配工程和序列号。对于需要使用分解的组织，那些也常常是硬编码的。

9.1.4 避免变化的设计

人们常常抱怨，在运营和分析系统中使用的传统数据设计技术使用了僵化和死板的数据结构。这种抱怨总是针对技术，而不是针对设计技术本身。

归根结底，真正的问题在于对硬编码业务概念做出决策的人身上。解决方法之一是使用元驱动技术。上面提到的所有问题都可以通过避免不必要的硬编码的技术来规避，而且这些技术仍然可以被 SQL 和 NoSQL 用户所利用。虽然 XML 和 JSON 结构可以使其更容易适应业务概念的动态波动，但周围的元数据常常缺失，这些元数据有助于使动态信息随着时间的推移变得真正可以理解。

虽然 Schema-Less-Write 有助于避免与硬编码相关的问题，但数据的读取端需要采用各种方法，以防止在通过数据保留的概念发生更改时中断分析进程。

重要的是，任何业务概念及其在数据存储中的表示形式，都应有助于消除概念中的任何固有波动性。如果某个概念会随着时间而更改，则应采用替代的表示形式，以最小化或完全消除对数据存储或处理数据存储的程序进行任何更改的需要。

此外，关于未来的需求，需要新概念的可能性有多大，能否可以预见到可能受影响的领域？即使未来需求完全未知，也可以利用了解组织随时间发生的历史变化，来洞悉将来可能发生的变化类型。

预测和适应变化是保护数据作为资产的价值的最佳方式。

OSAPI

OSAPI 是一种启发式方法，旨在帮助修复如何为数据区域中的特征选择和长期存储而进行业务概念开发。OSAPI（发音为“oh-sap-ee”），是所有权（Ownership）、稳定性（Stability）、抽象（Abstraction）、性能（Performance）和接口（Interfaced）的英文首字母缩略词。你可以查询以下五个特征，以避免任何不必要的硬编码。

每个特征都可以根据一个简单的“是”或“否”问题进行评估。对于每一个“是”的答案，累计总数将增加 1。对于每一个“否”的答案，累计总数将保持不变。如果愿意，可以将权重添加到特征之中，以适应不同类型的高价值或低价值业务数据。所得的累计总数提供了可与临界点进行比较的分数。在临界点或低于临界点时，建议探索一些软化硬编码的选项，以减轻未来业务变化所产生的任何影响。

所有权特征探索组织对属性或列的所有方面的控制。例如，日期、时间、居民身份证等都不归组织所有。稳定性会探究特征领域随着时间的变化性。抽象探索了建模泛化的程度。例如，姓氏是一个具体的概念，而包含个人和组织的政党名称将是一个抽象的概念。性能对延迟问题进行分析，并且接口用于查看一个特征在整个组织中的共享程度。

OSAPI 问题的措辞如下。术语概念包括元素、属性、列、字段和特征。

- **所有权**：这个概念是否归我们的组织拥有、控制和管理？
- **稳定性**：为这个概念设置的域是否随时间（过去，现在和预期的未来）保持稳定？
- **抽象**：这个概念是否使用抽象形式来表示？
- **性能**：这个概念是否有明确的性能要求？
- **接口**：这个概念是否在这个模型、系统、应用程序或地形之外被共享？

OSAPI 分数越接近零，就越建议应该减轻对该概念或归因于该概念的值进行硬编码的某些方面。

9.2 通过人工智能扩展数据的价值

数据是一种资产，至少是鼓声消息。凯撒娱乐（Caesars Entertainment）是一家经营许多赌场的公司，其中包括世界闻名的拉斯维加斯赌场凯撒皇宫（Caesars Palace）。2015 年，该公司发现自己被一宗棘手的破产案所困扰，该案涉及反洗钱控制不力的指控。

债权人争夺的是公司拥有的最有价值的独特资产，事实证明该资产是来自赌场“总奖励数据收集计划”的数据（ftalphaville-cdn.ft.com/wp-content/uploads/2014/12/1st-lien-complaint-1.pdf）。图 9-1 显示了破产文件中列出的资产的保守估计权益价值。

转让日期	转让资产	保守估计权益价值	权益价值	权益估值缺口（金额）	权益估值缺口（百分比）
2010 年 8 月	商标	0.45 亿美元	无	0.45 亿美元	100%
2011-2013 年	凯撒互动娱乐在线博彩业务	6.35 亿美元	几乎无	6.35 亿美元	100%
2013 年 10 月	林克 / 屋大维 2 处拉斯维加斯房产	9.42 亿美元	1.34 亿美元	8.08 亿美元	86%
2013 年 10 月	好莱坞星球赌场酒店	6.33 亿美元	1.34 亿美元	4.99 亿美元	79%
2013 年 10 月	巴尔的摩马蹄铁赌场	2.36 亿美元	0.8 亿美元	1.56 亿美元	66%
2014 年 5 月	克伦威尔、夸德、巴利 3 处拉斯维加斯房产	16.13 亿美元	14 亿美元	2.13 亿美元	13%
2014 年 5 月	新奥尔良拉哈赌场酒店	8.55 亿美元	6.6 亿美元	1.95 亿美元	23%
2014 年 5 月	奖励总额	10 亿美元	无	10 亿美元	100%
合计		59.59 亿美元	24.08 亿美元	35.51 亿美元	60%

图 9-1　凯撒的娱乐运营公司资产价值

凯撒通过该组织的总奖励忠诚计划收集了大量数据，涉及了多年以来数百万客户的数据。当时，凯撒在大数据驱动的市场营销和客户服务领域处于领先地位。这使得该组织的一位副总裁宣称："大数据甚至比博彩许可证更重要。"

这句话摘自 Bernard Marr 的著作《大数据实践》(*Big Data in Practice*，John Wiley & Sons，2016 年)。

到了 20 世纪末，财务会计部门试图将数据和知识资本的价值形式化和标准化，将它们作为单独的项目列入组织的财务报表。这些标准从未真正流行起来，这就是为什么尽管人们呼吁将数据视为资产，但对于大多数组织来说，数据没有记录在资产负债表上的原因之一。如果没有将数据作为资产进行财务管理，那么将数据作为资产对待可能会很困难。如果没有别的问题，凯撒的破产文件表明，数据可以被合理地评估，并确立为一种有形资产。

缺乏将数据视为正式资产的能力，往往意味着组织最终将数据视为某种脆弱的东西来对待。被认为是易碎品的缺点是，人们由于担心将其破坏而不会触摸。

数据是每个业务固有的。因为数据是如此重要，组织越来越关注机器学习和人工智能。高级分析，特别是人工智能，正在为开放数据提供一个通道，以充分发挥其作为组织资源的潜力。但是有一个问题需要解决。使数据具有吸引力的真正原因也是它的祸根。

协同使用时，Schema-Less-Write 以及转储和聚集大量数据的能力（无论质量和效用如何）都可以很容易地变得与将数据作为资产进行管理正交。最重要的是，祸根是不知道那里到底有什么。

探索和发现数据区域是数据科学家进行高级分析和人工智能的重要数据区域。这个区域并不意味着或暗示所有可以被探索或发现的事物都可以被务实地探索和发现。在管理得当的情况下，探索和发现数据区域应该是一个收获区域，因为可知的信息是已知的。如果管理不当和治理不当，数据区域和数据资产可能会自相矛盾。

正如前面在本书中多次提到的，数据是惰性的。数据不是自组织的。数据是没有自我意识的。数据没有意识到它自己的效用和用途。数据对其本身并不了解。没有辅助，数据什么也做不了。为了获得效用，数据需要其他的东西。其他的东西可能是一个程序、一台机器，甚至是一个人。但是，即使在数据可以被计算机程序或机器学习模型使用之前，也必须重新考虑数据的表示方式，以及重新考虑将数据作为长期资产使用的真正含义。波动性消除了资产的价值，并且组织不断变化的压力给组织寻求创建和管理数据的方式增加了负担。

数据的价值与通过分析和人工智能访问提供持久性或支持的底层技术无关。

时间是一种无形的资产

绝大多数资产类型都是实体的和有形的。数据是一种实体的和有形的业务资产。有形资产通常比无形资产更容易评估。无形资产通常缺乏实物的存在。知识产权就是一个例子，比如商标和许可协议。你对你的知识产权拥有一定的权利，而其他人不能复制它。

通过使用人工智能来帮助确定时间的使用以及任何其他模型分数，数据的价值可以借此来提高。因此，时间可以作为无形资产。知道你需要尽快对某事采取行动是一回事，但是准确地知道什么时候是采取行动的最佳时机则更为有效。

你可以获得洞见，可以帮助决策制定，也可以采取行动或开始行动，所有这些都可以通过时间加以增强或削弱。无论是出于预防目的还是规划目的，时间都能让洞见、决策和行动的执行在最佳时点发生，从而节约成本、优化资源并降低风险。

9.3 混合持久化

术语“通晓多种语言”（Polyglot）是指能够用多种语言进行交流的能力。通晓多种语言还与数据拓扑的使用相关，组织可以选择在每个数据区域中使用不同的数据库技术。混合持久化（Polyglot Persistence）是一个正式术语，用于针对需要处理和分析的各种类型数据的各种不同数据技术。混合事务/分析处理（Hybrid Transaction/Analytical Processing,

HTAP）是另一种类型的数据库的示例，该数据库提供了持久性并增加了对混合持久化的支持。

HTAP 由高德纳于 2014 年提出，无须始终依赖数据同步即可提供分析。混合事务 / 分析处理是通过增强态势感知和改善业务敏捷性来使用数据进行创新的方法。在分析中，HTAP 可以超越数据拓扑的所有方面。

通过使用 HTAP 技术，数据不必为了执行分析而从运营数据库转移到另一个数据区域。使用 HTAP，事务性数据在创建时就可以进行分析。通过使用 HTAP，分析聚合中的任何向下钻取机制始终指向真实数据：源数据。分析数据区域通常是来自其本地来源的数据的副本。在许多情况下，HTAP 可以消除仅仅为了分析目的而复制副本的需要。

此外，管理物联网传感器产生的数据也是部署物联网系统的最大挑战之一。传统的基于本地或基于云的物联网系统面临着在某些云生态系统中经历的大规模、异质性和高延迟的挑战。管理这种类型的大数据的一种方法是，通过使用网络提供分布式联合计算模型来分散应用程序、管理和数据分析。这种方法被称为雾计算。另一个派生是霭计算，它试图将大多数分析处理移到边缘。

与 HTAP 一样，雾和霭计算表明需要在专用分析数据区域之外执行分析。创建一个信息架构来支持从描述性到预测性，从诊断性到规范性，从认知到人工智能的所有形式的分析，需要架构支持更广泛的数据生态系统。在支持分析功能的云、雾和霭计算中，单个数据区域不太可能满足组织的所有需求，并无法提供许多组织可能要求的必要级别的韧性。

可以对在飞行中以及其源数据和目标数据区域目的地之间的数据执行分析。通过使用如 Edgent 或 Spark 等开源技术或 IBM 的 Streams 之类的其他技术，可以对瞬态数据进行分析。瞬态数据既不属于源数据区域，也不属于目标数据区域，必须在人工智能和其他高级分析形式的信息架构中予以考虑。

通过混合使用多种数据库技术，组织可以寻求发现一种更善于拟合其数据的解决方案，而无须不必要地增加数据以适应特定解决方案，并进一步补充将由数据科学家进行的准备工作。

在信息架构中，通过将分析进程移近数据而不是将数据移近分析的方法，可以解决这一问题。无论数据库是 HTAP、关系数据库、键 / 值对数据库、图形数据库、时间序列数据库，还是基于 JSON 数据存储的数据库，组织的数据资产都变得越来越复杂。

数据产业重新构架了这样一种观点，即数据不再仅仅是副产品或业务功能的偶然事件。如第 8 章所述，数据产业是数据存储位置的集合，这些数据存储位置自然发生在云、雾和霭计算的数据地形中。

使用 JSON 的文档数据库对于非结构化和结构化数据都是通用的。JSON 的递归特性很容易允许嵌入子文档和可变长度列表。此外，关系样式的行可以存储在 JSON 文档中。图形数据库对于管理数据关系非常有用。图形数据库可以捕获关系，并保存每条边和每个顶点的标签信息。JSON 文档通常也可以用来存储顶点和边缘类型的数据。

多模型数据库结合了文档数据存储、键/值对数据存储和图形数据库的功能。多模型数据库通常可以以较少的运营开销容纳不同的数据模型。与 HTAP 技术的基础一样，在一个数据库引擎中拥有多个可用的数据模型，可以帮助解决同时使用不同数据模型的一些挑战。在多模型数据库中为单个查询混合不同的数据模型，可以增加应用程序设计和性能优化的选项。

例如，管理飞机编队的数据可以被认为是一个复杂的数据集。一个飞机编队可以由几架飞机组成，其中每架飞机包含成千上万个零部件。每个零部件可以与各种子配件或子组件相关联，并且每个子组件可以放置到相关零件的整体层次结构中。

为了优化编队维护，组织可能必须在零部件层次结构的不同级别上存储各种数据。示例包括零部件或组件名称、序列号、制造商信息、维护间隔、维护日期、有关分包商的信息、手册和文档的链接、联系人、保修和服务合同信息等等。这种类型的数据层次结构很自然地适合图形数据库，因为图形数据库可以管理不同数据点之间的关系，包括每条边和顶点所需的信息。

为了准备构建机器学习模型，数据科学家可以通过更好地理解与给定子配件相关联的零件，选择使用图形数据库来研究特征包含的方面。数据科学家可能希望通过执行零件分解或零件组装请求来做到这一点。

或者，数据科学家可以研究与零件相关的特征，这样，如果一个给定的零件发生损坏，飞机的其他哪些部件包含相同的零件，并且零件是否有一个确定的维修程序？但是，数据科学家可能很难利用图形数据库来研究飞机的哪些零件需要在未来 10 天内进行维修的特征。

如果图形数据被存储为 JSON 文档，在顶点和边缘之间关联任意数据，数据科学家可能更容易地通过使用文档查询解决在未来 10 天内需要维修的零件的查询。

选择在数据区域中使用哪个数据库是为了考虑需要解决的多种问题，以及以适合用户工作或角色的个性化方式解决这些问题的能力。需要考虑单模型数据存储以及多模型数据存储。所有数据库往往都有优点和缺点。例如，独立的图形数据库可能无法在顶点数据上实现辅助索引。

总的来说，飞机编队维修的例子并不是一个独特的业务问题。数据拓扑的区域地图、数据流和数据地形补充了混合持久化的方法，主要是因为混合持久化可以通过使用正确的数据模型中的任务来满足个性化的需求。

为数据科学家提供实时的多语言数据访问是自助服务分析的一部分。自助服务分析还可以扩展到其他业务用户。实现自助服务需要数据库技术和正确的数据模型或架构的恰当融合。同样，这也是个性化形成的地方，因为组织不必提供每个人都必须使用的单一规范模型。

参考第 8 章中的石油类比，从石油中产生价值总是相对复杂的，因为石油涉及开采、运输、提炼和分配。从石油中获取价值需要研究、设计和运营的复杂性。因此，石油需要一个支持性的基础设施来帮助其实现市场价值。

从数据中获取价值还需要对基础设施进行类似的投资：数据产业。数据产业就是帮助公司系统地管理信息架构和数据拓扑中的数据的基础设施。数据产业跨越数据拓扑，即云、雾和霭计算层。对于一个组织来说，在理解数据体量以及与数据传输相关的复杂性时，开发数据产业甚至更加重要。

数据体量和速度的爆炸式增长带来了一些信息架构应解决的挑战，其中包括与不断增长的集群、整体存储和数据移动相关的复杂性。

数据的杠杆作用或价值往往与底层数据基础设施的成熟度和稳健性密不可分，因此信息架构还应该捕获一个组织将如何改进基础设施并将数据管理作为服务引入。

信息架构必须着手处理数据拓扑的运营成本，提供弹性和灵活的容量模型，确保能够适应不同的工作负载，并指示如何满足扩展需求。为了解决所有这些方面，需要有一个对数据理解的基础。前一章讨论了统计素养的各个方面，但数据素养也是必不可少的。

部署为微服务的模型

微服务（Microservice）是围绕特定的业务功能构建的，并遵循分解路径来提供离散的服务集。Docker 是一个开源容器工具的例子，它可以帮助构建和运行微服务。但是，当涉及将微服务作为容器进行部署时，你必须牢记的另一个方面是对单个容器的管理。

在使用微服务时，你需要跨多台计算机运行多个容器，并且需要有效地管理它们。在适当的时间启动适当的容器，使它们彼此互操作，处理存储和内存问题，以及从失败的容器或硬件中恢复的进程都需要诸如 Kubernetes 的编制平台工具。编制允许容器协同工作并减少运营管理负担。

数据科学家可以利用微服务和容器来部署他们构建的模型。以下是将人工智能模型部署为微型服务的几个原因：

- 大型单体应用程序本质上比微服务更难理解。
- 微服务可以专注于单一的业务功能，从而使开发资源更容易理解少量功能，而不是整个应用程序。
- 由于微服务可以部署到自己的容器中，因此微服务可以独立扩展。
- 微服务可以同时向内部和外部应用程序公开，而无须移动代码。
- 定义明确的接口意味着数据可以被轻松访问。
- 容器为外部和分布式数据访问提供内置机制。
- 可以避免供应商或技术锁定，并允许数据科学家选择他们想要使用的任何语言和工具。通过将模型部署为具有 API 端点的微服务，数据科学家和人工智能程序员可以在不同的框架（例如 Tensorflow、PyTorch 和 Keras）中编写模型，而不必担心跨技术堆栈的兼容性。
- 微服务可以通过并行且独立于其他微服务的方式来部署新版本。MLOps 可用于机器学习应用程序的部署。

- 部署可以在云、雾或霭节点中跨地形进行。使用本地节点可以缓解数据隐私问题。
- 具有特定功能的人工智能模型，例如命名实体识别或信息抽取等，可以被独立开发、更新和部署。

9.4　受益于数据素养

当你仰望天空时，你可能会看到云彩。如果户外不是很容易到达，图 9-2 显示了一张有云彩的天空的图片。但是云彩是什么颜色的呢？也许你第一个想到的颜色就是白色。但是仔细观察一下：云彩包含不同的阴影，实际上，云彩的颜色包括各种蓝色、灰色和微妙的粉色阴影（在灰度图中，云彩只会呈现出许多种灰色阴影）。

图 9-2　云彩是什么颜色的

在许多情况下，组织选择数字化的数据可能会失去细微差别，无法以精确的方式准确地模拟真实世界。在第 3 章中，图 3-7 包括一个看起来是灰色的绿色 E 型捷豹的图片。但是绿色到底意味着什么呢？

首先，绿色可以被视为一种事物，一个对象。作为一种事物，绿色有它的属性。这些属性是色调、饱和度、亮度和色温。

- 色调取决于反射或产生的光的波长。
- 饱和度是指给定色调的纯度或强度。100% 的饱和度表示色调中没有额外的灰色。颜色是纯粹的。当饱和度为 0 时，色调显示为中等灰色。饱和度百分比越高，颜色越亮。

- 亮度是混入给定色调的黑色或白色的相对程度的度量。添加白色，通过创建淡色使颜色变亮。添加黑色，通过创建阴影使颜色变暗。通过将颜色放在较深的颜色旁边，可以使颜色看起来更亮。
- 色温是一种颜色感知的暖意或冷意。红色、橙色和黄色是较温暖的颜色。较冷的颜色是绿色、蓝色和紫色。

但是，绿色并不总是一个对象。绿色本身可以是一个属性。以图 3-7 中的捷豹为例。捷豹的颜色是绿色，绿色是汽车的颜色属性。因此，根据上下文，绿色可以是一种事物，绿色也可以是可一种属性。但话又说回来，绿色也可以引发行为。根据环境条件，绿色可以扩展或收缩：绿色可以移动。定义某样东西通常来自上下文，但在现实世界中，上下文也会发生变化。

让我们将绿色示例应用于“什么是人？”这一问题。从一个角度来说，一个人是一个事物，一个对象。在绿色示例中，绿色具有以下属性：色调、饱和度、亮度和色温。同样，一个人也具有以下属性：名字、出生日期、身高、体重等等。

就像绿色是汽车的属性一样，一个人也可以被看作是某种事物的属性。例如，一个人可以是一个家庭的属性，也可以是一个家族的属性；一个雇主；一个特定的利益群体，例如他们居住的城镇或他们购物的特定商店等。

绿色也被描述为能够通过基于热度膨胀或收缩而表现出行为。一个人当然也可以有行为。快乐、悲伤、情绪不定、沮丧、躁狂，奔跑和跳跃都只是无数种可以向外或向内呈现的行为的一部分。通常，当系统对一个人进行数字化处理时，很多图形色彩会丢失或根本不会被捕获。

在图 9-3 中，有多少对象、属性和行为将被数字化？虽然组织捕获了大量信息，但永远有更多的信息从未捕获到。

图 9-3 数字化遗漏的数据比实际收集的数据更多

9.4.1 理解主题

可观察的学习成果结构（Structure of Observed Learning Outcomes，SOLO）分类法是一个模型，用来描述在理解一个主题时不断增加的复杂程度。SOLO 最初由教育心理学家 John Biggs 和 Kevin Collis 开发。SOLO 的解释也可以用于帮助数据素养。

该模型包括五个层次的理解：

- **前结构层次：**任务没有得到恰当的处理。个人还没有真正被理解，并且使用的方法太过简单。
- **单一结构层次：**个人只关注一个相关方面。
- **多元结构层次：**个体选择关注几个相关方面，但这些方面被单独地以一种加总的方式处理。这一层次的评估主要是定量的。
- **关联结构层次：**不同的方面已经整合成一个连贯的整体。处于这个层次表明个体已经获得足够的理解。
- **拓展抽象层次：**个体可以采用前述整合的整体，并在更高的抽象层次上对结果进行概念化，以概括出一个新的主题或领域。

数据素养一词可以理解为以下含义：

- 能够表现出对数据含义的理解，包括如何正确地读取图表，能够从数据中得出正确的结论，并能够识别何时数据被误导或以不恰当的方式使用[1]。
- 强调广泛利用数据提供信息和决策制定。数据的使用包括数据所代表的知识。对于如何收集、分析、可视化和共享数据的理解是存在的。需要理解的是，在安全和隐私的文化背景下，如何应用数据来获得利益或损害结果[2]。
- 能够发现、处理、管理和解释数据，不仅包括数字，还包括文本和图像。数据技能必须成为每个业务功能和活动不可或缺的组成部分[3]。

9.4.2 技能集

数据素养与统计素养和信息素养相关。统计素养在第 8 章中已经进行了介绍，可以定义为“在图表、表格、陈述和论文等日常媒体中阅读和解释摘要统计数据的能力”。具有数据素养的人应该能够：

- 确定所需信息的范围。
- 有效和高效地访问所需信息。
- 批判性地评估信息和信息来源。
- 将所选信息纳入个人知识库。

---

[1] Carlson, J. R.; et. al. “Determining Data Information Literacy Needs: A Study of Students and Research Faculty.” *Libraries Faculty and Staff Scholarship and Research*, 2011.

[2] Crusoe, D. “Data Literacy defined pro populo.” *The Journal of Community Informatics*, 2016.

[3] Harris, J. “Data Is Useless Without the Skills to Analyze It.” *Harvard Business Review*, 2012.

- 有效地使用信息来完成特定目的。
- 了解与信息使用有关的经济、法律和社会问题，以及以合乎道德和法律的方式访问和使用信息。

关于数据素养的讨论，见 Milo Schield *Assessment Methods in Statistical Education: An International Perspective*，John Wiley & Sons，2010 年）的第 11 章“评估统计素养：请当心”。

美国图书馆协会的《高等教育信息素养能力标准》中讨论了数据素养者的能力。

```
2000 (alair.ala.org/bitstream/handle/11213/7668/ACRL%20Information%20
Literacy%20Competency%20Standards%20for%20Higher%20Education.pdf).
```

批判性思维能力的层次结构可以逐步发展，使得数据素养可以成为统计素养的一个必要条件，而统计素养反过来又是信息素养所需的。培养数据、统计和信息素养的技能可以围绕核心技能、数学技能、思维技能、沟通技能、IT 技能和商业敏锐性进行分组。

这些技能对于数据科学家和公民数据科学家都至关重要。许多技能适用于一般实践分析之人。此外，以下技能对于实现人工智能至关重要。

- 核心技能
  - 批判性思考
  - 解决问题
  - 处理数据
  - 分析性思考
  - 选择隐私
  - 计算思考
  - 熟悉软件
  - 了解数据生命周期
  - 了解数据安全性
  - 提出富有成效的问题
  - 遵守道德和法律规则
  - 研究方法的知识
  - 统计方法的知识
  - 创建上下文数据含义
  - 具有可视化设计能力
  - 从非随机采样数据进行推理
  - 综合思考（能够统观大局）
- 数学技能
  - 算法

  - 统计
  - 统计方法
- 思维技能
  - 分析思维
  - 计算思维
  - 解决问题
  - 综合思维
  - 批判性思维
  - 研究方法
  - 科学方法
- 沟通技能
  - 写作
  - 可视化
  - 可视化设计
- IT 技能
  - 数据管理
  - 数据处理
  - 数据建模
  - 数据结构
  - 数据库
  - 计算机编程
  - 数据库编程
  - 非结构化数据
- 特别地，商业技能
  - 领域知识

9.4.3 全部都是元数据

从根本上说，元数据可以提炼为关于数据的数据。通常，一个组织收集的大多数业务数据，如果不是全部的话，都是与某些事情有关的。当企业使用数据来表示业务经营中发生的某些事情的时候，数据可以被看作是对某些事情的描述，并且实际上，这使得所有的数据元数据化。为此，数据和信息都可以被视为元数据。

在声称自己数据丰富而信息贫乏（Data Rich and Information Poor，DRIP）的组织中，可以发现数据素养水平方面的差距。DRIP 反映了组织能够从其数据中实现的直接效用。DRIP 并不是关于作为原材料的数据不足，而是直接反映了无法以有意义和有益的方式持续使用作为原材料的数据。

人类的易错性一直与无知和无能联系在一起。无知是指知识或理解力有限，而无能是知道知识存在但无法适当地应用该知识。

Samuel Gorovitz 和 Alasdair MacIntyre 在 "Toward a Theory of Medical Fallibility"（*The Hastings Center Report*，第 5 卷，第 6 期，1975 年）中讨论了人类的易错性。

在本书中，都提到使用经过策管的数据存储作为一种为用户和数据科学家提供个性化或超个性化数据存储的方式。创建专用数据，并为专用用途提供数据，以提高效率和有效性的能力，被认为是数据拓扑如何帮助推动价值的重要方面。创建专用数据区域，来提供经过严格策管的数据是理想的且在技术上可行的。

专业化和个性化数据存储可以直接对齐，以帮助减少与无知和无能相关的人类易错性。结合软件和技术帮助信息的收集、分析和检索，个性化可以使组织受益，并有助于提高数据素养。

之前讨论过的其他主题与数据素养有关，例如数据 – 信息 – 知识 – 智慧层次结构，通过将经过组织的数据和信息的使用置于上下文中，逐步显示附加价值；例如六个疑问词，以帮助整体探索如何理解某一特定主题；例如数据是惰性的，并且无法自我组织、自我理解或自我实现价值，因此如果没有计算机程序、模型或向用户展示数据自身的方法，数据将无法完成任何任务。

这六个疑问词是何物、如何、何地、何人、何时以及为何。

在探索绿色的例子中，无论是作为对象、属性还是通过颜色的行为，所有的数据本质上都是元数据。数据是关于现实世界中的事物的，也是企业感兴趣的。因此，这确实使所有业务数据或业务信息元数据化。

9.4.4 正确的数据，在正确的上下文中，使用正确的接口

在第 1 章中，我们讨论了美国航天局任务控制中心的数据的可视化表示，这有助于揭示数据素养原则，即并非所有现代分析数据都需要以图形格式呈现。根据具体情况，专家可能需要高度可视化的图形和文本来解决问题、揭示洞见并采取行动。其他原则包括数据民主化，但由于并非所有数据都是平等的，数据安全和数据隐私也是必不可少的，因此只有组织信息的受控子集才能有效地民主化和共享。

在 William Stafford 的一首名为 *An argument against the empirical method* 的诗中，诗中唯一的一行写道："有些干草堆甚至连针都没有。"这意味着，在为建模和人工智能准备数据时，外推插值法和内插插值法并不总能弥补缺失的信息。这个原理如图 9-3 所示。

Dunning 的诗出现在 *Some Haystacks Don't Even Have Any Needle and Other Complete Modern Poems*（Lothrop Lee & Shepard，1969 年）。

希腊语“aponia”一词用于表示没有痛苦，而伊壁鸠鲁派认为这是身体愉悦的高度。他们还认为，人类生活的目标是幸福。Aponia直接说明了机器学习和人工智能中的公平原则，即不仅存在与高级分析的使用相关的道德和道德含义，而且数据科学家和整个组织应积极寻求通过解释性来消除模型和业务实践中的偏见。

正确的数据（在正确的上下文中，使用正确的接口并且在正确的位置提供的数据）可以被提炼为适合目的的数据。如前几章所述，组织内每个人的需求应导致人们认识到需要数据的多个实例化，以充分最大化每个员工的效率。如第3章所讨论的，员工的超个性化，而不仅仅是客户的超个性化，应该是组织处理数据的目标。

确定上下文

你的外语学得怎么样？你能猜出这是哪种语言写的吗？

原版	音译英文	字面英文翻译
Un petit d'un petit S'étonne aux Halles Un petit d'un petit Ah! degrés te fallen Indolent qui ne sort cesse Indolent qui ne se mène Qu'importe un petit Tout gai de Reguennes.	Humpty Dumpty Sat on a wall. Humpty Dumpty Had a great fall. All the king's horses And all the king's men Couldn't put Humpty Together again.	A child of a child Was surprised at the Market A child of a child Oh, degrees you needed! Lazy is he who never goes out Lazy is he who is not led Who cares about a little one All happy with Reguennes
	音译英文的翻译	字面意思的翻译
	矮胖墩儿 坐墙头 栽了一个大跟斗 国王呀 齐兵马 破蛋重圆没办法	孩子的孩子 对市场感到惊讶 孩子的孩子 哦，你需要的程度！ 懒惰的人永远不会消失 懒惰的是无法引领的人 谁在乎一个小孩 所有人都对雷根尼斯感到满意

Van Rooten, Luis d'Antin. *Mots D'heures: Gousses, Rames: The D'antin Manuscript*. Viking, 1967.

法语？没错……但更确切地说，是也不是！

这些词实际上是作为英语单词来听的。虽然措辞是用法语发音的，但单词本身是根据其同音而选择的。例如，法语中的“un petit d'un petit”大致表示英语中的“孩子的孩子”。但是，当大声朗读（听起来）时，这些词将被听到作为童谣的开头：矮胖墩儿（Humpty Dumpty，《鹅妈妈童谣》中的人物）。“S'étonne aux Halle”的意思可以是“对市场感到惊讶”……但听起来是“坐在墙上”。

在数据素养方面，建立或确定上下文是最重要的。

9.5 本章小结

本章介绍了商业世界中变化的频率，以及采用硬编码实践如何对计算机程序、数据库设计和机器学习模型开发产生持续影响。在与数据有关的实践中需要作出这种努力，以避免信息技术部门成为组织运作的瓶颈或对其产生负面影响。归根结底，数据是一种资产，不应该做出可能破坏资产的决策。

可以应用不同的技术来利用资产。不建议仅使用每个可用技术中的一种来构建信息架构。相反，组织应设法根据每个需求映射适当的技术，以提高组织的效率和效力。

在组织内部推动洞见的过程中，熟练掌握数据（具备数据素养），会带来显著的好处。具备数据素养的一部分是了解当前拥有什么数据，以及了解哪些数据没有被捕获。这种平衡可以帮助我们将洞见纳入视野，并有助于采取适当的行动。

最后一章是关于将书中的众多概念应用于人工智能信息架构的制定。

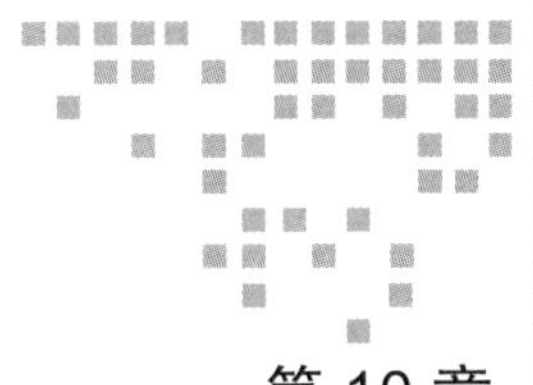

第 10 章 Chapter 10

终章：人工智能的信息架构

“信息时代的一些主要特征是极端的复杂性和极端的变化率。”

——Clive Finkelstein

Enterprise Architecture for Integration

尽管可以安全地以∞（无穷）预测人工智能用例的数量和种类，但本书中表达的思想可以成功地用于应对极端情况，无论是在商业、军事防御、反间谍活动、儿童安全还是深空之中。

今天，航天局相信他们已经可以很好地处理距离地球上空 2000 公里高度，即近地轨道（Low Earth Orbit，LEO）的最高高度的事物。例如，国际空间站就是在近地轨道内运行的。在这个高度以上，人们知道的越来越少，尤其是深空对人体的长期影响。例如，在近地轨道内，一些宇航员会经历一种被称为脑压视力障碍（Visual Impairment Intracranial Pressure，VIIP）的综合征，这对宇航员正常视力产生了负面影响。虽然技术进步现在允许宇航员携带一副配有可调节度数的眼镜（可拨号镜片），但是这种综合征背后的确切原因还没有完全弄清楚。如果我们不了解低地轨道内发生的一切，为了长期旅行而进入深空肯定会带来一系列额外的健康风险。

想象一下，你是团队的一员，此团队的任务是负责将一名宇航员送到火星上，这趟旅程充满了未知。表现出来的每一个未知可能需要某种形式的补救，需要近乎实时地进行处理，但是即使通信信号以光速传播，向飞船发送和接收一条信息（包括任何代码修改）可能也需要花费长达 6 分多钟的时间。

对于每周一次的发展冲刺，除了一些小概率情况之外，对于所有情况都不切实际的。就延迟而言，甚至 CI/ CD 方法也可能是一种延伸。也就是说，本书中描述的许多技术既可以用于自适应部署解决方案，也可以用于敏捷部署解决方案。在深空中，生命将持续处于危险之中，响应能力必须在极短的时间内发生，因此使用可以在无监督学习的情况下，以最少的数据或功能进行训练的机器学习模型将至关重要。数据区域和数据地形以及避免硬编码的数据模型的使用，可以提供必要的灵活性且及时的响应，以保证宇航员的生命安全，并使这一任务步入正轨。

本章旨在整合一系列既可用于正常用例又可用于极端用例的技术，以及组成信息架构的必要注意事项，以支持与通过人工智能进行模型开发和部署相关的活动。人工智能所需的信息架构需要结合数据拓扑和高度分布式运算环境。更智能的数据科学计划明白，数据密集型人工智能部署必须能够支持实时事件驱动的业务需求，而这些业务需求往往是在运营中注入人工智能作为提高组织效率和绩效的手段时所需要的。

10.1 人工智能开发工作

传统的软件工程实践依赖于功能分解来识别需要编写的每个计算机程序的范围。每个程序的预期程序行为都被设计到每个给定的解决方案中。根据定义，相对于计算机程序预期行为的任何偏差都是软件缺陷。人工智能模型的强大之处在于模型无须传统计算机程序就可以进行学习和逐步适应的能力。

人工智能模型不是按照传统意义上的系统设计来设计的。人工智能模型设置为通过复杂的神经网络学习，但不能保证精确的功能操作。组织的数据用于帮助模型确定其行为方式。在这方面，数据已经成为一种创建规范的新方法。

使用传统验证技术测试系统不太可能对人工智能有效，因为对于必须发生的情况没有硬性规则。本质上，模型是基于模式的，而不是基于规则的。增加的复杂性来自机器学习算法的统计性质，该算法可以根据计算出的置信水平为给定输入选择输出，而不是传统基于规则的系统使用的确定性方法。

人工智能模型产生输出的个性化可以满足特定用户的需求，这可能会给传统的软件工程实践带来更多的挑战。输出的正确性可能取决于业务用户在查看结果时的主观性。此外，传统的用户验收测试可能看起来不切实际，因为传统的测试依赖于基于规则的结果的一致性，而人工智能的基于模式的结果可能不会每次都产生相同的结果。

识别缺陷的传统方法可能会随着人工智能的使用而改变。意外的模型后果，比如偏见和其他紧急行为，可能需要在生产中呈现出来，而不是在受控的测试环境中发挥作用。使用人工智能，持续学习可以表现为系统中随时间而发生的一系列行为变化。

尽管传统的软件系统注重可用性、可靠性和操作性能，但人工智能系统往往需要集中而持续的努力来专注于信任。信任是一个可以涵盖一系列领域的主题，包括人工监督、稳健性、数据隐私、公平性、道德、透明度和问责制。

机器学习模型可能是使用机器学习库构建的，而很少关注与软件工程实践相关的传统技术。与人工智能相关的可变性再次强调了对信息架构的需求，该体系结构可以作为一种手段，为包括其结果本身不可预测模型在内的解决方案施加可预测性方面，换句话说，信息架构如何成为更智能的数据科学的唯一推动因素。

开发机器学习应用程序的更广泛视野包括模型本身开发以外的其他活动。还需要开展以下活动：数据准备，构建、培训和测试模型，DevOps/MLOps 和 DataOps，以及与人工智能相关的所有部署和生产监控活动。

数据准备活动通常会消耗超过与模型开发相关的工作的 70%。对于人工智能模型和注入人工智能的应用程序，需要进行适当的工作以执行数据准备，从而帮助避免意外的偏见，并帮助确保公平和信任。特征提取是数据准备进程中的一个关键任务，它可以帮助去除冗余的数据维度、不必要的噪声和其他可能降低模型性能的属性。

构建、训练和测试模型是从组织的可用数据中生成能够满足感知需求的最佳模型的必要活动。在实践中，数据科学家可能会在实际创建模型时利用如 TensorFlow、PyTorch 和 Scikit-Learn 等各种框架。每种类型的框架都可以提供一些工具来帮助支持编码进程。但是，如果模型未产生任何可识别错误，该模型可能仍然不适合预期的部署用途。

构建机器学习模型的另一个重要的核心活动是将训练数据与验证数据分离。需要进行分离来帮助充分评估模型的通用化能力。交叉验证是数据科学家经常用来帮助模型验证的一种实践。根据经验，大约 70% 的可用数据被留作模型训练，剩下的 30% 被留作模型验证。调试人工智能模型可能很复杂，因为模型的行为最终不能基于推断出的代码和训练数据。

当一个机器学习模型被视为就绪时，这个模型就可以被注入软件应用中。使用黑盒测试的技术可以帮助评估该模型是否足以进行部署。使用黑盒测试是为了知道输出或结果，但不是为了明确地揭示输出或结果是如何确定的。

MLOps 和 DataOps 活动还需要保持模型和训练数据版本的同步，以便能够对任何模型的未来更改进行充分跟踪。总的来说，可以认为人工智能开发不同于传统软件开发，原因如下：

- 与其他不包括机器学习的软件工程相比，人工智能数据生命周期的管理可能更具挑战性。
- 模型创建和复用可能需要不同的技能集，这些技能集可能无法与参与传统软件项目的其他技能集直接进行比较。
- 人工智能组件比传统软件资产管理更具挑战性，因为它们难以隔离不适当、不良的或错误的行为。

例如，如果构建人工智能模型来识别图像中的对象，就可以使用生成式对抗网络（Generative Adversarial Network，GAN）模型。生成模型涉及使用一个模型来生成新的示例，这些示例可能合理地来自现有的样本分布。新的示例可能包括生成的图像，这些图像与现有图像的数据集中的图像类似但完全不同。

GAN 模型是使用双神经网络模型进行训练的生成模型。其中一个模型被称为生成器模型，它学习如何生成新的合理样本。另一个模型被称为鉴别器，它学会区分生成的示例和真实的示例。

基于包含图像的训练数据集的测试结果，在图像中识别给定目标的准确性将产生一个给定的概率。当模型准备好进行部署时，可能会发现准确性明显低于训练阶段。这种差异可能与漂移有关。数据漂移表示与模型训练阶段使用的数据分布相比，部署期间数据分布的变化。

检测漂移的速度受到以下因素的影响：

- 在学习过程中使用的数据可能具有很多维度。很难找到学习数据和生产数据分布之间的差异。
- 在部署时，数据通常没有标记。可能无法直接测量模型的性能。
- 实验设计可能需要高级序贯检验分析，以帮助保持统计能力，而缺乏这种能力可能使重复测量难以实现。

避免数据漂移问题需要高度的工程技术。在模型构建过程中，即使可以从相同的分布中采样训练数据和验证数据，也需要保持训练数据和验证数据的明确分离。仔细选择黑盒测试数据是至关重要的，这样数据才能最好地反映部署时预期的数据。

传统的软件开发有成熟的过程来捕获和保留关键的工件，比如需求、设计、代码版本、测试用例、部署数据等等。相比之下，用于开发模型的进程可能不允许将训练数据作为关键工件进行永久存储。

在实践中，这种限制可能是由于培训所需的大型数据集、有限的数据访问或禁止数据在培训期之后使用的许可条款。

数据也会随着时间的推移而变化，这使得数据保存对以后的使用的相关性降低。如果捕获和保存模型训练和测试所需的所有数据是不切实际的，那么模型的复制或事后审计能力可能会受到阻碍。

数据准备是在创建模型的过程中可能被低估的一项活动。数据准备是建立更可靠的模型构建方案的关键，并且相比实际建模对最终预测准确性的影响更大。与建模一样，数据准备也可以包含需要调整的参数。数据准备应该被理解为必须与数据建模一起被优化、交叉验证和部署的过程，以确保适当的适用性。

信息架构基本元素的开发必须能够解决数据准备、模型开发和 xOps 实践，以确保完整性和可行性。

再训练

模型应多久进行一次再训练？你需要考虑如何确定新的训练集。你可以考虑使用一个标准的信息技术响应来回答这个问题：这取决于具体情况。但是，话又说回来，它究竟取决于什么？

首先，数据本身可以用来通知你。例如，如果你的公司提供了一个产品的订阅或续订服务，那么客户流失的程度超出预期，这可能表明该模型不能充分预测不满意的个人或群体。如果该公司的产品是季节性的，那么过于频繁地对该模型进行再训练就没有意义了，因为该模型无法获得大量的新训练数据，而且你可能必须等到下一个季度才能确定哪些客户没有续订，因为他们已经流失了。在这种情况下，再训练将定期执行。

另一方面，快速变化的生产数据可能需要每周甚至每天进行再训练。对于随时间变化较慢的分布，你可能需要每月或每年再训练模型。

理想情况下，使用监视指标将允许你自动处理数据漂移问题的进程。通过跟踪诊断，当实时数据和与训练数据相关的诊断结果不一致时，可以自动触发模型再训练。使用这种方法，你需要确定一个不同的阈值来触发模型再训练。如果阈值太低，你将面临过于频繁地对模型进行再训练的风险，这可能导致与计算周期消耗相关的运营成本增加。如果阈值太高，你将面临不能进行足够再训练的风险，这意味着在一段时间内将依赖于次优模型进行生产。

由于你将要确定需要收集多少新的训练数据来代表世界的最新状况，因此也会出现复杂情况。即使数据在变化，但是如果新的训练数据太少，则对模型进行再训练可能没有太多意义。

如果你的模型在一个可能以对抗方式运行的环境中运行，这意味着交易容易受到欺诈或滥用的影响，并且检测欺诈的能力是至关重要的，那么根据新的培训数据的可用性，而不是特定的周期，来对模型进行逐步再训练可能会是有利的。

10.2　基本要素：基于云的计算、数据和分析

人工智能的信息架构围绕三个基本要素进行构建。这些要素包括云、数据和分析（作为一个要素，“云”一词用于更广义的云支持，而不是特定类型的云）。这三个要素对于实现任何有助于数字化转型的组织目标也至关重要。云、数据和分析元素可以相互重叠和交叉。这些交叉点用于指示为确保稳健实施而需要提供的功能。例如，交叉点可以阐明互操作性、治理、安全性和工作负载平衡的跨元素运营需求。

本书前面的章节提到，并非所有数据都是平等的。类似地，不平等也适用于云和分析，因为并非所有云和机器学习模型都是平等创建的。

图 10-1 显示了一个总体的云地形。云地形与前面章节中介绍的数据拓扑所指定的数据地形紧密一致。（数据拓扑包含区域地图、数据流和数据地形。）云地形的三个要素是云计算、雾计算和霭计算。

每个要素共享一组共同的方面：包含硬件、运行软件的能力、通信网络的可访问性，以及存储信息的手段。云地形的所有要素可以通过公共提供商提供、通过私有提供商提供，或者自行提供。

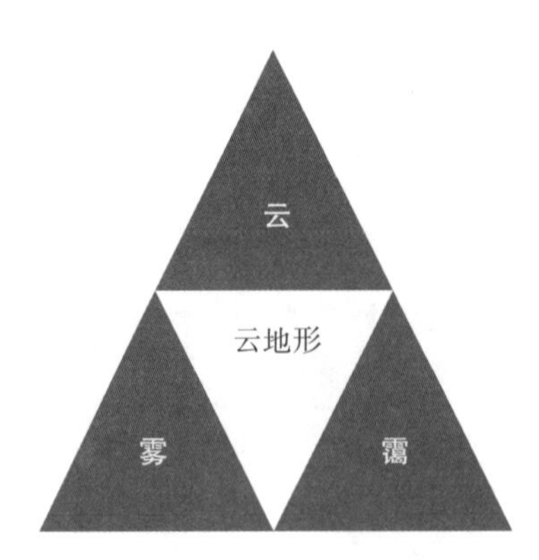

图 10-1 云地形

公共云提供商通过公共互联网提供计算服务。公共云供应商的示例包括亚马逊网络服务、谷歌云平台、微软 Azure 和 IBM 云。通常，公共云提供商可以使组织免于购买或许可他人使用其自己的硬件和应用程序基础设施。此外，公共云提供商通常可以代表组织承担管理和维护给定环境的责任。

通过使用公共云，一些软件产品可以比组织使用传统的本地基础设施更快地部署。公共云提供商始终会迎合更高级别的弹性和可扩展性，以满足组织在需求高峰时期的资源需要。公共云提供商通常与云地形中的云要素相关联。

私有云提供商为选定的用户提供计算服务，其客户通常是单个组织，而不是一般公众。计算服务通常通过公共网络或通过专用内部网络提供。私有云计算可以为组织提供与公共云相关的一些好处，如自助服务、可扩展性和弹性，而不必共享某些基础设施资源。

与使用由组织自己的数据中心托管的计算基础设施中的专用资源相比，使用私有云提供商的额外控制和自定义项也具有优势。私有云还可以通过组织自己的防火墙与私有云托管的防火墙相结合，来提高安全性和隐私级别。使用私有云提供商通常需要组织保持与使用传统数据中心相同的技术人员配置水平。

私有云通常使用的两种云服务模型包括基础架构即服务（Infrastructure as a Service，IaaS）和平台即服务（Platform as a Service，PaaS）。IaaS 旨在允许组织将计算、网络和存储等基础架构资源作为服务使用。PaaS 旨在让组织交付从相对简单的基于云的独立应用程序到复杂的企业系统的所有内容。

私有云与公共云结合使用时，可建立一个混合云解决方案。混合云通常可以支持云爆的手段。借助云爆，当计算需求增长超过私有云的阈值时，组织可以寻求将计算服务扩展到公共云。私有云提供商可以与三个云地形要素中的两个关联：云和雾。

自行提供由组织提供，传统上涉及本地数据中心。由于诸如自动驾驶汽车，笔记本电脑计算之类的便携式计算以及诸如平板电脑和移动电话之类的智能设备的出现，许多自行提供的计算能力被分布在物理数据中心之外。自行提供的功能通常分配给云地形模型中的雾和霭要素。

云地形中的要素根据计算能力量、执行节点的可能数量的弹性以及按需存储数据的整体能力来推断能力的层次结构。了解差异和好处对于信息架构的开发至关重要。

地形要素云、雾和霭表示计算类别，而不是最终可能部署或可访问的给定数量的示例。每个部署的实例都被视为一个节点。在物理上，组织可以选择实现零个、一个或多个云节点；零个、一个或多个雾节点；零个、一个或多个霭节点。

霭节点的数量可以达数万个，甚至可能数百万个。物联网传感器本身并不被视为霭节点。但是，如果传感器直接连接到计算、网络和存储功能，则物联网传感器可以作为一个可识别的霭节点参与其中。在零售商店中，用于物理库存控制的手持式智能设备可以作为霭节点之一参与。

例如，零售商可以选择使用云节点来帮助管理订单补货功能，并使用组织的主数据中心中的雾节点来运行活动管理功能。零售商还可以选择为每个零售商店设置一个专用的微型数据中心，以作为独立的雾节点。由于在此示例中，每个零售商店都充当雾节点，因此在网络中断的情况下，每个零售商店可以作为独立实体运行。独立运行的能力提供了一定程度的运营弹性。在此示例中，主数据中心和存储都代表不同的雾节点。横跨云地形的关键租赁方式是能够在断开连接模式下运行。在断开连接模式下运行表明，即使在网络中断时也可以提供某种级别的业务连续性。

本地运行人工智能模型的能力是在构建信息架构时应该考虑的一个方面。本地是与模型运行的位置相关的，可以独立地应用于每个节点类型。

对于在该云上运行的模型而言，断开连接的云是本地的，而无需将数据拉取或分发在一个云之外。如果在雾节点上运行的模型不需要互操作或依赖于其他节点来执行评分等，则雾是本地的。只要不需要传输额外的入站或出站数据，对于在该智能设备上运行的模型来说，霭是本地的。

以下是云、雾和霭的一般特征：

- 云
  - 区域性的或全球性的
  - 经过管理的
  - 虚拟的
  - 裸机
  - 一个或多个数据中心
  - 可扩展的且富有弹性的
  - 无限存储
- 雾
  - 本地化
  - 低延迟
  - 专用的

  - 单个数据中心
  - 受限的可扩展性和弹性
  - 受限存储
- 霭
  - 边缘
  - 超本地化
  - 个人计算
  - 很少或没有可扩展性或弹性
  - 有限的存储

尽管可以考虑使每个节点在断开连接模式下运行，但部署可以进一步考虑跨每个节点类型的对等式通信：跨云、跨雾和跨霭。对等式通信和云与雾连接、雾与霭连接以及云与霭连接是分开的。

通过在业务应用程序内注入人工智能功能，可以实现和配置全面的企业级部署，以满足不同的和高需求的工作负载。雾节点的潜在用途是将这种类型的节点分配给传统的企业数据中心。数据中心通常被称为本地部署或本地计算。

本地计算可能包括使用大型机计算，例如IBM Z系列计算机，该计算机能够对静态和飞行中的所有数据提供完整的数据加密。本地计算可能包括其他服务器类型，例如那些使用IBM基于Power的芯片的服务器，甚至是基于x86或Nvidia芯片组的更小的服务器。（x86是基于英特尔8086微处理器的一系列指令集架构。）

无论是单个服务器还是集群中的服务器，都可以对部署在本地的服务器进行水平和垂直扩展。但是，在任何给定的时间点，可以实现的可伸缩性的程度都可能受到物理限制。物理和已知限制的方面是区分雾节点和云节点的主要特征。

就数据输入和模型输出而言，云、雾和霭中的存储可用性对于人工智能至关重要。图10-2显示了固有的计算功能和高级分析所需的存储功能之间并置的云地形。

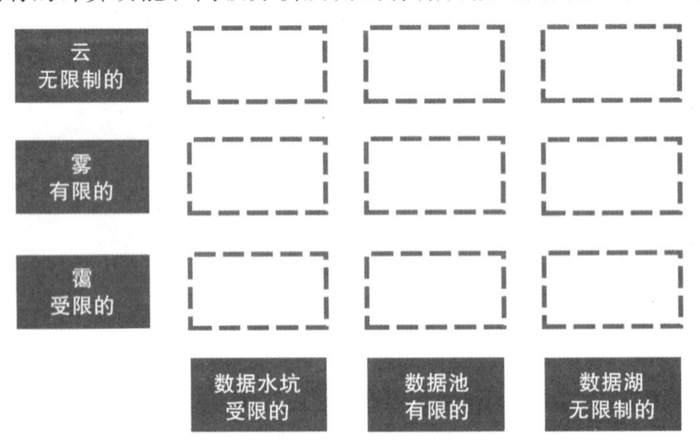

图10-2 计算和存储功能

韧性

当设计注入人工智能能力的解决方案时，我们通常会像其他任何工作一样开始着手这项工作，并基于一组快乐的日常用例来思考这项工作。快乐的日常用例是一组在没有例外或异常情况下运行的功能。

人工智能模型的初始工作也可能会忽略某些运营需求，以及为保证韧性而存在的任何考虑。潜意识地，我们可能只有在模型被注入并且其系统即将投入生产时，才开始考虑韧性。从历史上看，基于非人工智能的应用程序的韧性仅限于容错方面和具有关键任务设计的系统。但是现在，所有的系统类型都应该在需要的时候按需运行。

通常，我们可能会推迟处理最坏情况的用例，只有在快乐的日常 MVP 场景得到充分解决之后，并且只有在时间和预算允许的情况下，我们才开始考虑此类工作。

为韧性而设计不仅是通过准备更高级别的系统需求、中断、故障或灾难来帮助确保业务连续性；还意味着我们需要在思维上改变我们对商业战略和协作的看法：改变我们的思维定式，以便自下而上地建立韧性，而不是事后才想起来，并且把韧性融入从次要功能级决策到重大的拓扑决策的一切事务中。

通过忽略不那么令人愉快的场景（或边缘案例），我们可能在不经意间破坏业务运营的稳定性。如果在早期就考虑到边缘案例，注入人工智能的应用程序就会以更小的脆弱性运行。避免操作上的盲点将会创造出更加稳健且最终更有价值的人工智能解决方案。可以使用跨云、雾和霭层之间的互操作性来创建韧性系统，并允许从快乐的日常场景到最坏的场景的所有用例的连续性。

由于许多基于机器学习的进程都涉及黑箱性质，因此需要特别关注注入人工智能的应用程序，因为传统风格的韧性工作可能需要某种程度的人工干预。理解以下几点是十分重要的：

- 注入人工智能的系统是否能够做出与韧性相关的决策，并且该决策符合组织的需求。
- 如何将组织基于韧性的策略、进程和程序传播到人工智能注入的系统中。
- 如果注入人工智能的系统确定了一个更有效的进程或程序来增强韧性，那么是否有反馈回路？如何跟踪变化？

虽然对人员进行策略、进程和程序方面的培训对于建立企业的韧性至关重要，但是对人工智能注入的系统应进行不同的培训。正如前面所讨论的，机器学习可能需要大型数据集，这些数据集可能超出了员工合理审核的能力。其他的风险存在于机器学习训练数据的脆弱性中，从而导致偏见、损坏或污染。评估对韧性的影响需要了解以下问题的答案：

- 如何将预期行为作为基准？
- 如何确保适当的训练？

- ❑ 如何确定再训练的需求？
- ❑ 如何建立保护措施以确保安全运营条件？
- ❑ 边缘案例对性能有何影响？

由于人工智能注入系统是一个智能决策者，因此在进行韧性设计时，准确地衡量连续性是可行的，不会进一步受到韧性工作的影响。

10.2.1 交集：计算容量和存储容量

在图 10-2 中，与云、雾和霭相关的计算能力沿 y 轴显示，候选存储能力（数据湖、数据池和数据水坑）沿 x 轴显示。云的计算能力被标记为不受限制的。雾的计算能力被标记为有限的，而霭的计算能力则被标记为受限的。虽然每个公共云提供商或私有云提供商都存在物理限制，但单个组织不太可能施加这些限制。因此，从组织的角度来看，这些限制被标记为不受限制的。

从某种意义上说，雾是受限制的，即如果不解决许多限制，组织的数据中心就不能有机地增长。这些限制与位置限制、地面空间限制和功率消耗限制有关。因此，雾节点被认为是有限的。由于许多智能设备无法扩展到其购买的配置之外，因此霭被视为受限的。

存储能力遵循与计算能力类似的分层模式。在这里，数据湖被认为是不受限制的，因为数据湖主要与来自云的存储能力相关。数据池存储空间是有限的，因为数据池主要与雾的存储能力相关。数据水坑是受限的，主要与霭的存储能力有关。

每个轴都具有不受限制、有限和受限的功能的表示形式。为了不受限制的云计算能力，云能够跨越多个组织规模的数据中心。云的存储空间可能非常大，可能超过 1 个波字节（Brontobyte）。（1 个波字节是 1 237 940 039 285 380 274 899 124 224 字节。）云的处理能力能够运行云原生应用程序所需的尽可能多的容器。

雾的有限计算能力可以表示为一个数据中心，而雾的存储量可能小于 1 个艾字节（Exabyte）。（1 个艾字节是 1 152 921 504 606 846 976 字节。）雾的处理能力可以运行合理数量或有限数量的容器，这对于云原生样式的应用程序是必要的。

霭的受限计算能力可以表示为小于一个数据中心，而霭的存储容量可能小于 10 个太字节（Terabytes）。（10 个太字节是 10 995 116 277 760 字节。）对于云原生样式的应用程序来说，霭的处理能力只是几个容器。

云、雾或雾的存储容量与数据是瞬态还是持久状态无关。瞬态容量通常是内存中存储的数据或正在飞行中的数据。持久容量通常是在可恢复介质上保存且处于静止状态的数据。

节点和存储之间的主要交叉点形成了自然用例。这些用例如下所示：

- ❑ 云 ⇨ 数据湖
- ❑ 雾 ⇨ 数据池
- ❑ 霭 ⇨ 数据水坑

节点和存储之间的次级交叉形成了替代用例。替代用例如下所示：

- 雾 ⇨ 数据湖
- 霭 ⇨ 数据池

节点和存储之间的第三级交叉形成了可能但不适合的用例。这些用例包括以下内容：

- 云 ⇨ 数据池
- 云 ⇨ 数据水坑
- 雾 ⇨ 数据水坑

节点和存储之间的任何容量都无法有意义地起作用的交集如下：

- 霭 ⇨ 数据湖

每个节点通常集中在扩展能力、提供弹性的能力以及提供韧性、连续性和安全性的能力的各个方面。每个节点都能够强调这些方面中的一个或多个。云节点最大限度地提高了可扩展性和弹性。雾节点最大限度地提高安全性，而霭节点最大化了韧性。除了关注的领域外，还有能力运行某些类型的人工智能模型。此能力具有一些与分析强度有关的根本区别。

维持

观察数据管理和数据治理之间区别的一种方法是维持行为。为包含云、雾和霭的多云部署开发企业解决方案，并将数据推送到数据湖、数据池和数据水坑中的数据存储中，你可以进入一个数字游戏。要管理的对象数量庞大到似乎令人难以忍受和望而生畏，导致结果是内在的（而且可能是不必要的）复杂，因此是不可持续的，这种局面很容易自行瓦解。

从数据管理的角度来看，可以很容易地部署大量的数据存储、不同的数据库技术，甚至是容器化的数据库。数据管理不一定需要协调一致，因此多个开发小组可以根据需要创建数据资产或区域，以支持手头的任务。

从企业的角度来看，流氓工作（独立工作并且没有被命令遵循任何既定的内部 IT 协议的团队）或者涉及大量人员的工作不利于长期生存能力。数据治理可以介入并成为企业的工具，以确保数据仍然是可持续的资产。数据治理计划应确保任何数据资产都不会下落不明，无论其形成的情况或环境如何。通过确保所有数据资产的注册、编目和可发现性，包罗万象的数据治理实践可以保持复杂的数据环境的可持续性。生成数据沿袭和数据来源成为实现可持续性的必要条件。

最终，所有多云部署都将导致复杂的数据产业。可持续性应该被认为是数据治理计划的重要组成部分。

10.2.2　分析强度

图 10-3 中显示的分析强度是基于提供计算机功能的能力，以及为使给定模型得以执行

而对大型数据存储（无论是临时存储还是永久存储）进行访问的能力。霭节点将不会具有，也不打算具有与云一样的计算能力或本地存储超大型数据的相同能力。因此，分析强度自然减轻了，特别是与其他雾和云节点直接比较时。

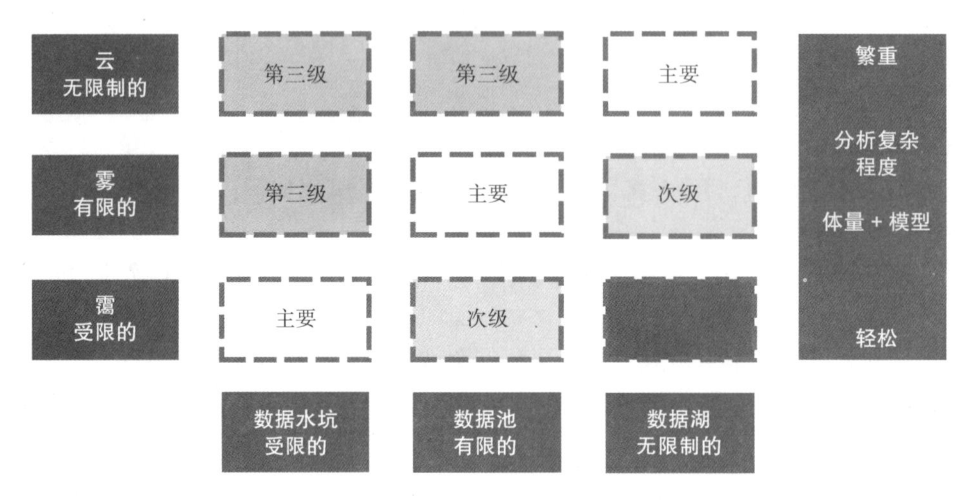

图 10-3 分析强度

一个雾节点可以达到中等的分析强度，一个云节点可以达到运行人工智能模型所需要的繁重和复杂的分析强度。

当计划将任何节点进行互操作时，可以重新评估强度。为了信息架构的目的，分析强度被视为预配数据并运行人工智能模型的单个节点。

xPU 加速

除了使用基于软件的算法优化来处理人工智能工作负载之外，专用硬件和处理器也正在被开发来加快处理量。除了传统的中央处理单元（Central Processing Unit，CPU）和更新的芯片，如图形处理单元（Graphics Processing Unit，GPU）和张量处理单元（Tensor Processing Unit，TPU）芯片以外，其他 xPU 现在可以作为专有芯片类型存在，也可以作为一般芯片类别存在。下面是一些示例：

- APU：一个将 CPU 和 GPU 集成在同一个模具上的加速处理单元（Accelerated Processing Unit）。
- BPU：脑处理单元（Brain Processing Unit）是一种专有的用于检测物体的低延迟人工智能芯片。
- DPU：深度学习处理单元（Deep learning Processing Unit）旨在用于有效处理卷积神经网络（Convolutional Neural Network，CNN）和递归神经网络（Recurrent Neural Network，RNN）的工作负载。
- EPU：情绪处理单元（Emotion Processing Unit）可以与各种化身一起使用，以控制身体语言和面部表情。

- IPU：智能处理单元（Intelligence Processing Unit）旨在适应各种人工智能工作负载。
- NPU：神经处理单元（Neural Processing Unit）旨在加速预测、图像分类和对象检测。

10.2.3　跨要素的互操作性

对于对网络延迟敏感的组织，可能会利用多个云提供商来执行云计算。组织可能会选择位于其运营位置附近的提供商的云区域，以减少延迟时间。对于其他组织，可能会使用多个云提供商来保持数据处理在政治或国家边界内的隔离，以满足监管目的。不过，其他组织可能会选择使用多个云提供商来在整个应用程序组合强制进行另一层工作负载分配。

雾计算节点可以具有多个特征。使用传统的本地数据中心来支持所有后台办公运营就是其特征之一。较大的组织通常使用多个数据中心，这些数据中心被配置为在发生某种类型的中断时，可承担另一个数据中心的工作负载。对于信息架构，每个数据中心都将是一个独立的雾节点。根据行业和组织的需求，可以建立额外的雾计算节点。

在全国范围内设有医院的医院系统可能选择在每个医院内设立一个雾节点，或者利用一个区域设置来支持几个地理位置相近的医院；石油和天然气公司可能选择在每个石油钻井平台上设置一个雾节点；航运公司可能选择在每艘油轮或货轮上设置一个雾节点；大学可能选择在每个校园内设置一个雾节点；制造商可能选择在每个工厂设置一个雾节点；零售商可能选择在每个零售店铺设置一个雾节点；政府可能会选择为每个机构或部门提供自己的雾计算节点。

在许多情况下，雾节点可以利用专用长期演进（Long-Term Evolution，LTE）网络进行无线宽带通信。专用网络可以帮助支持远程位置，并可以提供更高程度的韧性。

霭计算节点是三个要素中最轻的节点。在计算处理能力方面，霭节点通常表示最大的限制。如前所述，霭节点可以是一个智能设备，如平板电脑或移动电话。此外，霭节点可能是位于警车后备厢中的计算能力。客运车辆可能是一个霭节点，并且能够通过车载局域网络（Vehicle Area Network，VAN）与其他车辆以点对点关系运行。

事实上，自动驾驶车辆将是一个霭节点，并且必须能够在断开网络模式下毫不含糊地运行。可以参与第五代（Fifth-Generation，5G）无线网络的霭节点在承担跨要素的分布式工作负载方面可能会发挥越来越大的作用。5G 网络提供的巨大容量意味着更多的机器、对象和设备也可以同时互连。5G 旨在支持高 Gbit/s 传输速率，并提供超低延迟。

其他移动网络世代是 1G、2G、3G 和 4G。1G 无线网络仅限于提供模拟语音功能。2G 通过一种针对无线电通信技术的信道访问方法提供数字语音，在这种方法中，多个发射机可以通过单个通信信道同时发送信息。3G 通过支持移动电话和蜂窝站点之间的语音、数据和信号发送的访问标准，迎来了移动设备的广泛使用。4G LTE 为移动互联网计算成为可能铺平了道路。

在分层通信流中，霭计算节点可以向雾节点或直接向云节点提供数据。转而，雾计算节点可以向云节点提供数据。

高级配置的通信流程可以通过以下方式得到更详细的说明：

- 双向通信流
- 点对点通信流

图 10-4 显示了所有的通信流。当考虑到数据治理、数据安全性、数据隐私以及分布式工作负载的整体编制的时候，实例化每个流的复杂性可能非常重要。但是，在分布式节点和接近数据的地方，能够部署人工智能模型，以进行单独或集成模式的操作，可以提供不受约束的部署机会，并且可以通过信息架构来表达。

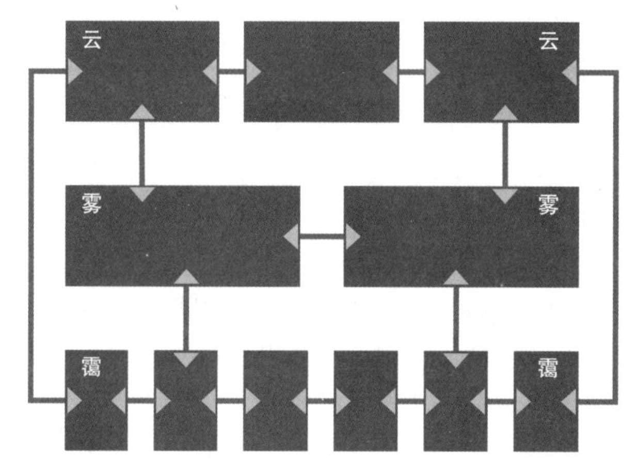

图 10-4　通信流

集成模型应用于机器学习中，将多个模型的决策结合在一起，从而提高整体性能。从机器学习模型中建立最终预测存在多种技术，但是一些最流行的技术包括最流行的预测和平均预测。最流行的预测方法或最大投票方法经常用于分类问题。使用最大数投票时，可以使用多个模型对每个数据点进行预测，并将每个预测视为一次投票。然后，大多数模型使用的预测将用于最终的预测。通过平均，还对每个数据点也进行了多个预测。为了做出最终的预测，需要取得并使用所有模型的所有预测的平均值。平均法可用于回归问题的预测，也可用于计算分类问题的概率。

点对点通信的能力意味着网络流量不必以严格的上下方式，不必要地遍历通信映射。因为所有三个要素（云、雾和霭）都具有计算能力，所以可以传输来自人工智能模型的预测、分数或信号，而无须传输不必要的单个数据点。

霭节点可以收集传感器读数，并在每个数据点上连续运行模型。只有在必要的时候，霭才需要向云或雾发送分数或信号。此外，霭的计算能力意味着各种数据点可以在任何传输之前聚合以减少网络流量，或者，所有的数据点可以实时通信或通过计划的延迟来避免高峰通信时间。

范式中的灵活性应该允许更快的业务决策。这些业务决策都极有可能成为自动化的决策，在这种情况下，接近实时的反应能力对组织来说是个好兆头，并且在竞争力提升、成本节约或安全性提高方面产生了显著的优势。

雾可以用来关联来自多个霭节点的数据，以便根据预测做出决策，而云可以关联来自多个雾节点的数据点，以便做出在本质上更具诊断性的决策。

每个节点上的机器学习模型反映了计算能力、存储能力和任何固有的延迟。每个模型都针对该节点进行了优化，并且该节点反映寻求预测的上下文。

整体地形是有意被高度分布的。但是，地形内的单个应用程序或系统需求肯定可以集中到适当的节点。不是每个应用程序都需要扩展，也不是每个应用程序都需要弹性计算；有些工作负载可以高度预测并且十分稳定。对于机器学习来说，关键在于定制适合节点的模型。

总的来说，节点之间的通信是为了促进互操作性和促进整体建模，其中来自其他分布式节点的预测可能与决策制定高度相关。互操作性的反面是理解提供韧性需要的资源。两者的平衡提供了许多选项，以支持所有应用程序类型的机器学习的实时、接近实时和批处理的需求。

通过设计通信路径，实际的飞行路径提供了感兴趣的领域，可以根据飞行前、飞行中和飞行后预测的活动来充分利用机器学习。

一个用例

几个特别武器和战术小组（Special Weapons and Tactics，SWAT，以下简称“特警队”）已经被部署到城市不同地区的一系列建筑物中进行调查。手持设备已经成为他们设备的一部分。手持设备是霭节点，因为它们能够提供计算、存储和连接。为了协助特警队，部署了一个移动指挥中心，其机载计算能力作为一个雾节点，使用私有的 5G 网络连接霭节点。一个独立的商用 5G 网络正在被用来将雾节点连接到云节点。

特警队正在使用随身摄像头捕捉手持设备处理的视频，触觉振动会提醒警官注意查看手持设备。在其中一栋建筑的厨房水槽下，检测到一瓶 MEKP（过氧化甲乙酮，一种可以用来制造像珠宝树脂的非处方产品）。检测到的对象与其他对等级的霭节点共享。在接下来的 30 秒内，第二支特警队处理了浴室药柜里一瓶过氧化氢的图像。随后，每个霭节点执行一个配方算法，以确定还有哪些其他家用物品，或者其他部品可以为制造爆炸物提供其他原料。

如果建筑物上的居住者在一起工作，他们可能会在各个地方分发用于作恶行动的化学药品，直到他们准备好将它们结合在一起为止。另外，雾节点还与云节点实时共享信息，以确定其他监视列表组或事件是否使用了相似的化学配方来破坏社会。

实时执行的图像处理、将来自单用户霭节点和跨多用户霭节点的结果相关联，以及对执行配方进行分析的能力，有助于展示在整个数据拓扑中充分利用人工智能的技能。

10.2.4 数据管道飞行路径：飞行前、飞行中、飞行后

飞行前、飞行中和飞行后的飞行路径给出了何时可以相对数据流启动机器学习模型的指示。三个状态的标识如下：

- ❑ **飞行前：**在流开始前的分割时刻进行的预测。
- ❑ **飞行中：**在流中以及数据仍被视为起点和终点之间的瞬态情况下发生的预测。
- ❑ **飞行后：**流结束后发生的预测。

在每个飞行阶段，都提供了执行机器学习的机会，以及预测或触发适当的信号的手段（参见图 10-5）。飞行前数据或源数据可能是内存中的数据或持久数据。飞行前预测可能寻求了解源数据的质量，并可能在发送数据之前对所有缺失值进行插值。飞行前模型还可以确定传输数据是不必要的，并阻止数据传输。

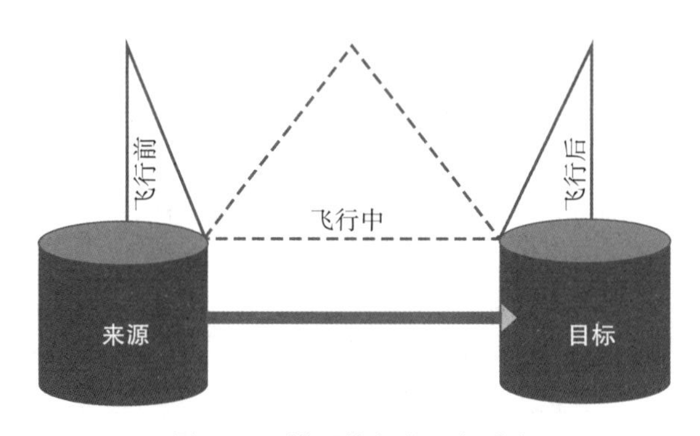

图 10-5　模型执行的飞行路径

当数据在起点和终点之间是瞬态的时候，就可以进行飞行中预测。飞行中预测提供了更接近实时的预测和决策制定。大多数物联网数据都是流式处理的，物联网数据是将飞行中预测融入数据传输的主要候选数据。飞行中预测可以使模型发现数据中的潜在异常，以便及时触发其他处理事件。飞行中预测还可以适应主动的业务决策。

飞行后预测发生在目标上。目标可以是内存中的数据或持久数据。飞行后数据提供了最全面的模型，但潜在的代价是延迟。

在每个飞行阶段，数据可以与其他数据相关联，以扩展用于机器学习的特征。取决于飞行中使用的处理技术，数据可以多播到多个目标。例如，雾节点可以多播到多个霭节点，或者雾节点可以多播到每个云节点。多播是同时发生在多个端点并且未序列化的数据分布。

飞行可以发生在云、雾和霭节点之间，也可以发生在云、雾或霭之中。因此，飞行路径可以是跨区域或区域内的。每个节点中保存的数据类型会对数据管理产生不同的影响。

一个用例（续）

在飞行前，家居用品图像通过模型进行分类。在飞行中的流式处理过程中，分类图像将包括在基于邻近度的分析中，以确定可能销售非违禁化学品的商店。在飞行后，机器学习被用来识别其他涉及相同或相似产品的恐怖事件。

10.2.5　数据水坑、数据池和数据湖的数据管理

数据拓扑中的数据管理可以包括运营数据存储以及其他数据存储，以涵盖诸如数据水坑、数据池和数据湖等高级分析。数据水坑、数据池和数据湖具有离散的分析用途，可以支持离散功能。

数据水坑的特征是主要使用内存和闪存存储介质。数据往往是原始传感器数据，机器学习模型在本质上倾向于是原始的，并且还受到数据可用性的限制，从而无法做出某些预测或判断。

数据池的特征是能够处理原始传感器数据、结构化数据和有限的非结构化数据。与数据水坑相比，机器学习模型更加广泛。改进的存储功能可容纳合理数量的历史数据。

数据湖的特征是能够处理任何数据类型，并为广泛的终端用户需求和机器需求提供有意义和上下文的数据。数据湖还可以满足替代数据一致性的 Delta Lake 的需求。机器学习功能可扩展到所有形式的高级分析，包括预测、诊断、规范、感知、认知、增强智能以及人工智能。

传统数据库因支持 ACID 事务的能力而受到赞扬。ACID 是原子性（Atomicity）、一致性（Consistency）、隔离性（Isolation）和持久性（Durability）的首字母缩写。ACID 数据库确保在用户或应用程序之间看到的数据值永远不会有任何差异。Delta Lake 是一个开源代码存储层，为数据湖提供 ACID 处理。

对于制造商而言，可以输入霭数据水坑的数据示例包括：局部环境温度、局部湿度、辊筒转速、热图像、振动（地震）活动、声波、标识符以及与组件或组件关联的零件或者子组件、操作员、班次、可以按时间增量（例如，每秒）采取的措施、可以按长度增量（例如，每 30 厘米 /1 英尺）采取的措施，以及交易记录等。

为制造商提供雾数据池的示例包括从霭计算节点发送的数据、制造工厂外部的环境温度、制造工厂外部的湿度、照明条件、材料和资源的制造时间表、运动检测等。

制造商可能使用云数据湖来获取从霭和雾计算节点发送的数据、提货单、物料单、工厂机械的维护报告、运输产品的保修索赔等。

相反，社会服务机构可能会使用数据水坑来预测实地访问期间的活动，而数据池可能会被用来执行定期录取或资格申请程序的预测。数据湖可用于通过纵向评估来预测公民结果。

在查看组织的需求时，机器学习模型也可能伴随着描述性分析，但所有分析都需要放在组织需求、数据内容以及用户或机器需求的上下文中。

一种潜在的巴别鱼

在整个数据拓扑中，部署的系统需要表示业务需求的准确和精确的实现。数据管理策略和标准本身并不总是足以可靠地产生一致的结果。从历史上看，不同实现的数据错位或不对齐一直是重大摩擦点。在《银河系漫游指南》（Douglas Adams, Harmony Books，1980年）一书中，巴别鱼（Babel Fish）被用作一种实用的通用翻译机，以避免沟通中的摩擦。

如今，机器学习注入的数据目录可以替代巴别鱼来帮助校准和补偿错位，以及主动适应公差。在如何保存数据方面做到一致并不总是可能的，如果可能的话，也并不总是切实可行的。在不允许不一致造成破坏的情况下容纳不一致，这有利于企业的利益。

10.3 驱动行动：上下文、内容和决策者

Harold Leavitt 1964年的论文"Applied Organization Change in Industry"引入了组织内部交互的四部分模型。

- **结构**：如何组织人员。
- **任务**：人们如何执行他们的工作。
- **人员**：承担工作任务的个人。
- **技术**：人们用于工作的工具。

目前，该模型通常被浓缩为三个部分：人员、进程和技术。人们应该如何完成他们的工作，以及他们应该完成什么样的工作仍然是组织的关键问题。随着人工智能自动化程度的提高，机器可以被添加到人员的方面，从而人员可以将人进一步泛化并重塑为决策者。因此，决策者的泛化是指一个人或一台机器。决策制定是一种可以在人之间、机器之间或人与机器之间进行协作的活动。

进程有助于决策者更好地工作。进程定义和标准化工作，防止人们在每次任务开始的时候重新发明轮子，并允许机器以一种可预测的方式工作。

技术可以帮助决策者更快、更智能地工作。业务成果需要以一种比旧版本的技术更快、更高效、更好的方式来实现。但关于变得更快、更高效、更好的需求的问题也可能会出现。

如果组织的速度不够快，那么应该寻求机器学习额外带来的自动化。然后，机器将充当决策者的角色，并得到进程和技术的进一步支持。如果组织的效率不够高，那么就可以

进一步探索优化任务和进程的方法，其中进程需要利用任何决策者和技术的额外效用。如果组织不进行创新并创造新的价值（变得更好），那么重新思考使用云、雾和霭计算的超分布式计算模型的技术，可以提供新的机会——技术成为为进程和决策者提供新方法的手段。

虽然更广泛的信息技术主题可以与决策者、进程和技术相结合，但围绕机器学习的以数据为中心的讨论可以围绕上下文、内容以及决策者的主题进行。如图 10-6 所示，上下文、内容和决策者用于帮助推动数据密集型工作活动的预测、自动化和优化。

- **上下文**：机器学习与业务目标、资金、政治、文化、技术、资源和约束的一致性。
- **内容**：主题目标、文档和数据类型、体量、现有结构、治理和所有权。
- **决策者**：受众、协作、任务、需求、信息寻求行为和经验。

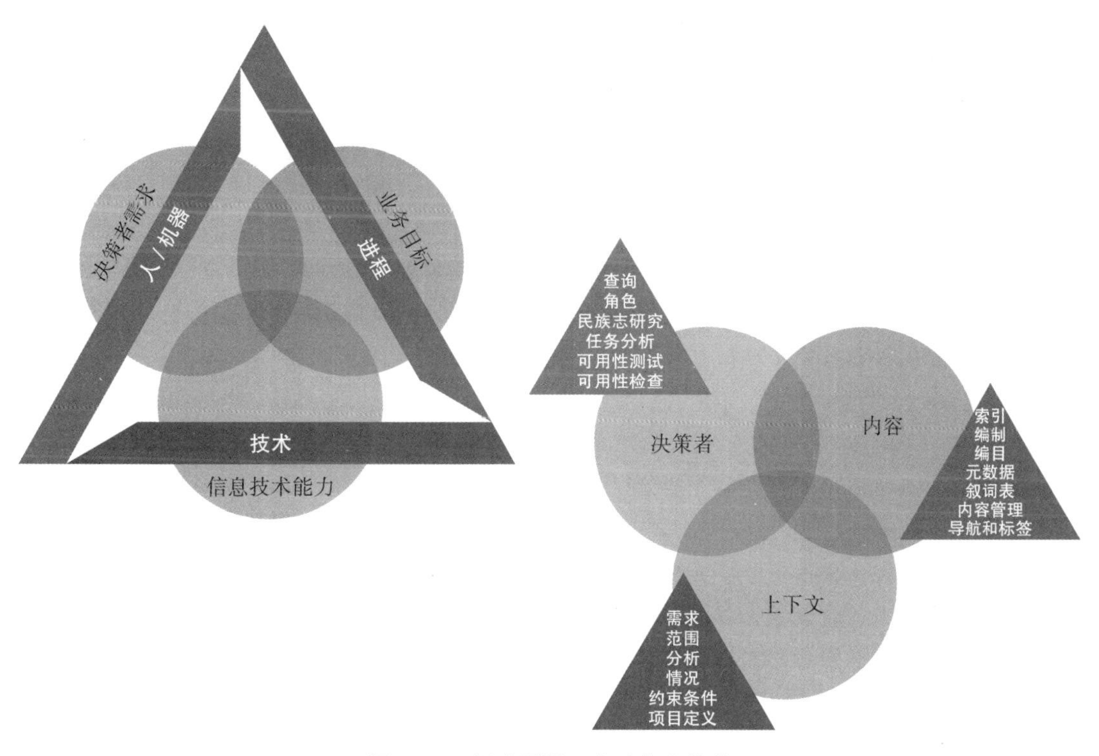

图 10-6　驱动预测、自动化和优化

虽然特定技术的使用和任何新采用的业务进程都容易受到未来变化的影响，但上下文 – 内容 – 决策者的范式十分敏锐，足以与特定时间点直接联系起来。因此，虽然结果是在合理的范围内，但结果本身可能不会以同样的方式重复。这是将连续学习与机器学习结合使用的一个内在副产品，在本章的前面已经进行了讨论。

使用机器学习的基础是，它提供了识别模式以及对其做出响应的能力，而不是规则。尽管模式可以跨越时间，但是模式也可以选择性地锚定在一个时间点上。

就积累的知识而言，内容的波动性很大。第 8 章中对统计数据的讨论包括了样本集和总体集之间的差异。虽然总体集在给定时间点总是完整的，但是许多业务场景中设置的总体集可能会发生变化。

与给定时间点相关联的内容不太可能和与不同时间点相关联的内容相同。过去、现在和未来的各个方面都提供了一种变化的视角。未来变成了现在，现在变成了过去。相对于过去、现在和未来的内容是以单一时间点为时间导向的。过去、现在和未来也会影响上下文。一个群体或一个特定个体（未来）可能做的事情，与一个群体或一个特定个体（过去）所做的事情是完全不同的。一个特定群体或一个特定个体目前的所作所为（现在）使情况进一步复杂化。

上下文可归因于手头的任务，并构成了收集内容的基本原理，甚至确定了决策者参与的有效性。当人员 – 进程 – 技术着眼于随着时间的推移处理决策时，上下文 – 内容 – 决策者着眼于在一个时间点处理决策。即使决策会随时间变化，确保决策适合某个时间点的能力也是至关重要的。

可解释的人工智能

在第 6 章中，我们提到了几种可用于帮助理解模型行为的算法，包括 LIME 和 MACEM。并且，在本章的前面部分，我们讨论了在人工智能中隔离不适当或错误行为的困难。使用诸如 LIME 和 MACEM 等算法的监控技术，包括 H2O.ai 的 H2O 无人驾驶人工智能中的机器学习解释能力和 IBM 的 OpenScale，以提供对关键监控机器学习的时间点方面的洞见。

例如，OpenScale 可以在人工智能应用程序的生命周期中进行运行，从构建到运行再到管理。OpenScale 为性能监控提供运行，以确保机器学习结果的准确性和公平性。日志自动记录模型处理的每个数据有效负载，并且能够跟踪所有决策和预测以及完整的数据和模型沿袭。这些日志数据改善了审计和合规性报告。

如果准确度分数低于可接受的阈值，OpenScale 可以生成实时警报，从而帮助组织确保在模型开始漂移时，数据科学家和操作人员会立即得到通知。及早发现漂移可以降低不知不觉地使用不可靠的模型来进行决策的风险。

使用 OpenScale，用户可以查询任何业务事务，并获得关于模型如何得到给定建议的解释。OpenScale 可以用业务部门的用户容易理解的语言告知业务相关人员。OpenScale 还使用对比技术来解释目标数据点附近的模型行为，识别给定决策使用的最小和最重要特征的特征权重。OpenScale 可以应用于任何数据拓扑中可以进行机器学习的区域。

10.4 保持简单

在构建和部署数据拓扑时，请记住数据拓扑可能会随着时间的推移而演变。努力克服与数据拓扑相关的任何固有弱点，应该是成功的长期计划的一部分。首先，也是最重要的，是了解数据拓扑是作为概念，还是作为充实的信息架构的一部分在组织中表示。

数据区域必须能够支持超时和时间点需求，这意味着数据必须得到良好的组织，并且在实际的范围内是不可变的，以便能够重建场景，从而可以有意义地利用 Open-Scale。

虽然敏感数据、数据隐私和数据安全都可以在信息架构的上下文中处理，但是这些主题对于全面的企业部署仍然具有挑战性。建立叶级数据区域的一个方面是着重于简化数据敏感性、数据隐私、数据安全性，甚至数据治理，代价是增加另一份数据副本，这些副本在表面上可能显得多余或只是简单复制。简化也是对提供超个性化数据集的补充，以满足任何决策者（个人或机器）的需求。

考虑同时包含销售数据和人力资源数据的原始数据区域。在大多数情况下，可以合理预期销售分析师希望只使用销售数据，而不是人力资源数据。另一方面，人力资源分析师可能只关注人力资源数据。就这两位分析师而言，他们的活动并没有高度混杂或相互交织。

然而，当结合人力资源数据和销售数据来跟踪员工绩效时，可能有一个合理的理由来合并这些数据。混合或关联的数据可能是高度敏感的，需要额外的控制。如何最好地对任何相关数据应用安全性，仍然是需要解决的一个重要任务，尤其是当相关数据可能流入并跨越其他数据区域的时候。将数据分离到可以用简单的安全配置文件覆盖的数据区域，可以帮助保护数据，并且也意味着机器学习模型只使用相关特征。

在第 8 章中，我们首先用 Eminem 的例子来讨论传递闭包。传递闭包的问题是如何使用非民主化的数据会带来重大的安全挑战。传递闭包可能会出现需要访问多个表或数据集的情况，这取决于哪些数据可以被访问以及由谁访问的权限，这意味着任何与数据发现相关的活动都可以等同于数据漏洞的场景。具体参见图 10-7。

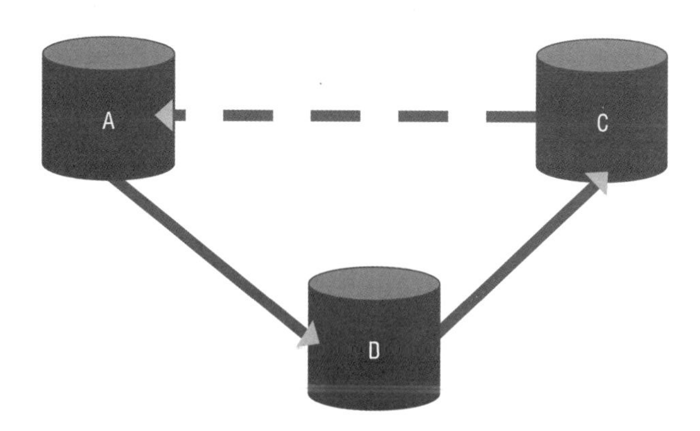

图 10-7　传输关闭和访问特权

在图 10-7 中，如果数据集 A 中的数据可以与数据集 B 中的数据进行匹配，而数据集 B 中的数据又可以与数据集 C 中的数据进行匹配，那么即使匹配逻辑不足以产生与数据集 A 和数据集 C 的直接匹配，也可以断言数据集 A 和数据集 C 是等效的。

如果用户没有权限查看数据集 B 中的数据，是否应该允许该用户知道数据集 A 和数据集 C 具有等效性，尤其是在结果对组织有利的情况下？除了保护数据集的访问特权之外，这些特权还需要延伸到任何索引技术中。

在机器学习的上下文中，机器学习是使用数据以获得结果的所有可能功能的子功能。最终，数据区域需要放在上下文、内容和决策者的框架中。

在尝试理解信息架构上下文中的数据之前，必须设置一种用于建立数据拓扑的正式方法。每个数据区域的目的都应是经过深思熟虑的，不应被解释为是随意的。使用数据区域应该有助于在整个信息架构中培养一种简单感。

数据拓扑是一种对数据进行分类和聚类的方法和途径，它包含了所有公开的基本数据流。数据拓扑所产生的结果必须试图创建一个随时间推移而可持续的区域地图，并且不会受到来自数量、多样性、速度、准确性和感知价值的数据特征的持续变化的影响。任何连续的变化都不应导致内容和上下文之间的亲和力的丧失。保护亲和力可能需要隔离数据的某些方面。

复杂数据安全配置文件的替代方案

对机器学习模型进行评分是实时的、批处理周期的，或者是事件被触发的结果。在批处理进程中提前计算分数，对于处理大量数据的实时评分需求是一种有用的替代方法。数据可以在指定的时间段内收集，比如一天或一个小时，然后以单个批处理的方式进行处理。

除了批处理的传统用途之外，批处理评分进程还可用于简化数据安全性。批处理进程通过单独的身份验证或访问以获得执行权限，而不是对每个用户进行身份验证。如果存在每个用户只能使用公共数据存储中非常特定的数据子集的情况，数据策略可能需要复杂的数据安全实现，这可能无意中导致漏洞。

另外，模型可以使用通常不会授予用户访问权限的特征。用户可能有权查看分数，但不能查看其他特征。批处理评分进程可以在简化数据安全性方面提供有效的补救措施，其中权限不是在数据存储级别上授予的，而是在数据要素的组合上授予的。

10.5 筒仓已死，筒仓长存

如果用否定的词语提到数据筒仓，人们很可能会欢呼雀跃。“卑鄙的筒仓，是进步和势头的败笔。呸，骗子！”

在数据拓扑的术语中，数据实际上是组织按照筒仓组织的。然而，与负向筒仓不同的是，数据拓扑的筒仓旨在通过设计实现有计划的互操作性而不是碰巧发生的。人类的身体可以以此类比（参见侧栏“身体是无数的筒仓”），以突出建立具有互操作性的专门的筒仓的积极方面。

数据拓扑中的每个非叶区域和叶级区域提升了有目的的隔离、冗余和重复级别。区域被直接用于提高敏捷性和灵活性（对于业务和 IT 开发人员而言），但是却以创建筒仓为代价而建立。筒仓对于管理数据价值链的理念也是至关重要的：将原始数据区域与精炼数据区域分开，并与个性化数据区域分开。

单一地讲，解决和应用互操作性的方法（可以通过数据拓扑的数据流来体现这一概念）是可以将好的筒仓和坏的筒仓区分开的方法。筒仓通常被认为处于封闭环境中，无法轻易参与外部任何事物。但是，如果专门设计一个筒仓以通过集成或互操作性促进可访问性，则筒仓可以成为一种杠杆技术和有形资产。只有当与数据的互操作性成为核心准则时，组织才能变得不仅仅是名义上的敏捷。

在关系图上，数据流通常以线表示。可能的情况是，这条线还有一个箭头来指示方向。从字面上讲，掌握线是成功建立和部署信息架构的关键之一。关系图包含的线可能比任何其他图形符号都多，因此掌握如何支持每条线是任何团队的当务之急。例如，即使传统形式的高级概念图（如图 10-8 所示）也包含多于其他符号的线。在实际部署中，你会发现实际线的数量将显著增加。

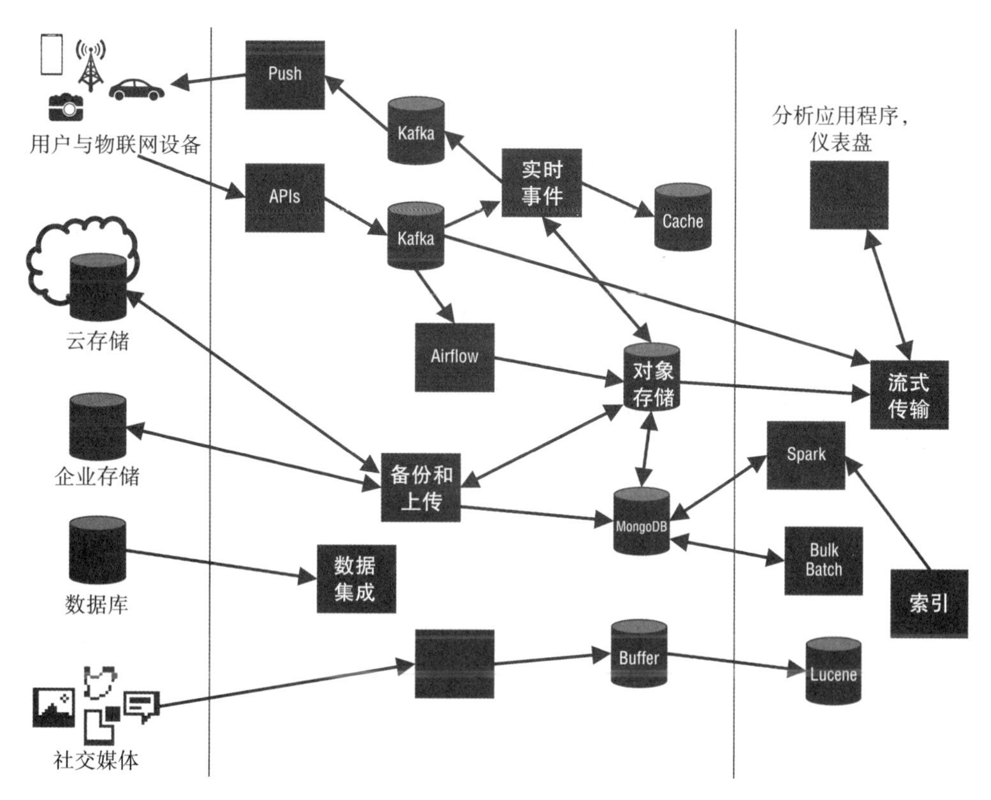

图 10-8　线的激增凸显了将线管理作为一种正规学科的必要性

即使底层技术或数据有效负载可能会发生变化，线也可能保持真实，因此线的控制必须包括敏捷和自适应进程的使用。为了简化数据拓扑和信息架构，应该使用单独的关系图来分解任何线。通过删除线中的技术覆盖，你可以开始创建随着时间推移更加稳定的关系图。

通常，跨数据拓扑或信息架构的线可能使用一组不同的技术。例如，你可能决定使用变动数据捕获（Change Data Capture，CDC）技术来移动已提交的业务事务、用于物联网提要的流式处理技术、事件队列、消息队列、批量加载、微批处理，甚至还有诸如 Apache Spark、Apache Kafka、Apache Nifi、IBM Streams、IBM DataStage 等软件产品。

除了 IBM DataStage 之外，这些产品都已经在第 5 章中被定义。DataStage 是一个 ETL 样式的产品，可以批量或实时地移动数据。

数据筒仓的设计和创建（如果已计划、管理和可互操作）将为你提供企业优势，而不是信息架构的劣势。实际上，优势取决于你掌握连接每个筒仓的线：数据管道和流，无论是飞行前、飞行中还是飞行后。了解数据流从构建数据拓扑的分类开始。

身体是无数的独立筒仓

从外表看，我们人类就像一个奇点。我们的一体性等同于一个经营性的企业。但是，透过外表皮肤的深入研究，我们可以清楚地看到，我们的企业实际上是由许多独立的系统组成的。这些独立系统包括神经系统、消化系统、呼吸系统、骨骼、循环系统等。

每个系统都有一个预先指定的用途，我们的灵活性和执行能力大部分完全基于我们是由筒仓组成的这一事实。这些筒仓还可以提高恢复能力。在许多情况下，我们可以自我修复，因为并非所有的问题都会导致系统性的单点故障。我们可以折断一根骨头，而且这种折断是独立的，并不是所有的东西都坏了。

我们的个人的筒仓做得特别好的一件事就是互操作。任何东西都可能设计得很糟糕，但筒仓是灵活性、性能和恢复的答案。

10.6 分类：组织数据区域

信息架构的数据拓扑可以通过分类表示。根层级表示数据拓扑的范围和边界。企业或企业生态系统中可以存在多个根。当存在多个根区域时，可以建立一个元区域模型来描述每个根区域的意图和目的。如果根区域之间有任何重叠，这将特别有用。

企业的生态系统可能包括外部合作伙伴和利益攸关方及其各自的企业。从生态系统的角度建立根区域可以为组织所需的数据提供更广泛的整体视图，并可以用来实现更高的收益水平。

与数据拓扑根关联的是范围和预期边界的定义。根区域应该不包含任何物理数据存储。

根区域是聚合区域。根为分析环境和模型建立了知识的理论极限：可知知识的边界。

根区域不仅局限于组织的自然边界。根区域确实可以包含所有运营、非运营和分析数据区域，但也可以完全涵盖整个企业。此外，根区域可以包含可能包括供应商、合作伙伴等的生态系统。

根区域还可以包含任何其他的可识别和分区的数据类型，如第三方数据、社交媒体、天气数据等。什么是可知的对于构建功能齐全的模型至关重要。

在图 10-9 中，样式 A 和样式 B 反映了替代表示形式，并显示了建立子区域的用途。在样式 A 的根区域之下是六个不同的非叶区域：天气（来自外部源）、运营数据（来自内部源）、一个数据湖、两个数据池和一个数据水坑。样式 B 将数据湖、数据池和数据坑集群在一个公共的非叶区域之下进行分析。数据湖、数据池和数据水坑聚集在公共非叶区下方以进行分析。数据湖、数据池、数据水坑现在都是分析非叶区域的子区域。总的来说，样式 A 和样式 B 都反映了区域地图。

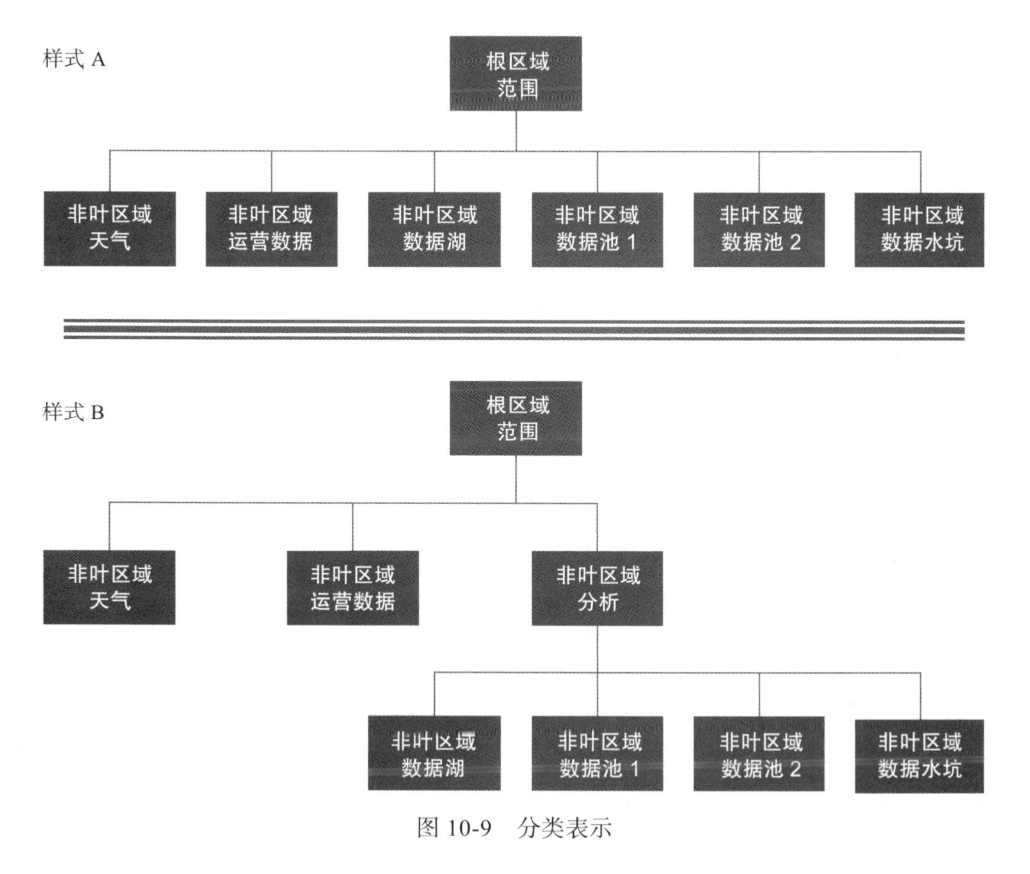

图 10-9　分类表示

第 5 章中的图 5-11 显示了用于表示区域的第三种样式，该样式使用盒中盒（Box-in-Box）样式表示根区域和非叶区域。可以将分层样式和盒中盒样式混合使用。

由于可以在区域地图中使用虚拟化访问服务或技术，图 10-10 说明了，当已知子区域位于不同位置或使用多种技术时，这种虚线分组技术将特别有用。

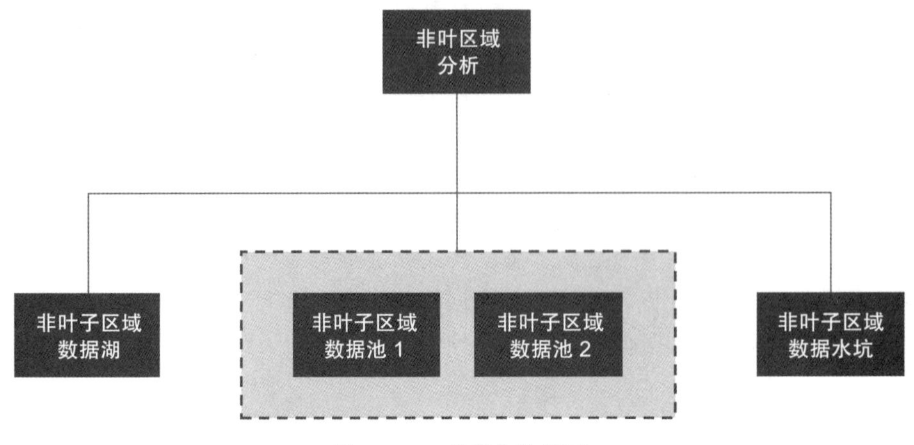

图 10-10　虚拟化数据区

图 10-10 中的两个数据池可能存在于单独的雾节点中，但数据科学家可能有兴趣知道，信息架构已经建立了虚拟化能力，因此可以将两个数据池作为数据的奇点来访问以进行数据科学活动。

如前所述，叶区域应是标识数据的特定实例的区域。应建立叶以帮助简化数据管理。建立独立叶区域的原因包括确保隐私、提供安全性、提供个性化、解决民主问题、增加策管、合并摄入、改进完善、设置沙盒、建立探索和发现等。

可以为其他不同类型的数据（例如视频，音频和图像）创建其他区域。永久视频可能需要一系列复杂的安全要求才能观看。例如，住院患者的视频可能会在可见的腕带上显示患者的姓名和出生日期，并违反特定的医疗规定。在这里，可以建立单独的区域来简化安全性，其中一个区域设置为合并没有可识别个人信息的视频，而另一个区域设置为合并包含个人可识别信息的视频。深度学习可用于确定视频是否包含可识别的信息，并将飞行中的视频送往正确的叶区域。

虚线技术可以进一步描述混合云和多云数据管理方法，其中数据也保持物理分离，以满足监管或合规性需求。

数据区域的使用应该经过深思熟虑的思考过程，以便根据信息架构中管理数据的主题领域制定一种统一的分类方法。数据区域的数量和类型应与业务保持一致，并通过说明如何获取业务价值的方式进行定义。

使数据区域与值对齐有助于消除任意的数据存储。在统一数据治理功能中，所有数据存储都应该有一个已标识的所有者。下面列出了一系列标准，以帮助确定何时在区域内使用子区域：

- 如果只有一种底层技术，叶级数据区域更容易管理。
- 为了避免复杂的安全模型，或者避免经过编校 / 混淆的数据与未经编校 / 混淆的数据的高度混合，应考虑创建单独的子区域。
- 如果进行管理，存储重复数据或冗余数据不是问题，并且数据治理设施可提供适当的可见性级别。
- 数据共享不是数据区域决策制定的驱动力。任何数据共享的机会都是区域地图的衍生物。因此，在区域决策中，决策优先于数据共享。
- 创建数据区域的动力是，最终以尽可能简单的方式，向用户提供履行分析职责所需的大量信息。
- 用户应被分组到感兴趣的社区，以确定相似的需求和数据共享机会。
- 一个感兴趣的社区只允许包含一个决策者。
- 每个数据区域应与一个或多个感兴趣的社区对齐。
- 一个感兴趣的社区可能只包含内部用户、外部用户或机器。
- 可以创建子区域来处理或解决防火墙问题。
- 任何数据都受制于粒度和表示级别的影响。
- 可以创建子区域，以适应粒度或表示的需要。
- 用于填充数据区域的所有数据流必须预先确定，以最大限度地减少任何副作用，并避免不希望出现的结果。
- 并非所有数据都是平等的，也不是所有数据区域都是平等的。因此，将区域应用于合适用途的范式。
- 区域代表一个专业领域。
- 始终追求整体（总体）简单性。

所有叶区域必须在一定的容量中实例化，并适合于整个平台或解决方案。

身体化为无数的筒仓：专业化

人体内的每个筒仓都被设计用来执行一系列有限但高度专业化的功能。一个筒仓不会尝试执行另一个筒仓的工作。例如，肾脏系统不会介入并执行与免疫系统相关的任务。拓扑中的区域应该设计用来补充专用业务功能，而不是降低专用业务功能的适应性。

10.7　开放平台的功能

人工智能的信息架构归根结底是集成的（内聚和关联的）工件的聚合。信息架构由许多模型组成，其中之一是数据拓扑，包括区域地图和数据流。

在使用机器学习开发解决方案时，实践并不仅仅由一系列符合给定语法的算法来定义。

例如，下面的代码片段只是机器学习活动的一个方面，需要由数据科学家和其他负责管理生产环境的信息技术和业务专业人士来处理：

```
#apply a light gradient boost model
import lightgbm as lgb
train_data = lgb.Dataset(x_train, label=y_train)
#define parameters
params = {'learning_rate':0.001}
model = lgb.train(params, train_data, 100)
y_pred = model.predict(x_test)
for i in range(0,185):
    if y_pred[i] >= 0.5:
    y_pred[i] = 1
else:
    y_pred[i] = 0
```

机器学习可能涉及许多活动，包括以下几点：

- 数据准备
  - 摄入数据
  - 探索数据
  - 清理数据
- 模型开发
  - 工程特征
  - 训练
  - 调整和测试
- 部署
  - 发布
  - 使用
  - 监控

以上列出的活动最终达到以下原则：

- **可访问性：**数据已经准备好供机器学习模型使用。
- **可信性：**实现了更高水平的数据质量，数据来源被添加到所有数据资产中，并且所有人工智能的结果都能得到充分的解释。人工智能不被视为一个黑盒事件。
- **韧性：**人工智能环境可以大规模运行和执行，并且始终可用。
- **可测量性：**所有活动都可以监视和测量。
- **通过演进促进创新：**交付成果，并且成果不断为业务带来积极影响。

支持人工智能的信息架构的已部署解决方案或平台，可能应该围绕开放源资产统一起来，并采用混合数据管理的理念。对于利用云、雾或霭计算的现代环境，解决方案还应寻求利用基于微服务的架构来提高敏捷性和可伸缩性。开源解决方案还意味着可以合并许多功能扩展，而无须取消和返工处理解决方案的主要部分。

一个给定平台的核心能力将为本书前面概述的人工智能阶梯提供亲和力，即通过人工智能收集、组织、分析和注入数据以提供商业利益的手段。

- 收集任何类型的数据，无论数据的物理来源是什么。
- 将数据组织到受信任的、经过策管的、与业务保持一致的数字资产中。
- 利用机器学习和深度学习，以更智能的方式分析数据。

部署的解决方案还应该能够通过附加的分析功能来增强人工智能，以便为任何决策者提供开发全面洞见的手段。分析能力应解决以下问题：

- 描述性分析
- 诊断性分析
- 预测分析
- 规范性分析
- 意义构建
- 机器学习模型
- 深度学习模型

人工智能本身是一种综合分析能力，包含以下一个或多个特征：

- 深度学习
- 预测分析
- 机器学习
- 翻译
- 分类和聚类
- 信息提取
- 自然语言处理
- 语音转文本
- 文本转语音
- 专家体系
- 规划、进度安排和优化
- 机器人技术
- 图像识别
- 机器视觉

支持人工智能的部署应包括以下内容：

- 用于管理多个数据存储技术的混合数据管理。
- 统一的数据治理，以确保对数据拓扑中的数据管理进行规划、监督和控制。
- 与模式设计的关系，尽管不是模式设计本身。
- 识别执行数据流以及管理瞬态和持久数据所涉及的所有技术。
- 识别涉及提供安全环境所涉及的所有技术，以确保隐私和保密性，禁止未经授权的

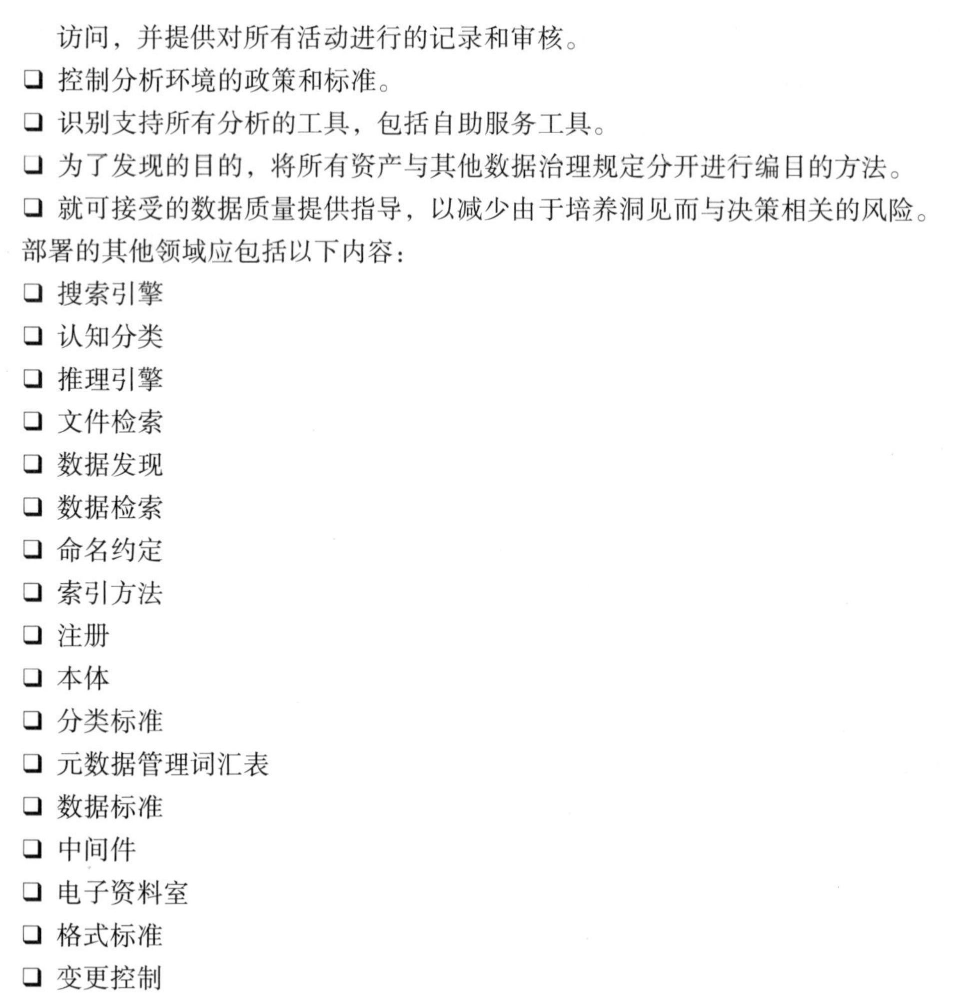

访问，并提供对所有活动进行的记录和审核。

- 控制分析环境的政策和标准。
- 识别支持所有分析的工具，包括自助服务工具。
- 为了发现的目的，将所有资产与其他数据治理规定分开进行编目的方法。
- 就可接受的数据质量提供指导，以减少由于培养洞见而与决策相关的风险。

部署的其他领域应包括以下内容：

- 搜索引擎
- 认知分类
- 推理引擎
- 文件检索
- 数据发现
- 数据检索
- 命名约定
- 索引方法
- 注册
- 本体
- 分类标准
- 元数据管理词汇表
- 数据标准
- 中间件
- 电子资料室
- 格式标准
- 变更控制

随着你的组织开始加速转型，以及预测和重塑未来的业务结果时，注意力就会转向价值更高的工作上。通过人工智能实现自动化体验的需求将变得越来越重要。为了在一个开放的平台上成功地实现人工智能，这个平台应该帮助支持数据拓扑以解决数据的复杂性，协助应用协作数据科学，并且每次都促进每个模型结果的可信度。

10.8 本章小结

通往人工智能的阶梯是通向更智能的数据科学的一个渐进概念，它可以帮助组织理解，它们不能通过直接使用人工智能来跳过基础和高级数据分析的合理实践。人工智能的信息架构是一个渐进的架构，用于构建包括人工智能和深度学习在内的分析能力。从本质上讲，人们深切地感觉到，一个人可以通过规定的旅程来实现人工智能的能力：通往人工智能的旅程。

一些组织在达到临界数量的自动化进程和掌握结构化分析之前，可能会受到诱惑而匆忙采用人工智能。人工智能的信息架构是一种避免无法渗透的黑盒系统、烦琐的云计算集群以及大量冗余的开源工具包的方法。

通过建立一个良好的分析立足点，组织应该能够通过人工智能能力的分层，在复杂和关键领域取得突破。但是，如果没有基本的自动化，解决复杂问题的战略愿景可能会被证明是难以实现的。只有在实现有效的摄入和数据分发（数据流）机制的关键进程存在之后，人工智能才能用于产生所有组织都可能需要的洞见。

组织不需要建立一个纯粹的黄金档案元库，也不需要建立一个明确的、声明性的真理来源。数据精度中的绝对精确性并不是一个事实标准，但是，应该严格避免可修复的数据垃圾。数据管理的 Schema-Less-Write 方法不应成为信息架构中分析环境的数据管理中组织性懒惰的借口。

人工智能对于分析广泛的数据和整合不同的数据来源很有用，比如社交媒体、呼叫中心记录、图像、开放式调查、视频和电子肢体语言。数据组织得越好，组织实现价值的速度就越快。人工智能的使用可以带来组织变革，组织必须随时准备就绪并能够进行变革，以保持相关性。

在人工智能的阶梯上，成功的组织不会跳过基础知识，而是理解需要投入时间、金钱和精力来准备充分自动化和结构化的数据分析，以最大限度地发挥人工智能的效益。

本章讨论了在开发机器学习模型时，软件开发生命周期所面临的一些挑战，特别是在测试模型方面。IBM 的 OpenScale 可以帮助测试和评估生产中模型的性能和可解释性。

为了开发用于人工智能的信息架构，我们讨论了涉及云、雾和霭计算的重度分布式架构的背景。将丰富的部署能力整合到信息架构意味着，注入人工智能的应用程序可以提供参与系统的能力，并有助于物联网应用程序进行利用机器学习的实时事件处理。

将分析环境与云、雾和霭的功能相关联，为信息架构提供了更多机会，使人工智能更接近数据。分布式计算模型提供了一种在信息架构中引入韧性和连续性的方法，同时仍然提供人工智能注入的能力。飞行路径进一步提供有关何时使用人工智能对数据采取行动的洞见。

数据管理和对筒仓数据存储的有条不紊地使用，可以帮助在可能出现的任何特殊需求中，以有意义的方式最大化向用户提供数据的机会。向用户提供数据应该使用最合适的数据库技术，无论是使用图形数据库、关系数据库，还是文档存储等技术。

组织数据区域的分类还显示了如何解决虚拟化和联合。将所有内容整合在一起是一个技术平台的需求，该平台支持将人工智能模型与数据和应用程序一起收集、组织、分析和注入。

迈向更智能的数据科学的旅程包含了建立人工智能信息架构的需求。为了使你的组织开始成功实现企业级数据和人工智能项目，具有云、雾和霭计算的多云部署模型将至关重要。通过遵循人工智能阶梯概述的规范性方法，组织可以在其模型部署中进行规范性操作。

随着数据的数字化，这意味着无须担心丢失或降级就可以进行副本复制。组织需要利用这样的事实，即复制数据不会遭受代际损失的困扰，以便以有意义且可管理的方式跨区域地图预配数据，尽管进行转换或执行压缩算法可能会导致一些数据丢失。

变化是个人和组织生活中不可避免的结果。虽然变化是无法避免的，但我们如何让自己对变化做出应对可以是经过预先考虑的。我们组织信息技术工作的许多方面可以设计成具有适应性，而不是不断地进行重新设计、重新集成和重新部署。为数据拓扑创建区域应该尽可能地允许适应。我们在设计数据资产和机器学习模型方面的工作也应该如此。接受筒仓这一概念对于解决组织内部的专业化问题至关重要，同时对于业务使用的数据的所有方面都应有所了解。

附录 

缩略语对照表

本附录包含本书中使用的缩略语、缩写词和名称首字母缩略词的列表。

该表中的第一列表示第二列是缩略语（A）、缩写词（Ab）还是名称首字母缩略词（I）。		
I	3NF	第三范式
I	5G	第五代（蜂窝网络）
I	AGI	通用人工智能
I	AI	人工智能
I	AKA	别称
I	AML	反洗钱
I	AMQP	高级消息队列协议
I	API	应用程序设计接口
I	APU	加速处理单元
I	BCBS	巴塞尔银行监理委员会
I	BI	商业智能
A	BLOB	二进制大对象
I	BME	生物医学工程师
I	BPU	脑处理单元
I	CDC	疾病预防控制中心
I	CFO	首席财务官
I	CI/CD	持续集成和持续交付
A	CLOB	字符大对象
I	CNN	卷积神经网络
A	COP	参与条件
I	CPA	注册会计师

（续）

I	CPU	中央处理单元
A	DAG	定向非循环图
I	Db2	DB2 资料库系统
I	DBA	数据库管理员
I	DBMS	数据库管理系统
I	DDL	数据定义语言
I	DDW	部门级数据仓库
I	DIKW	数据、信息、知识、智慧
I	DMZ	隔离区
I	DNA	脱氧核糖核酸
I	DPU	深度学习处理单元
Ab	Dr.	博士
A	DRIP	数据丰富而知识贫乏
I	DVD	数字化通用磁盘
A	EBCDIC	扩展二进编码十进制交换码
I	EDW	企业数据仓库
I	EKG	心电图
I	ELT	提取、加载和转换
I	EPU	情绪处理单元
I	ETL	提取、转换和加载
I	EUR	欧元
A	FAQ	常见问题
A	GAN	生成对抗网络
I	GBP	英镑
I	GDPR	通用数据保护条例
I	GPS	全球定位系统
I	GPU	图形处理单元
I	HDFS	Hadoop 分布式文件系统
A	HIPAA	健康保险可携性和责任法案
A	HTAP	混合事务 / 分析处理
I	HTTP	超文本传送协议
I	IA	信息架构
I	IaaS	基础设施即服务
I	IBM	国际商业机器公司
I	ID	身份标识
Ab	III	第三
I	IMF	国际货币基金组织
I	IoT	物联网

（续）

I	IPU	智能处理单元
I	IRS	美国联邦税务局
A	ISO	国际标准化组织
I	IT	信息技术
I	JDBC	Java 数据库连接
I	JFK	纽约肯尼迪国际机场
I	JMS	Java 消息服务
A	JPEG	联合图像专家组
A	JPG	联合图像专家组
Ab	Jr.	用于家族中同名两男子中的较年幼者的姓名后
A	JSON	JavaScript 对象符号
I	KBE	大英帝国最杰出骑士勋章
I	KPI	关键绩效指标
I	KYC	了解你的客户
I	LCV	客户终身价值
A	LEO	近地轨道
I	LGA	纽约拉瓜迪亚国际机场
A	LIME	本地可解释的模型 – 不可知论的解释
I	LTE	长期演进
A	MACEM	模型不可知对比解释方法
I	MDP	最低期望产品
I	MEKP	过氧化丁酮
I	ML	机器学习
I	MMF	最低市场特征
I	MMP	最低市场产品
I	MMR	最低市场版本
Ab	Mr.	先生
Ab	Mrs.	女士
I	MVOT	多版本真相
I	MVP	最低可行产品
A	NAS	网络附加存储
A	NASA	美国国家航空航天局
I	NFS	网络文件系统
A	NoSQL	既不是结构化查询语言，也不是非结构化查询语言
I	NPU	神经处理单元
I	NY	纽约
I	NYC	纽约市
I	ODS	运营数据存储

（续）

I	OLTP	联机事务处理
A	OSAPI	所有权、稳定性、抽象性、性能、接口
A	OSHA	职业安全与保健管理总署
A	PaaS	平台即服务
Ab	Ph.D.	博士
I	PHI	受保护的健康信息
I	PII	个人身份信息
I	QA	质量保证
I	RDA	数据资产回报率
A	RESTful	表述性状态转移
I	RNN	递归神经网络
I	ROA	资产回报率
I	ROI	投资回报率
A	SaaS	软件即服务
I	SAE	美国汽车工程师协会
A	SAN	存储列阵网络
I	SLA	服务级别协议
A	SOLO	观察学习成果的结构
I	SQL	结构化查询语言
Ab	Sr.	用于家族中同名两男子中的较年长者的姓名后
I	SVC	萨尔瓦多克朗
I	SVOT	单一版本的真相
A	SWAT	特种武器和战术小组
I	TPU	张量处理单元
I	U.S.	美国
I	USD	美元
I	UX	用户体验
A	VAN	车载局域网络
A	VIIP	脑压视力障碍
A	VIN	车辆识别码
Ab	WK	星期
I	XBD	欧洲记账单位 17
I	XDR	特别提款权
I	XPT	铂
I	XML	可扩展标记语言
I	XTS	为测试保留的代码
I	XXX	无币种
A	YARN	另一种资源协调者